공존의 별자리

다문화사회의 시민윤리

공존의 별자리 : 다문화사회의 시민윤리

초판 인쇄 2025년 9월 25일
초판 발행 2025년 9월 30일

지은이 김영순 | **펴낸이** 박찬익 | **책임편집** 권효진 | **편집** 이수빈
펴낸곳 패러다임북 | **주소** 경기도 하남시 조정대로45 미사센텀비즈 8층 F827호
전화 031)792-1195 | **팩스** 02)928-4683 | **이메일** pijbook@naver.com
홈페이지 www.pijbook.com | **등록** 2014년 8월 22일 제2020-000028호
ISBN 979-11-92292-25-0 (03300) | **가격** 20,000원

이 책은 저작권법에 따라 보호받는 저작물이므로 무단 전재와 무단 복제를 금합니다.
이 책은 2024년 인하대학교 저술지원비에 의해 수행되었음.

공존의 별자리

다문화사회의 시민윤리

김영순 지음

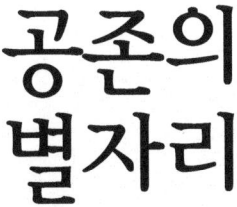

패러다임북

서문

공존의 별자리에 관한 의미

 밤하늘의 별을 바라봅시다. 우리의 시야에 들어오는 각각의 별은 그저 흩어져 있는 빛의 점에 불과합니다. 그러나 인간은 이 별들을 연결해 별자리, 즉 성좌를 만들어내고, 그 속에서 길을 찾고, 신화와 이야기를 엮어냈습니다. 양자리, 황소자리, 쌍둥이자리, 게자리, 사자자리, 처녀자리, 천칭자리, 전갈자리, 사수자리, 염소자리, 물병자리, 물고기자리가 바로 그것입니다. 이 12개 별자리는 시간과 인간의 운명을 별자리 배열 속에서 읽어내려는 상징적 체계입니다.

 각각의 별자리는 하나의 역사적 파편이나 문화적 기억을 상징합니다. 이 12개의 파편이 서로 배열되어 성좌를 이루듯, 서로 다른 문화·역사·타자의 경험이 연결될 때 우리는 새로운 의미를 발견할 수 있습니다. 그렇게 볼 때, 성좌는 곧 "보편적 인간 경험의 다원적 차원"을 비유하는 도구가 될 수 있습니다.

 발터 벤야민은 이 천문학적 은유를 철학으로 가져와, 역사를 바라보는 새로운 시각으로 제시했습니다. 그에게 역사는 직선적으로 흘러가는 강물이 아니라, 과거와 현재의 파편들이 특별한 배열 속에서 서로 의미를 드러내는 순간이었습니다. 이것이 바로 성좌의 힘입니다. 별 하나만으로는 길을 찾을 수 없지만, 별자리 전체의 배열 속에서 우리는 방향을 발견합니다. 마찬가지로 역사와 인간 경험도 성좌적으로 읽을 때 비로소 의미가 드러납니다.

역사는 직선적으로 흐르는 진보의 서사가 아니라, 과거와 현재의 파편들이 순간적으로 배열되어 새로운 의미를 드러내는 별자리였습니다. 그에게 인식이란 고정된 체계가 아니라, 파편과 파편이 뜻밖의 만남을 이루는 몽타주적 배열이었습니다.

벤야민은 1920년대 나폴리를 여행하면서, 이 도시의 삶을 '다공성(porosità)'이라는 단어로 묘사했습니다. 나폴리의 건축은 안과 밖이 분리되지 않고, 집은 거리와 이어져 있습니다. 축제와 일상은 구분되지 않으며, 개인의 삶과 공동체의 삶이 서로 스며듭니다. 이 도시에서는 고정된 경계가 사라지고, 삶은 즉흥적인 만남과 교차 속에서 형성됩니다.

별자리가 파편들을 연결해 의미를 드러내듯, 나폴리의 다공성도 서로 다른 삶과 공간이 뒤섞이며 새로운 질서를 만듭니다. 별자리는 고정된 체계가 아닌 열린 배열이라면, 나폴리도 경계를 허물고 열린 삶의 방식을 보여줍니다. 즉, 별자리는 사유의 다공성을, 나폴리는 삶의 다공성을 드러내는 은유라 할 수 있습니다.

이제 우리의 현실을 살펴보도록 합시다. 오늘날 우리는 국적, 언어, 종교, 문화가 서로 다른 사람들이 함께 살아가는 다문화사회에 살고 있습니다. 때로는 갈등이 일어나고, 오해와 불안이 커지기도 합니다. 그럴 때 우리가 배워야 할 태도는 바로 성좌적 사고와 나폴리적 삶의 방식입니다. 다문화사회에서 서로 다른 문화는 따로따로 고립된 섬이 아니라, 별자리처럼 연결될 때 비로소 새로운 의미를 만들어냅니다. 다양한 문화적 배경은 경계를 허물고, 나폴리처럼 서로 스며들며 다공적 삶의 공동체를 형성할 때, 상호 이해와 감수성이 자랍니다.

벤야민은 과거와 현재의 파편 속에서 새로운 성좌를 보았습니다. 또 나폴리에서 경계 없는 삶의 다공성을 발견했습니다. 이 두 은유는 오늘 우리에게 이렇게 말합니다. "당신의 삶과 나의 삶이 연결될 때, 우리는 함께 새로운 별자리를 만든다." "당신의 문화와 나의 문화가 서로 스며들 때, 우리는 함께 하나의 다공적 도시를 이룬다." 바로 이 지점에서, 우리는 상호문화 감수성을 배우고, 다름 속에서 공존하는 연대의 길을 찾을 수 있을 것입니다.

필자는 이 책 『공존의 별자리: 다문화사회의 시민윤리』에서 12가지 윤리성을 제안합니다. 마치 "별자리 전체의 배열 속에서 방향을 발견하듯" 우리는 어두운 하늘 같은 다문화사회에서 12가지 윤리성들이 마치 성좌처럼 길을 안내할 것입니다. 첫 번째 별자리 '갈등', 두 번째 별자리 '책임', 세 번째 별자리 '공감',

네 번째 별자리 '소통', 다섯 번째 별자리 '관용', 여섯 번째 별자리 '이타', 일곱 번째 별자리 '인정', 여덟 번째 별자리 '돌봄', 아홉 번째 별자리 '정의', 열 번째 별자리 '공산', 열한 번째 별자리 '연대', 열두 번째 별자리 '환대'가 있습니다. 특히 환대의 별자리는 다문화사회로 가는 마지막 성좌인 만큼 환대의 대상인 타자의 얼굴을 떠올려야 합니다.

레비나스는 타자의 얼굴에서 윤리적 명령이 솟아난다고 말했습니다. 타자는 나의 세계를 교란시키고, 나를 책임으로 불러냅니다. 이때 타자와 나의 만남은 단순한 대화가 아니라, 성좌적 순간이라 할 수 있습니다. 내가 타자의 얼굴과 마주하는 그 순간, 과거와 현재, 나와 너의 삶의 궤적이 하나의 별자리를 이루며 전혀 새로운 윤리적 지평이 열립니다. 레비나스에게 윤리란 단선적 규칙이 아니라, 예상치 못한 타자의 등장 속에서 갑작스레 드러나는 성좌적 사건이었습니다.

데리다는 이를 이어받아 '조건 없는 환대'를 강조했습니다. 낯선 이방인이 문을 두드릴 때, 우리는 계산하거나 조건을 따지지 않고 먼저 문을 열어야 한다는 것입니다. 여기서 환대는 단순히 '도덕적 행위'가 아닙니다. 그것은 미래와 현재, 나와 타자의 궤적이 교차하며 만들어내는 성좌적 만남입니다. 이 만남 속에서, 우리는 내가 미처 알지 못했던 책임과 가능성을 발견하게 됩니다.

이 책은 필자가 코로나 시기부터 행했던 시민사회 대상의 강연과 대학원 강의에 사용하였던 원고들을 재분류하고 정리한 것입니다. 그렇기에 학술 저서 형태의 글쓰기를 벗어나 연설문 식의 글쓰기가 수행되었습니다. 따라서 적확한 인용 출처를 달거나 각주를 활용한 보충 설명을 제시하지 않았습니다. 또한 독자들의 이해를 돕기 위해 에세이 형태의 글쓰기를 했습니다.

독서에서 멀어진 독자들이라도 별자리 하나를 한 달씩 읽는다면 1년 이내에 공존의 우주를 모두 경험할 것입니다. 아울러 목차에서 자신이 읽고 싶은 소제목을 골라 선택해서 읽을 수 있습니다.

이 책의 집필 목적은 결국 다문화사회를 살아가는 민주시민으로서 지켜야할 윤리성을 강조하기 위함이었습니다. 오늘날 우리는 원하든 원치않든 다문화사회 속에서 살아가고 있습니다. 서로 다른 언어, 종교, 가치관이 같은 공간에서 부딪히고, 갈등과 불안이 생겨납니다. 이때 필요한 것이 바로 상호문화 감수성입니다. 타자의 문화와 삶을 단순히 '이해의 대상'이 아니라, 나와 함께 별자리를 이루는 별빛으로 바라보는 태도입니다. 한 사람, 한 문화는 그 자체로는 파편 같을 수 있습니다. 하지만 이들이 서로 만날 때, 우리는 전혀 새로운 공존의 별자리를 발견하게 됩니다.

이 책『공존의 별자리: 다문화사회의 시민윤리』는 우리에게 말합니다. 과거와 현재, 나와 타자, 다른 문화와 세계가 우연한 배열 속에서 만나 새로운 의미를 만든다고 말입니다. 레비나스는 그 순간을 윤리적 책임으로, 데리다는 그것을 조건 없는 환대로, 그리고 필자는 그것을 상호문화 감수성을 기반으로 한 공존의 별자리로 이어받고 있습니다.

  별빛 하나로는 어둠 속 길을 찾을 수 없습니다. 그러나 우리가 각자의 별빛을 고립된 점으로 남겨두지 않고, 서로를 이어 공존과 연대의 성좌로 그려내는 것입니다. 서로의 빛을 연결할 때, 성좌가 생기고, 새로운 길이 열립니다. 바로 그 길 위에서, 우리는 타자와 함께 살아가는 더 넓은 인간 공동체를 발견할 수 있을 것입니다. 더 이상 어둠 속에서 방황하는 존재가 아니라, 함께 길을 찾는 별자리가 될 것입니다.

2025년 무더운 여름의 끝자락
국토정중앙 양구 용옥재에서
저자 김영순 씀

목 차

서문 5

별자리01. 갈등_공존사회를 위한 전제조건　15
공존과 갈등의 의미·16 ｜ 다문화사회와 갈등·20
동양의 갈등관·23 ｜ 서양의 갈등관·27
거시이론으로서 갈등론·30 ｜ 사회적 상호작용과 갈등·33

별자리02. 책임_그 무한의 인간 윤리　37
책임의 무한성·38 ｜ 악의 평범성과 정치적 책임·41
확장된 책임의 관점·46 ｜ 책임에서 책임윤리로·51
책임의 원형과 특성·54 ｜ 실존적 고난 속의 책임·57
우리가 책임져야 할 것들·64

별자리03. 공감_이기주의의 저편　67
절대 공감의 존재·68 ｜ 현상학적 공감론·71 ｜ 고통에 대한 공감·75
공감은 배신하는가·80 ｜ 공감의 지나친 각성·88

별자리04. 소통_자아에서 우주로의 통로　95
소통의 다양한 굴레·96 ｜ 의사소통의 중요성·100
소통으로서 '나-너 대화'·103 ｜ 일반화된 타자와 대화·106
언어를 통한 소통·109 ｜ 이미지적 소통·112
눈과 정신의 소통·116 ｜ 소통의 윤리적 본질·118

별자리05. 관용_열린 사회를 위한 태도 123
반대하는 것의 용납·124 | 관용의 역설·127
보편가치로서 똘레랑스·131 | 중용과 똘레랑스·134
자유와 관용의 이중주·137 | 진짜 관용의 뼈대·142
관용과 다원주의 관계·145

별자리06. 이타_타자를 향한 부름 151
이타주의의 얼굴·152 | 공리주의와 이타주의·155
현상학과 이타주의·157 | 무한한 책임과 이타적 실천·161
이타주의의 동양학적 시선·164 | 동서양 이타주의의 만남·168

별자리07. 인정_나의 한계를 자각하는 것 171
상호인정이 필요한 이유·172 | 주인-노예변증법·174
불인정의 극복·178 | 인정의 투쟁·181 | 자기 한계의 자각·186
윤리적 책임의 의미·190 | 법적 인정과 열린 규범성 사이·193

별자리08. 돌봄_인간 존재에 대한 진지한 응답 201
돌봄의 역설·202 | 돌봄의 권리·205 | 동양의 돌봄 사상·209
자기돌봄·213 | 자기연민·216 | 우주론적 자기돌봄·219

별자리09. 정의_불완전한 인간의 윤리적 기준　225

정의롭다는 것의 의미·226 ｜ 한국 사회와 정의의 과제·229
내면의 질서로서 정의·231 ｜ 정의론과 시민사회·234
공정으로서의 정의·238 ｜ 소유의 정의론·241 ｜ 동양학적 정의·245

별자리10. 공산_공존과 공생의 실천적 연결　249

공존과 조화의 공산·250 ｜ 공산, 협동, 공생의 관계·252
진화와 협력, 공생 이론·257 ｜ 공생적 관계·260
참여문화와 공산·263 ｜ 공존, 공생 그리고 공산·266

별자리11. 연대_여럿이 함께 정의를 위한 대오　271

우주론적 연대·272 ｜ 연대와 규범·275 ｜ 대체 불가능한 연대·279
보편적 도덕 연대·283 ｜ 전투적 연대와 냉담한 관용·286
다문화사회와 연대·289 ｜ 기후위기 대응으로서의 연대·291

별자리12. 환대_타자를 향한 삶의 여백　295

조건적 환대·296 ｜ 무조건적 환대·301 ｜ 환대와 적대 사이·304
절대 타자와 환대·307 ｜ 이주와 환대·310 ｜ 환대의 동양적 사유·312

참고문헌　319

별자리 01
갈등_공존사회를 위한 전제조건

공존과 갈등의 의미

　혹시 가족끼리 갈등을 겪어보신 적 있으신가요? 부모와 자식 간, 형제자매 간에도 서로의 생각과 가치가 달라 부딪히는 경우가 있습니다. 그렇다면 한 사회에서, 수백만 명의 사람들이 함께 살아간다면 어떨까요? 당연히 갈등이 생길 수밖에 없습니다. 하지만 중요한 것은 이 갈등을 어떻게 이해하고 다루느냐입니다.

　우리는 공존사회에서 갈등이 어떤 의미를 가지는지, 그리고 그것을 어떻게 함께 살아가는 힘으로 바꿀 수 있는지에 대해 생각해 보아야 겠습니다. 많은 사람들은 필자에게 공존사회를 이야기한다고 하면서, 왜 갈등을 첫 번째 별자리로 간주하려는 것인지를 궁금해 합니다. 그러나 이런 의구심은 "공존사회가 단순히 '함께 존재하는 것'이 아닙니다."라는 말을 인정하게 되는 순간 사라지게 될 것입니다.

　우리가 사는 민주주의 사회는 분명히 다름을 인정하는 사회입니다. 차이를 억압하는 것이 아니라, 차이를 존중하면서도 같이 살아가는 방법을 모색하는 사회입니다. 역사적으로 보자면, 다문화·다민족 사회는 오래전부터 존재했습니다. 로마 제국은 다양한 민족이 공존했지만, 로마 시민권 제도의 한계 때문에 많은 갈등을 낳았습니다. 조선 후기에는 청나라, 일본과의 접촉이 늘면서 문화적 갈등이 생겼습니다. 그 과정에서 배척과 수용이 교차했습니다. 오늘날 유럽 사회는 난민 문제로, 한국 사회는 이주 노동자와 다문화 가정 문제로 공존의 시험대에 서 있습니다.

그렇다면 우리가 생각하는 '공존'은 단순히 갈등이 없는 상태일까요? 아니면 갈등 속에서도 함께 살아가는 상태일까요? 이런 질문에 대해 우리 모두 갈등 속에서 함께 살아가는 세상이라고 답할 것입니다. 이러한 갈등의 원인과 본질은 무엇일까요? 첫째, 이해관계의 충돌입니다. 이를테면, 경제적 자원, 일자리, 복지 혜택을 둘러싼 경쟁이 갈등을 낳습니다. 둘째, 가치관의 차이입니다. 이 차이는 문화, 종교, 언어, 생활습관이 달라서 생기는 긴장에서 파생합니다. 종교 의례나 생활양식의 차이가 이웃 간 오해로 번지기도 합니다. 셋째, 권력과 제도의 불균형입니다. 특정 집단이 정치적·제도적으로 소외되면 불만이 커집니다. 미국의 인종차별 제도가 인권운동으로 이어진 사례를 눈여겨 볼 수 있습니다.

이렇게 갈등의 원인과 본질은 "갈등은 문제일까, 아니면 우리 사회의 다양성을 보여주는 건강한 징후일까?"라는 질문을 제기하게 합니다. 당연히 갈등은 문제가 아니라 우리 사회의 다양성을 드러내는 긍정적인 징후입니다. 갈등은 무조건 나쁜 것일까요? 아닙니다. 오히려 갈등은 사회를 성장시키는 동력입니다.

겉보기에는 평화로워 보이지만 억압된 사회는 내부적으로 병들어 있습니다. 갈등은 숨겨진 불평등과 차별을 드러냅니다. 우리 한번 우리나라 민주화운동의 역사를 되짚어 봅시다. 1980년대

한국의 민주화 운동은 권위주의적 억압에 대한 사회적 갈등이 폭발한 결과였습니다. 만약 그 갈등이 없었다면 지금의 민주사회는 불가능했을 것입니다. 갈등은 분명히 변화를 이끄는 힘입니다. 여성 참정권 운동, 흑인 민권운동, 노동운동 등 모두 갈등에서 시작되었습니다. 아까 이야기한 바와 같이 갈등은 다양성의 살아 있는 지표입니다. 갈등이 있다는 것은 다양한 주체가 살아 있다는 뜻입니다. 획일적이고 억압된 사회는 갈등조차 억눌러 사라지게 만듭니다. 차라리 갈등이 없는 사회가 낫다고 생각한다면 우리는 독재주의를 용인하는 것입니다. 갈등이 있더라도 변화와 다양성이 보장되는 사회가 훨씬 민주사회임을 우리 스스로 자각해야 하고, 그런 갈등있는 사회를 만들어가야 합니다.

공존사회에서 중요한 것은 갈등을 억누르는 것이 아니라 건강하게 관리하는 것입니다. 이를 위해 대화와 소통은 매우 중요합니다. 서로의 이야기를 듣고 오해를 줄여야 합니다. 나아가 제도적 장치로서 차별금지법, 노동권 보장, 복지 확대 등을 실시해야 합니다. 더욱이 다름을 이해하는 다문화 감수성 교육, 세계시민교육 등 교육 제도들과 프로그램들을 구성해야 합니다. 무엇보다 갈등을 조절하고 조정할 수 있는 문화적 교류를 확대해야 합니다. 이를테면, 공공도서관을 활성화하여 지역사회 주민들의 다양성들의 교환될 수 있어야 하며, 마을 축제를 통해 상호소통의 기회를 열어야 합니다. 또한 다양성을 지닌 시민들이 공동 프로젝트를 통해 갈등을 교환하고 협동을 경험할 수 있습니다. 우리 스스로에게 다음과 같은 숙제를 제시할 필요가 있습니다. "우리 지역에서 갈등을 줄일 수 있는 작은 실천은 무엇이 있을까요?"

이제 좀 더 갈등에 대해 알아봅시다. 헤겔은 갈등이야말로 역사의 변증법적 발전을 가능케 하는 동력이라고 했습니다. 마르틴 부버는 '나-너의 관계'를 통해, 타자를 진정으로 만나는 순간 사회적 갈등도 새로운 의미를 얻는다고 했습니다. 레비나스는 타자의 얼굴이 나에게 책임을 요구한다고 했습니다. 이렇게 갈등은 단순한 충돌이 아니라, 타자를 맞이하는 윤리적 요청이라고 볼 수 있습니다. 역사적으로도, 철학적으로도, 갈등은 공존의 적이 아니라 공존의 전제조건입니다.

공존사회에서 갈등은 피할 수 없는 현실입니다. 그러나 그것은 불행이 아니라, 오히려 함께 살아가는 훈련의 과정입니다. 갈등을 억누르면 폭발합니다. 갈등을 외면하면 사회는 병이 들게 됩니다. 하지만 갈등을 관리하고 활용하면 사회는 더 성숙해집니다. 결국, 공존사회에서 갈등의 의의는 다음과 같이 정의됩니다. 갈등은 공존을 가능하게 하는 시험대이며, 더 나은 사회로 나아가는 발판입니다. 우리에게 갈등은 두려움의 대상이 아니라, 더불어 사는 길을 여는 조건입니다.

다문화사회와 갈등

 우리는 지금 어떤 사회에 살고 있을까요? 길거리에서 외국인을 만나는 일이 일상이 되었고, 학교에는 다양한 국적의 아이들이 함께 공부하고 있습니다. 병원, 공장, 농촌, 식당, 돌봄 현장 곳곳에서 이주민과 함께 살아가는 시대가 바로 오늘 우리의 현실입니다. 하지만 동시에, 다문화사회라는 이름 뒤에는 긴장과 갈등이 숨어 있습니다. 오늘 저는 그 원인을 살펴보고, 어떻게 하면 갈등을 넘어 함께 살아가는 지혜를 만들 수 있을지 이야기하려 합니다.

 먼저 다문화사회가 불러온 갈등의 원인을 짚어 보겠습니다. 첫째, 경제적 원인입니다. 이주민은 종종 '일자리 경쟁자'로 혹은 '일자리를 빼앗은 적대자'로 인식됩니다. 그래서 이 적대감은 두려움으로 전환됩니다. 사실 많은 이주민들은 토착 정주민이 꺼리는 3D 직종의 특성인 저임금·고강도의 일을 도맡아 하고 있습니다. 농촌의 수확 철에는 외국인 노동자가 없으면 생산이 멈춘다는 보도 기사를 다들 보셨을 겁니다. 그렇다면 우리는 "이주민들을 '경쟁자'로 볼 것인가, '함께 살아가는 동료'로 볼 것인가?"에 분명히 답을 해야 합니다.

 둘째, 사회·문화적 원인입니다. 이주민이 느끼는 언어 장벽은 작은 오해를 큰 갈등으로 키웁니다. 종교나 생활습관 차이는 불편과 배타를 낳기도 합니다. 예컨대, 학교 급식에서 돼지고기를 먹지 않는 아이와, 그 이유를 이해하지 못하는 친구 사이에 생기는 오해 말입니다.

셋째, 제도적·정치적 원인입니다. 이주민이 복지 혜택에서 배제되거나, 법적으로 시민권을 얻기 어렵다면 자연스레 소외와 불만이 쌓입니다. 반대로, 다수 집단은 "세금은 우리가 내는데, 왜 혜택은 이주민이 받느냐"는 불만을 가질 수 있습니다. 정치인들은 종종 이런 불안을 자극해 표를 얻으려 하기도 합니다.

넷째, 심리적 원인입니다. 정주-다수자는 '문화 정체성'을 잃을까 두려워합니다. 이주-소수자는 '차별과 배제'로 인해 불신을 키웁니다. 두려움과 불신이 만나면, 작은 문제가 큰 사회적 갈등으로 번집니다.

그렇다면 이런 갈등을 해결하기 위해 어떤 노력을 해야 할까요? 교육이야말로 사회를 바꾸는 가장 강력한 힘입니다. 학교에서부터 다문화 감수성을 기르는 교육을 해야 합니다. 세계시민교육, 인권교육을 통해 "다름은 틀림이 아니다"라는 것을 아이들이 몸으로 배워야 합니다. 예를 들어, 독일의 일부 학교에서는 학생들이 직접 이주민 가정과 교류하는 프로젝트를 합니다. 단순히 책으로 배우는 것이 아니라, 함께 요리하고, 함께 노래하며 서로의 문화를 이해하는 것입니다.

이주민의 갈등 해결을 위해 개인의 선의만으로는 한계가 있습니다. 제도적 장치가 뒷받침되어야 합니다. 이 장치들은 우선 권리 보장입니다. 교육·의료·복지에서 이주민이 차별받지 않도록 해야 합니다. 다음은 법적 장치입니다. 차별금지법, 노동권 보장 법안을 통해 구조적 차별을 줄여야 합니다. 나아가 정치 참여 허용입니다. 일정한 조건을 갖춘 이주민에게 지방선거 투표권을 부여하는 나라들도 있습니다. 제도의 역할은 공정한 경기장을 마련하는 것입니다. 이주민들을 같은 사회의 구성원으로서 받아들이고 이들에게 기회와 책임을 나누는 틀이 필요합니다.

다문화사회에서 갈등을 줄이는 길은 바로 소통입니다. 오해와 편견은 서로 만나고 대화할 때 줄어듭니다. 지역 도서관에서 다문화 그림책 읽기 프로그램을 운영한다면 어떨까요? 마을 축제에 다양한 국가의 음식 부스를 마련한다면요? 어떤 도서관에서는 이주민이 직접 자기 나라 이야기를 들려주는 '세계시민 교실'을 운영합니다. 그 과정에서 한국인 정주민들은 새로운 문화를 배우고, 이주민은 주체적으로 참여하며 자존감을 높입니다.

다문화사회의 갈등 해결은 네 가지 축으로 움직여야 합니다. 첫째, 교육의 축입니다. 인식 개선과 다문화 감수성 함양을 위한 교육 프로그램이 마련되어야 합니다. 둘째, 제도적 축입니다. 차별 없는 권리와 공정한 정책을 마련하는 것입니다. 셋째, 경제적 축입니다. 공정한 노동 기회, 직업 훈련, 지역 연계형 경제 모델을 모색하는 것입니다. 넷째, 문화적 축입니다. 일상 속에서 자연스럽게 만나는 교류의 장을 마련하는 것입니다.

갈등은 사라지지 않습니다. 그러나 갈등은 우리 사회가 성숙하는 과정일 수 있습니다. 서로 다르기 때문에 충돌하지만, 그 충돌 속에서 갈등해결의 방법과 이를 위한 협력의 과정을 배울 수 있습니다. 레비나스는 "타자의 얼굴은 나에게 책임을 요구한다"고 했습니다. 다문화사회에서 우리가 마주하는 타자, 바로 우리의 이웃입니다. 그들의 얼굴은 우리에게 묻습니다.

"당신은 나를 어떻게 맞이할 것인가?" 이 질문에 우리는 이렇게 답해야 합니다. "당신은 나의 경쟁자가 아니라, 함께 살아갈 동료입니다. 갈등이 있더라도 말입니다."라고요. 우리 모두 갈등이 다양성의 지표이고. 갈등 해결이 지속가능한 다문화사회를 만든다는 신념을 함께 가꾸어 갑시다.

동양의 갈등관

'갈등'이라는 단어를 들으면 어떤 이미지가 떠오르십니까? 싸움, 분열, 고통… 이런 부정적인 단어가 떠오르지 않나요. 그런데 동양의 전통 사상에서는 갈등을 그렇게 단순히 부정적으로만 보지 않았습니다. 오히려 갈등은 자연스러운 긴장, 조화로 가는 과정, 성찰의 기회로 이해되었습니다.

이제 유가·도가·불교 세 가지 전통을 중심으로, 갈등을 어떻게 바라보았는지, 그리고 오늘날 우리 사회에 어떤 시사점을 주는지 이야기하려고 합니다. 유교 사상가들은 인간이 본래 선한 성품을 가졌다고 보았습니다. 하지만 욕망과 무절제가 갈등을 낳습니다. 맹자는 "사람의 본성은 선하다(性善說). 그러나 욕심이 지나치면 다툼이 생긴다."고 했습니다. 이 다툼의 해결책으로 인(仁)과 예(禮)를 듭니다. 즉, 도덕적 배려와 사회적 규범으로 갈등을 조정해야 한다는 것이지요. 예를 들어, 가족 내 갈등을 생각해봅시다. 형제끼리 재산을 두고 다툴 수 있습니다. 이때 단순히 법적 분쟁으로 해결하기보다, 효와 우애라는 관계의 도덕적 원리를 통해 문제를 풀어가는 것이 유가적 방식입니다. 아마 우리는 직장에서나 가정에서 갈등이 생겼을 때, 제도적 규정보다 인간적 관계와 배려를 더 중요하게 놓아 해결했던 경험이 있었을 것입니다. 갈등 해결을 법과 제도에 의해 해결하는 것도 있지만 인간 관계를 통해 해결할 수 있는 통로도 있다는 것을 상기할 수 있습니다.

도가 사상은 갈등을 억누르려 하지 않습니다. 오히려 갈등을 자연의 일부로 받아들입니다. 노자는 "부드러운 것이 단단한 것을 이긴다(柔弱勝剛强)"고 했습니다. 갈등을 억누르는 힘보다, 유연하게 흐르게 하는 지혜가 더 강하다는 뜻입니다. 장자는 "옳고 그름을 절대화하지 말라"고 했습니다. 갈등은 가치판단의 차이에서 비롯되므로, 그것을 상대적이고 다양하게 이해해야 한다는 말입니다. 현대적 예시를 들어보겠습니다. 국제 사회에서 국가 간 갈등을 군사적 대립으로만 해결하려 한다면 오히려 더 큰 전쟁으로 번질 수 있습니다. 그러나 협상, 양보, 상호존중이라는 부드러움의 전략은 장기적으로 더 효과적입니다. 아마 우리 모두 일상에서 겪는 갈등을 힘으로 제압하기보다, 유연하게 흐르게 두는 것이 더 효과적이었던 경험이 있을 것입니다. 갈등은 때로 자연스러 놔두는 것도 좋은 해결책이 될 수 있습니다.

불교는 갈등의 근원을 탐(貪), 진(瞋), 치(癡)에서 찾습니다. 욕심, 분노, 무지 때문에 사람은 갈등을 겪는다는 것입니다. 따라서 해결의 길은 깨달음(覺)과 자비(慈悲)입니다. 예를 들어, 이웃과 재산 문제로 다툴 때, 우리는 '내 것'이라는 집착을 내려놓지 못해 분노합니다. 그러나 불교적 관점에서 보면 모든 것은 연기(緣起), 즉 서로 연결되어 있습니다. 갈등의 상대는 적이 아니라 함께 살아가는 인연입니다. 역사적으로도, 불교는 전쟁의 시대에 중재자 역할을 했습니다. 아쇼카 왕이 전쟁 후 불교에 귀의하여 평화를 추구한 사례가 대표적입니다. 한국 불교에서도 사찰은 지역 분쟁을 조율하고, 백성을 위한 구휼 활동을 했습니다. 우리가 '내 것'이라는 집착을 내려놓는다면, 지금 겪고 있는 갈등의 절반은 사라지지 않을까요? 라는 질문을 스스로에게 해보시기 바랍니다.

동양학적 갈등관을 나타낸 세 가지 사상을 비교하면 다음과 같습니다. 유가에 의하면 갈등은 도덕과 예로 조화롭게 다스려야 한다는 것입니다. 도가의 경우 갈등은 자유로운 흐름이어서, 억누르지 말고 유연하게 받아들여야 한다고 합니다. 불교에 의하면 갈등은 집착에서 비롯되며, 자비와 깨달음으로 극복해야 한다고 봅니다. 이 세 가지를 종합하면, 동양의 갈등관은 관계·조화·수양·유연성을 핵심 키워드로 가지고 있습니다.

오늘날 다문화사회, 국제분쟁, 직장·가정에서 갈등은 만연하며 복잡한 양상을 보입니다. 그러나 갈등에 관한 동양학적 접근은 중요한 지혜를 줍니다. 불교에서는 다문화사회의 갈등을 연기와 자비로 타개할 수 있다고 보았습니다. 타자를 적이 아니라 연결된 인연으로 본다면 갈등은 사라질 것입니다.

국제적 분쟁의 경우 도가적 유연성을 발휘하는 것입니다. 힘으로 제압하기보다 협상과 균형을 통해 해결할 수 있도록 해야 합니다. 가정과 직장의 갈등은 유교적 도덕과 예에 기대어 볼 수 있습니다. 각자 관계 속에서 서로 존중하며 문제를 해결할 수 있는 실마리를 찾는 것입니다. 즉, 동양적 관점은 갈등을 단순한 충돌이 아니라 성찰과 성숙의 기회로 바라보게 합니다.

이제 정리해 보겠습니다. 갈등은 피해야 할 저주가 아니라, 함께 살아가는 훈련임을 인정하시기 바랍니다. 레비나스가 "타자의 얼굴은 나에게 책임을 요구한다"고 했듯, 동양 사상도 갈등을 타자와의 만남, 자기 성찰, 그리고 조화의 길로 이해했습니다. 갈등은 나를 돌아보게 하고 타자와의 조화로움을 이어주는 훌륭한 소통 기제입니다.

서양의 갈등관

갈등이라는 단어를 들으면 어떤 기분이 드십니까? 불안, 혼란, 싸움… 대부분 부정적 이미지일 겁니다. 하지만 서양 사상가들은 갈등을 단순한 혼란으로만 보지 않았습니다. 어떤 이들은 갈등을 억제해야 할 위험으로, 또 어떤 이들은 사회 발전을 이끄는 동력으로 이해했습니다.

플라톤은 인간 영혼을 이성, 기개, 욕망 세 부분으로 나눴습니다. 갈등이란 이 세 요소가 균형을 잃었을 때 발생합니다. 사회 역시 세 계급(통치자·수호자·생산자)이 조화롭게 역할을 할 때 정의롭다고 보았습니다. 플라톤의 이상국가 구상은 고대 아테네의 민주정 혼란 속에서 탄생했습니다. 다양한 계층의 갈등을 "각자 맡은 바를 수행하는 조화"로 해결하려 했던 것입니다.

아리스토텔레스는 인간을 정치적 동물로 보았습니다. 갈등은 불가피하지만, 법과 제도가 조율할 수 있다고 했습니다. 아테네 민주정에서는 다양한 계급 갈등에도 불구하고 법정과 시민회의를 통해 사회적 불만을 표출하고 해소할 수 있었습니다.

홉스는 인간 본성을 "만인의 만인에 대한 투쟁"으로 규정했습니다. 갈등은 인간 본성에서 나오며, 강력한 주권자(리바이어던)만이 평화를 보장할 수 있다고 했습니다. 1640년대 영국 내전시 왕당파와 의회파의 갈등은 무정부적 혼란으로 이어졌고, 홉스는 이를 직접 목격했습니다. 그 결과 "강한 권력만이 갈등을 제어할 수 있다"는 사상을 발전시킨 것입니다.

로크는 인간을 이성적이고 합리적인 존재로 보았습니다. 갈등은 재산과 권리 문제에서 비롯되지만, 사회계약과 법치로 해결할 수 있다고 했습니다. 1688년 명예혁명 때 잉글랜드에서 절대왕정을 무너뜨리고 권리장전을 제정한 사건은, 로크의 "합리적 계약을 통한 갈등 해결"을 잘 보여줍니다.

루소는 "인간은 본래 선하지만, 사유재산이 불평등과 갈등을 낳았다"고 보았습니다. 갈등은 사회 구조에서 비롯되며, 참된 사회계약은 평등을 회복하는 수단이어야 한다고 주장했습니다. 1789년 프랑스 혁명시 농민과 시민이 특권계급과 싸워 평등과 자유를 요구했습니다. 루소의 사상은 혁명가들에게 큰 영향을 주었습니다.

짐멜은 갈등을 단순히 해체적 요소로 보지 않았습니다. 오히려 갈등은 집단을 결속시키고, 정체성을 강화하는 기능이 있습니다. 산업혁명 이후 노동운동이 있었습니다. 노동자와 자본가의 갈등은 노동조합을 탄생시켰고, 이는 노동자들의 집단적 정체성을 강화했습니다.

　마르크스는 갈등을 역사의 원동력으로 봤습니다. 역사는 계급투쟁의 역사이며, 자본가와 노동자의 갈등은 혁명을 통해 새로운 사회로 나아간다고 했습니다. 산업혁명과 노동 착취는 동시에 일어났습니다. 열악한 노동조건 속에서 파업과 혁명이 일어나며, 이는 사회주의와 공산주의 운동으로 발전했습니다.

　베버는 갈등을 단순히 경제적 요인으로만 보지 않았습니다. 권력, 지위, 문화적 차원에서도 갈등이 발생한다고 분석했습니다. 미국의 인종 갈등은 경제적 요인뿐 아니라 인종적 차별, 문화적 편견이 얽혀 복합적인 갈등이 지속되었습니다.

　루이스 코저는 갈등을 "사회가 건강하게 변화하는 장치"로 봤습니다. 적절한 수준의 갈등은 사회가 문제를 해결하고 발전하게 합니다. 1960년대 미국 민권운동은 이를 말해 줍니다. 흑백 인종 갈등은 사회를 흔들었지만, 결과적으로 법 개혁과 평등의 진보를 이끌었습니다.

　다렌도르프는 갈등을 사회 구조 속의 권위와 권력관계의 산물로 보았습니다. 따라서 갈등은 제도화되어야 하며, 민주주의적 장치를 통해 관리할 수 있습니다. 독일 전후 민주주의를 생각해 봅시다. 권위주의 체제의 붕괴 후, 민주적 제도 속에서 다양한 사회집단의 갈등이 제도화되며 사회가 안정되었습니다.

　서양 이론에서 갈등은 두 가지로 이해됩니다. 먼저 갈등에 대한 부정적 이해입니다. 홉스처럼 갈등을 억제해야 할 위험으로 보는 입장이 바로 이것입니다. 이에 반해 갈등의 긍정적 이해도 있습니다. 짐멜, 코저처럼 갈등을 사회 발전의 동력으로 보는 입장이 그렇습니다.

오늘날 우리의 과제는 갈등을 피하는 것이 아니라, 이를 건강하게 관리하고 제도화하는 것입니다. 갈등은 피할 수 없는 현실입니다. 가정에서도, 직장에서도, 국가 간에도 갈등은 늘 존재합니다. 서양 사상가들은 갈등을 두려워하기보다, 그것을 질서·혁신·민주주의로 이끄는 지혜를 모색했습니다. 우리가 경험한 갈등 중, 그 갈등이 오히려 새로운 변화를 낳았던 경험의 기억이 분명 있었을 것입니다. 이 기억이야말로 우리가 함께 배우는 '갈등의 의미'가 될 것입니다.

거시이론으로서 갈등론

어떤 학자는 갈등을 사회 해체의 원인으로 보았고, 다른 학자는 갈등을 사회 발전의 동력으로 해석했습니다. 사회학의 거시이론 가운데 하나인 갈등론적 관점을 함께 살펴보겠습니다. 갈등론은 사회를 본질적으로 불평등하고, 이해관계가 충돌하는 장으로 봅니다. 다음과 같은 언명들이야말로 갈등론의 대표적인 표현입니다. "사회는 합의가 아니라 지배와 강제로 유지된다." "갈등은 예외적 현상이 아니라 필연적이고 정상적이다." "갈등은 불안정을 낳지만 동시에 변화와 개혁을 이끄는 힘이 된다." 이는 사회가 기본적으로 갈등으로 이루어졌다는 의미로 받아들여집니다.

그렇다면 갈등론을 주장한 주요 학자들의 의견을 살펴보도록 하겠습니다. 칼 마르크스는 역사를 계급투쟁의 산물로 보며, 사회는 본질적으로 계급 간 갈등으로 이루어져 있는 것으로 보았습니다. 부르주아(자본가)와 프롤레타리아(노동자)의 모순이 역사 발전을 이끌며, 혁명적 갈등은 새로운 사회질서를 창출한다고 주장했습니다. 어떻게 보면 마르크스의 계급론은 갈등이 산출한 이론이라고 볼 수 있습니다. 산업혁명 이후 노동착취와 파업으로 인해 계급간 갈등이 증폭했고, 열악한 노동조건은 노동운동과 사회주의 사상을 불러일으켰습니다.

막스 베버는 계층론을 통해 갈등이 계층에 따라 다차원적으로 나타난다고 보았습니다. 막스와 달리 그는 갈등이 단순히 경제적 계급문제에 국한되지 않다고 하면서 권력, 지위, 부의 불균형에서 발생한다고 보았습니다. 따라서 갈등은 경제적·정치적·문화적 차원에서 동시에 일어납니다. 그의 갈등론을 토대로 미국의 인종 갈등을 보게 되면, 경제적 차별뿐 아니라 문화적 편견, 정치적 배제까지 얽혀 있는 것으로 해석됩니다.

다렌도르프는 권위관계의 갈등에 주목했습니다. 현대사회에서는 계급혁명보다 조직 내부의 권위와 권력 관계에서 갈등이 발생하는 것으로 보고 있습니다. 그의 주장에 따르면 갈등은 피할 수 없으므로, 민주주의적 제도 안에서 제도화해야 한다는 것입니다. 이를테면, 노사 간 단체교섭의 경우 노동자와 기업 간의 갈등이 노사협의회·노동법 제도를 통해 제도화되었음을 알 수 있습니다.

코저는 갈등의 순기능에 집중했습니다. "갈등은 단순히 해체적이지 않다. 오히려 집단 내부의 결속을 강화하고, 사회 변화를 촉진한다"고 주장했습니다. 1960년대 미국 민권운동의 경우 흑백 인종 갈등은 사회를 흔들었지만, 결과적으로 법 개혁과 평등 확대를 이끌었다는 것입니다.

갈등은 어떤 사회과학적 관점을 갖느냐에 따라 순기능과 역기능으로 구분하여 해석됩니다. 기능론적 시각에서 가정 내 갈등은 사회적 병리 현상으로 간주됩니다. 그러나 갈등론적 시각에서 가정 내 갈등은 가족 구조와 권력 관계를 드러내는 정상적 현상입니다. 우리는 이런 질문에 답변을 해야 할 것입니다. "여러분은 학교나 직장에서의 갈등을 병리적 현상으로만 보시나요?" 아니면 "제도를 개선하는 계기로도 보시나요?" 후자에 관심을 갖는다면 갈등론은 여전히 현대사회에서도 중요한 시사점을 줍니다. 우선 경제적 양극화 현상입니다. 이는 자본과 노동 간 갈등은 여전히 존재한다는 것을 보여줍니다. 또한 사회적 다양성 갈등 현상입니다. 우리 사회에는 성별, 인종, 세대 간 불평등이 존재하며, 이는 지속적인 갈등의 원인을 제공합니다. 아울러 국제사회의 갈등도 있습니다. 이는 강대국과 약소국의 구조적 불평등에서 기인합니다.

우리는 갈등이 사회의 병일지 아니면 힘일지를 판단해야 합니다. 이에 갈등론은 우리에게 이렇게 말합니다. "갈등은 피할 수 없으며, 그것을 어떻게 관리하고 제도화하느냐에 따라 사회는 무너질 수도, 성숙할 수도 있다." 그렇습니다. 갈등은 공존사회를 위해 존재해야 하며 갈등해결을 위한 노력도 지속되어야 합니다. 다음의 질문에 대해 스스로 답함으로써 갈등을 정리바랍니다. "여러분의 삶에서 경험한 갈등 중, 그것이 변화를 이끌었던 경험은 무엇이었나요?" "오늘날 한국 사회의 갈등을, 사회 발전으로 전환할 수 있는 방법은 무엇일까요?" 이 질문의 답은 갈등에 대한 진정한 결론이 될 것입니다.

사회적 상호작용과 갈등

혹시 오늘 하루만 돌아봐도 크고 작은 상호작용을 여러 번 하셨을 겁니다. 가족과 아침 인사를 나누고, 직장에서 동료와 의견을 교환하고, 온라인에서 댓글을 주고받습니다. 그런데 이런 상호작용은 항상 평화롭기만 할까요? 오히려 작은 오해에서 시작된 갈등이 더 크게 번진 경험도 많으실 겁니다.

우리는 사회학적 관점에서 '사회적 상호작용과 갈등'의 관계를 살펴보고, 그 속에서 우리가 배울 수 있는 지혜를 찾아보겠습니다. 사회학에서 상호작용은 두 사람 이상이 서로 영향을 주고받는 모든 행위를 말합니다. 언어, 표정, 몸짓, 규칙 준수, 협동 등 모두 상호작용입니다.

조지 허버트 미드는 자아(self)가 바로 이런 상호작용 속에서 형성된다고 주장했습니다. 즉, '나'라는 존재는 혼자가 아니라 타인과 관계 맺음을 통해 만들어진다는 뜻입니다. 모든 상호작용이 협력으로 끝나지 않습니다. 때로는 갈등이 생깁니다. 왜일까요? 먼저 자원 분배 문제 등으로 이해관계가 충돌하기 때문입니다. 또한 서로 다른 가치관과 규범이 교차하면서 기대의 차이가 있기 때문입니다. 뿐만 아니라 계급적 차이, 다수와 소수 집단 간에 권력 불균형이 위치하기 때문입니다.

한번 사회적 상호작용 중 갈등 사례들을 살펴보겠습니다. 첫째, 가족 내 세대 갈등의 사례입니다. 이 경우 부모는 안정된 직업을 원하지만, 자녀는 자유로운 직업을 추구하면서 갈등이 발생합니다. 둘째, 직장 내 권위 갈등입니다. 이 경우는 상사의 지시와 직원의 전문성이 충돌할 때 나타납니다. 셋째, 국제사회의 갈등입니다. 이는 대표적으로 자원 확보를 두고 벌어지는 국가 간 경쟁에서 파생됩니다.

체계이론을 완성한 짐멜은 갈등도 일종의 상호작용이라고 보았습니다. 오히려 갈등은 집단의 결속을 강화할 수 있다고 보았습니다. 그 사례로 노동운동을 들고 있는 데, 노동자와 자본가의 갈등이 노동자 집단 내부의 단결을 강화한다고 했습니다.

코저에 의하면 일정한 갈등은 사회를 붕괴시키는 게 아니라 오히려 건강하게 만든다고 주장했습니다. 이는 갈등이 문제를 드러내고 제도 개혁을 촉진한다는 순기능적 역할에 해당합니다. 1960년대 미국 흑인 민권운동이 그 예입니다. 이 운동에서 갈등이 평등권 확대와 법 개혁으로 이어졌습니다.

미드는 상호작용 속에서 갈등은 자아와 사회 정체성을 성장시키는 과정으로 보았습니다. 갈등을 통해 '나'와 '우리'의 관계를 더 깊이 성찰하게 됩니다.

갈등의 순기능을 우리 생활세계에서 충분히 찾을 수 있습니다. SNS 갈등의 경우를 봅시다. 댓글 논쟁, 가짜뉴스 확산은 온라인 상호작용의 부정적 측면이지만, 동시에 사회적 의제를 공론화하는 순기능도 있습니다. 또한 다문화사회의 갈등을 생각해 봅시다. 이주민의 증가에 따라 언어·문화 차이로 인한 학교 내 오해, 직장에서의 갈등이 증폭되었습니다. 하지만 문화 교류 프로그램이 활성화되고, 이를 통해 상호이해가 깊어집니다. 이와 더불어 국제 외교 갈등에 대한 예를 들어 봅시다. 미·중 무역 갈등, 러시아-우크라이나 전쟁 등의 사례에서 우리는 긴장과 대립이 있지만 협상을 통해 새로운 질서가 만들어지는 것을 경험했습니다.

분명히 갈등적 상호작용은 이중적 기능을 갖습니다. 부정적 기능으로써 불신, 단절, 폭력이 유발되지만, 긍정적 기능으로써 문제 해결, 규범 재정립, 집단 결속 강화 등이 나타납니다. 따라서 갈등은 '사회적 암'이 아니라 '성숙으로 가는 과정'이라고 할 수 있습니다.

오늘날 사회는 각종 다양한 갈등으로 가득 차 있습니다. 세대 간 갈등, 성별 갈등, 계급 갈등, 국제 갈등… 하지만 갈등을 회피하지 말고, 오히려 건강하게 관리하고 제도화해야 할 것입니다. 민주주의의 본질도 사실 다양한 의견과 갈등을 제도 속에서 다루는 방식에 있습니다.

상호작용과 갈등은 동전의 양면입니다. 서로의 관계가 있는 곳에는 언제나 갈등이 생기지만, 그것은 함께 살아가는 훈련의 과정이기도 합니다. 오늘날 한국 사회의 갈등을 건설적으로 관리하면, 더 건강한 공존사회로 나아갈 수 있습니다. 이를 믿는다면 우리는 공존사회의 민주시민이 될 것입니다.

별자리 02
책임_그 무한의 인간 윤리

책임의 무한성

"내가 책임지겠습니다."라는 말을 해보지 않은 사람이 과연 있을까요? 아마 거의 없을 것입니다. 반대로 이 말을 들어보지 않은 사람도 많지 않을 겁니다. 그렇지만 우리가 흔히 사용하는 '책임'이라는 단어만으로는 그 안에 담긴 깊은 의미와 행위적 결과를 다 설명하기에는 부족해 보입니다. 책임은 단순히 개인의 사회적 지위에 따른 역할 수행에만 국한되지 않습니다. 그것은 집단적 범주로 확장되며, 개인에서 사회로, 또 국가와 초국가적 영역에까지 이르는 다층적이고 다각적인 성격을 지니고 있습니다.

책임은 일상에서 늘 마주하지만, 학문적 차원에서는 매우 무겁게 다루어지는 개념입니다. 예를 들어, 법학에서 책임은 '비난 가능성'으로 정의됩니다. 넓은 의미에서는 법적 불이익이나 제재를 지칭하고, 좁게는 위법 행위를 한 자에 대한 법적 제재를 뜻합니다. 그래서 책임은 인간 행위의 동기와 결과, 즉 인과관계에서 출발하는 것처럼 보입니다. 그러나 그 범위와 의미는 경계를 넘어 무한히 확장됩니다. 일제가 우리 민족에게 저지른 역사적 과오에서 아직도 자유롭지 못한 것은, 바로 책임이 지닌 무한정성 때문일 것입니다.

책임을 학문적으로 논의하고자 할 때 가장 먼저 떠오르는 학자가 바로 한나 아렌트입니다. 유대계 독일인이었던 아렌트는 나치 독일을 피해 미국으로 망명하여 무려 18년간 무국적자의 삶을 살았습니다. 그는 전체주의의 피해자이면서도 전체주의를 깊이 통찰한 철학자였습니다. 1943년, 그는 자신의 경험을 바탕으로 『전체주의의 기원』을 집필하기 시작했습니다. 그 과정에서 「독일 문제에 대한 접근법」과 「조직화된 범죄와 보편적 책임」이라는 글을 남겼는데, 이 속에는 나치의 정치적 악행과 독일 국민의 정치적 책임에 대한 성찰이 잘 드러나 있습니다. 아렌트는 나치 과거 청산 문제를 논하며, 책임과 용서, 그리고 화해라는 개념을 깊이 있게 검토했습니다.

또한 아렌트는 『인간의 조건』에서 인간의 공존을 가능케 하는 활동, 곧 '행위'에 주목했습니다. 그는 행위란 결과를 예측하기 어렵고 되돌리기 힘든 내재적 결함을 갖고 있다고 지적했습니다. 그리고 이 결함을 치유할 수 있는 방법으로 '용서'를 제안했습니다. 여기서 중요한 것은 아렌트가 용서에 정치적 의미를 부여했다는 점입니다. 정치적 의미의 밑바탕에는 언제나 '책임'이 자리하고 있었습니다. 아렌트는 전통적인 법적·도덕적 책임을 넘어선 새로운 책임 개념을 제시하였습니다. 특히 전체주의 체제에서 개인이 저지른 악행을 어떻게 이해하고 다루어야 하는가에 주목했습니다.

그가 제시한 가장 핵심적인 개념 중 하나는 '악의 평범성'입니다. 이는 극단적인 악행이 반드시 사악한 의도를 지닌 악마적 인물에 의해 발생하는 것이 아님을 뜻합니다. 오히려 '생각 없음'

과 '무비판적 복종'에서 비롯된다고 보았습니다. 아렌트에게 '생각 없음'은 단순한 무지나 어리석음이 아닙니다. 그것은 자기 행동의 의미와 결과를 깊이 성찰하지 않고, 타인의 눈으로 세상을 보는 태도입니다. 아돌프 아이히만이 상부의 명령을 그저 따르며 자신의 행위가 초래할 도덕적 파장을 고려하지 않았던 것, 바로 그것이 악을 가능케 했다는 사실을 아렌트는 지적했습니다. 그리고 바로 이 지점에서 도덕적 책임이 발생한다고 보았습니다. 책임이란 결국, 내 행동이 어떤 결과를 낳을지에 대해 스스로 성찰할 수 있는 능력과 직결되는 것입니다.

아렌트는 도덕적 책임이 특히 공동체의 법적·정치적 질서가 무너졌을 때 더 중요하다고 보았습니다. 법이 제 기능을 상실했을 때, 개인은 스스로 '생각'을 통해 옳고 그름을 분별해야 합니다. 또한 정치적 책임은 단지 권력자에게만 있는 것이 아니라, 공동체 구성원 모두에게 주어진다고 강조했습니다. 투표, 저항, 목소리 내기 등 다양한 참여 방식이 그 증거입니다. 침묵하거나 외면하는 것 역시 정치적 무책임의 한 형태가 될 수 있습니다.

아렌트는 '집단 책임'과 '공동 책임'을 구별했습니다. 집단 책임은 특정 집단 전체에 부과되며, 그 집단의 일원이라는 이유만으로 구성원 모두가 책임을 져야 한다는 개념입니다. 그러나 이는 도덕적 모호성을 낳고, 결국 아무도 진정한 책임을 지지 않게 만들 위험이 있습니다. 반면에 공동 책임은 집단의 행위와 관련해 개개인이 자기 선택과 행동에 따라 지는 도덕적 책임입니다. 아렌트는 이 차이를 분명히 했습니다. 예를 들어, 독일 국민 전체가 나치 범죄에 대해 법적으로 '유죄'는 아니지만, 독일인으로서 역사적 사실을 직시하고 다시는 그러한 일이 반복되지 않도록 해야 할 정치적 책임을 지니는 것, 이것이 바로 공동 책임이라는 것입니다.

결국 아렌트의 책임론은 단순히 과거의 죄를 묻는 데서 멈추지 않습니다. 그것은 우리가 극단적 상황 속에서도 어떻게 도덕성을 유지하며 정치적 주체로 설 수 있는지를 성찰하도록 이끕니다. 책임은 무겁습니다. 그리고 끝이 보이지 않는 무한정성을 가지고 있습니다. 바로 이 무게와 무한정성이 우리를 성숙한 시민으로, 그리고 인간다운 존재로 만들어 주는 것 아닐까요?

악의 평범성과 정치적 책임

한나 아렌트의 『예루살렘의 아이히만』은 그녀가 아이히만 재판을 직접 참관하고 기록한 보고서입니다. 무엇보다 '악의 평범성'을 드러낸 문제작이자, 용서와 보복, 그리고 화해의 사례를 통해 정치적 책임을 강조한 책입니다. 이 책은 책임의 문제를 깊이 성찰하도록 우리를 초대합니다. 수십만 명이 넘는 유대인을 무

자비하게 학살한 2차 세계대전의 전범, 아돌프 아이히만의 이야기입니다. 이 책에서 우리는 그가 얼마나 악한 인물이었는가만을 추적하는 데 그치지 않습니다. 그가 어떻게 그 끔찍한 일을 양심의 가책 없이 수행했는가를 알 수 있고, 재판의 전 과정을 우리는 '책임'이라는 렌즈를 통해 바라보게 됩니다.

처음의 아이히만은 유대인을 저주하는 사악한 괴물은 아니었습니다. 오히려 '정상적'이고 '친절해 보이는' 사람이었습니다. 다만 그는 상사의 명령을 충실히 이행했을 뿐이라고 말했습니다. 자신이야말로 맡은 책임을 성실히 수행한 사람이라는 주장이지요. 그러나 이 '성실한 책임 수행'의 결과는 인류 역사상 최악의 대학살로 이어졌습니다. 여기서 우리는 책임을 성실히 수행한 사람도 범죄자가 될 수 있는가?란 질문을 제기하지 않을 수 없습니다. 답은 냉혹하게도 "될 수 있다"입니다.

아이히만의 사례는 책임 수행자가 '생각 없음', 다시 말해 사유의 진정한 불능성, 혹은 사유의 전적인 부재에 빠질 때 어떤 일이 벌어지는지를 보여줍니다. 개인의 생각 없는 행위는 상황에 따라 정치적 책임으로 확장되며, 이는 곧 정치적 범죄와 결부됩니다. 그리고 이 문제는 정치인에게만 해당되는 것이 아니라, 통치권의 대리자인 시민 개개인의 행위와도 긴밀히 연결됩니다. 패전국 독일의 전후를 떠올려 보십시오. 정치적 범죄의 관할권은 승전국의 힘과 의지에 달려 있었지만, 그 대상은 독일 국민 전체가 아니라 혐의를 받은 자들, 곧 나치 정권의 지도자들이었습니다. 그렇다고 해서 해당 사회의 모든 구성원이 정치적 책임에서 자유로운 것은 아닙니다. 정치적 범죄가 집단적으로 발생하더라도, 그것이 도덕적·형이상학적 죄책과 같은 의미에서 '집단적'인 것은 아니라는 점을, 우리는 분명히 해야 합니다.

그렇다면 도덕적 죄책은 무엇입니까? 도덕적 죄책은 한 개인이 자신의 양심이라는 법정 앞에서 자기 행위에 대해 감당해야 할 개인적 책임을 뜻합니다. 정치적 범죄의 관할권이 행위자 바깥의 제도와 권력에 의해 정해진다면, 도덕적 죄책의 관할권은 '나'의 양심, 곧 '자아'에 있습니다. 더 나아가, 내 영혼에 우호적 관심을 가진 동료 시민과 지인들과의 진지한 소통 안에 있습니다. 도덕적 죄책은 인간의 삶인 생활세계에서 개인의 구체적 행위와 연결되며, 회개할 능력을 지닌 사람들에게 다양한 방식으로 발현될 수 있습니다.

아렌트는 인간의 삶을 '활동적 삶'과 '정신의 삶'의 조화로 보았습니다. 우리는 노동을 하고, 무언가를 만들고, 타자들 사이에서 언어와 행위를 통해 자신의 존재와 정체성을 드러냅니다. 동시에 '정신의 삶'을 통해 사유하며, 그 과정에서 생겨나는 양심은 우리가 악행에 빠지지 않도록 이끕니다. 그러나 전체주의는 자율성에 근거한 인간의 자유와 인격을 말살하고, 인간의 행위 자체를 제한하거나 불가능하게 만들려 했습니다. 그래서 아렌트는 나치 독일이 초래한 역사적 비극을 극복하기 위해 과거 청산의 필요를 주장하는 한편, 나치의 악행과 독일 국민의 정치적 책임을 끝내 직시해야 한다고 강조합니다.

아렌트는 정치적 책임에 대해 의미있는 주장을 합니다. 정치적 책임의 영역은 우리가 직접 행동하지 않은 일에 대해서도 부담을 져야 하는 연대 책임으로 설명합니다. 같은 공동체 구성원으로서 이익을 누렸다면, 그 과오에 대해서도 일정한 몫을 감당해야 한다는 뜻입니다. 물론 개인과 사회의 관계에 대한 논의가 더 필요하지만, 일단 우리가 분명한 소속감과 사회적 정체성을 지닌다고 가정해 봅시다. 그렇다면 정치적 책임은 같은 종으로서 인간 동료에 대한 예의이며, 세계에 대한 관심의 실천입니다. 나아가 정치적 책임을 다하는 일은 용서와 화해를 통해서만 가능하다는 점을, 아렌트는 환기합니다.

아울러 그녀는 인간 행위에 내재된 두 가지 중대한 결함을 지적합니다. 첫째는 회복 불가능성입니다. 한 번 벌어진 일은 원상 복귀가 불가능합니다. 이에 대한 치유로 아렌트는 '용서함'을 제안합니다. 용서는 과거의 불미스러운 일에 엮인 사람들을 '해방'시키는 행위입니다. 끝나지 않는 보복의 고리를 끊고, 용서하는 자와 용서받는 자 모두를 자유롭게 하여 새로운 삶, 새로운 역사의 시작을 가능케 합니다. 용서는 가해자에게만이 아니라 피해자에게도 자유를 선사합니다.

둘째는 예측 불가능성입니다. 인간 행위의 결과는 누구도 예측할 수 없는 우연성의 영역에 놓여 있습니다. 이 불확실성을 넘어설 수 있는 기제로서 아렌트는 '약속'을 제시합니다. 약속은 인간에 대한 불신과 미래의 불확실성을 있는 그대로 인정하면서도, 그 안에 예측 가능성과 상호 신뢰를 만들어 냅니다. 공적 약속의 대표적 사례로서 미국 헌법을 들 수 있습니다. 미국 헌법은 혁명의 정신을 문서화하여 미국 사회 내에서 권위의 원천이 되었습니다. 약속은 공동체가 책임윤리를 세우게 하고, 역사의 새로운 시작을 열어 줍니다. 그리고 이러한 약속의 윤리는 개인의 삶의 자리에서도 똑같이 작동합니다.

결국 정치적 책임은 단지 죄를 묻는 절차를 넘어, 훼손된 공동체를 다시 세우는 약속의 행위입니다. 아렌트는 세계의 정치 문제에 참여하지 않는 태도를, 우리가 속한 공동체를 향한 의무의 회피로 보았습니다. 도덕적 책임이 '자아'에 대한 관심과 연결된다면, 정치적 책임은 '세계'에 대한 관심과 연결됩니다. 용서하고 용서받으려는 태도, 약속하고 약속을 지키려는 태도, 바로 이 태도들이 책임의 영역에서 비롯되는 사회적 계율이며, 우리가 함께 지켜야 할 시민적 덕목입니다.

확장된 책임의 관점

이제 논의를 한 걸음 더 확장해 보겠습니다. 책임에 관해 가장 많은 논쟁을 불러온 개념이 바로 '형이상학적 죄책'입니다. 이는 생존자들이 고통당한 사람들, 혹은 죽은 이들에 대해 느끼는 책임을 가리킵니다.

일단 철학자 야스퍼스의 형이상학적 죄책에 관해 이야기를 하도록 하겠습니다. 그는 심리학과 정신의학, 그리고 신에 대한 경외에서 비롯된 세심한 추론에 근거해 책임을 논의했습니다. 그의 주장에 따르면 인간 세계의 악과 부정의에 대해 공동 책임을 나누는 인간들 사이의 유대가 존재합니다. 그러나 이 유대는 모든 인류로 보편화되기보다, 일부 집단에 국한되는 경우가 많습니다. 그래서 그는 1933년, 유대인들이 추방되던 시기에 일부 독일인만이 이 조치에 반대했고 대다수는 방관했다는 사실을 들어, 형이상학적 죄책을 소환했습니다.

일단 형이상학적 죄책을 설명하기 전에 야스퍼스가 독일인들의 나치 범죄 관련 책임을 네 가지 차원으로 구분하였다는 것을 살펴볼 필요가 있습니다. 첫째, 형사적 죄책은 법적으로 범죄 행위를 저질렀을 때 발생하는 것입니다. 둘째, 정치적 죄책은 국가의 일원으로서, 그 국가가 저지른 잘못에 대해 국민 모두가 지는 책임입니다. 셋째, 도덕적 죄책은 개인이 스스로의 양심에 따라

행위에 대해 느끼는 책임입니다. 그리고 넷째, 가장 심오한 차원인 형이상학적 죄책이 있습니다.

형이상학적 죄책은 법률이나 도덕 규범으로는 완전히 설명할 수 없는 차원에 속합니다. 야스퍼스는 인간이란 서로에게 본질적으로 책임을 지는 존재라고 보았습니다. 따라서 내가 직접 범죄를 저지르지 않았더라도, 타인이 고통받고 죽어가는 순간 그것을 막지 못했다면, 인간으로서의 근원적 연대 때문에 나 역시 죄책을 지닌다는 것입니다. 이 죄책은 단순한 잘못의 결과가 아닙니다. 그것은 타인의 죽음을 함께 짊어져야 하는 존재론적 책임, 곧 인간 됨 그 자체에서 비롯된 무거운 책임입니다.

야스퍼스의 이런 사유는 나치 시대 독일이라는 역사적 상황에서 제기되었습니다. 많은 독일인들은 "나는 직접 살인을 저지르지 않았다"고 말할 수 있었을지 모릅니다. 그러나 야스퍼스는 그렇게 말할 수 없다고 단호히 말했습니다. 그들은 같은 시대를 살며, 인간으로서 동포의 고통과 죽음을 외면했고, 이를 막지 못했습니다. 그렇기에 독일인 모두는 형이상학적 죄책을 지닌다고 주장했습니다.

아렌트는 독일인들의 집단적 책임에 관한 야스퍼스의 통찰에 공감하면서도, 형이상학적 죄책이 책임 문제의 해법이 될 수 있다는 견해에 이견을 제기합니다. 왜냐하면 그와 같은 논의가 오히려 책임으로부터 우회하려는 의도를 품을 수 있으며, 정작 정치적 책임의 의미를 약화시킬 위험이 있기 때문입니다. 정치적 책임의 문제를 두고 야스퍼스와 아렌트는 분명한 차이를 보입니다. 야스퍼스는 공과 사의 경계를 따라 법적·정치적 범죄와 도덕적·형이상학적 죄책을 구분하고, 후자를 사적 영역에 배치하려 했습니다. 그는 이러한 죄책으로부터 벗어나기 위해 특정 개인들 사이의 공적 소통을 강조했습니다. 그 덕에 공동 책임을 인정하는 지점까지는 나아가지만, 그것을 정치적으로 어떻게 실현할 것인지에 대해서는 침묵합니다.

반면에 아렌트는 훨씬 강하게 정치적 책임을 전면에 세웁니다. 도덕적·법적 기준이 개인과 그 활동에 공통적으로 연계된다는 점은 인정하면서도, 정치적 책임은 다르다고 주장합니다. 정치적 책임은 개인적 책임과 같지 않으며, 용서와 마찬가지로 새로운 시작으로서의 행위에 속합니다. 아렌트는 집단적 책임의 성격을 대리성과 비자발성이라는 두 축으로 설명합니다. 시민은 자신의 행위와 무관하게 집단적 책임을 짊어지기도 합니다. 선조들의 공적 덕택에 보상을 받는 것처럼, 선조들의 죄에 대해서도 책임을 진다는 논리입니다. 조직의 일원으로 범죄에 직접 참여한 자는 처벌을 통해 자신의 최초 행위를 마감하지만, 범죄에 관여하지 않은 사람이 자기 이름으로 수행하는 정치적 책임은 그 공동체의 구성원들과 후손들에게 이어지는 지속적 관심사가 됩니다.

여기서 중요한 점은, 집단 책임이 자발적 행위의 결과가 아니라 특정 집단의 구성원이라는 조건과 연결된다는 사실입니다. 범죄는 의도된 행위의 결과이지만, 정치적 책임은 범죄에 참여하지 않은 후손들의 비자발적 부담으로서 발생할 수 있습니다. 물론 해당 사회의 구성원 자격을 포기하면 집단 책임에서 면제될 수 있습니다. 그러나 심리적·정서적 차원에서 그 책임의 흔적은 오래 남을 수 있습니다.

정치 행위로서의 집단 책임은 공적 의미를 지니며, '현전(presence)'이라는 특성을 갖습니다. 현전은 시간과 공간의 차원에서 드러납니다. 귀속과 행위는 시간적 층위와 연결되어 있고, 행위는 공동 세계의 존재를 전제로 합니다. 모든 인간은 자기 행위로 구성된 연결망 속에서 살아갑니다. 그렇기에 행위자는 자신의 말과 행동이 공공 영역에 속하는 순간에야 비로소 그 행위에 대한 책임을 지게 됩니다. 이때 귀속은 두 가지 형태로 나타납니다. 하나는 수동적·자연적 귀속, 다른 하나는 적극적·정치적 귀속입니다.

아렌트에게 정치적 책임은 국가나 정치 공동체의 구성원이기 때문에 짊어지는 집단 책임입니다. 내가 하지 않은 일에 대해서도, 곧 대리성에 기초한 책임을 부담합니다. 공동체의 일원으로서 이익을 누렸다면, 그 과오에 대해서도 책임을 지는 것이 공정합니다. 이러한 연대 책임은 본질적으로 정치적이며, 공동체를 떠날 때만 비로소 벗어날 수 있다고 보았습니다. 공동체에 귀속된다는 것은 조상의 악행에 대해 책임을 져야 하는 고통을 수반하지만, 그것은 우리가 세계-내-존재로서 서로와 공존하며 살아가기에 감수해야 할 실존적 조건입니다.

여기서 아이리스 마리온 영이 아렌트의 논의를 동시대인의 책임으로 확장합니다. 영은 아렌트의 정치적 책임 개념이 "그 사회의 구성원이라는 이유만으로" 책임을 묻는 점에서 다소 추상적이라고 비판합니다. 영에 따르면, 정치적 책임은 단지 구성원 신분 때문이 아니라, 범죄나 잘못에 간접적으로 기여했는지에 달려 있습니다. 우리는 부정의를 가능케 한 사회 체계 속에서 살아가며, 최소한 그 체계의 작동을 수동적으로 지원했을 책임이 있다는 것입니다. 또한 정치적 책임은 시민들이 사회 제도를 감시하고, 공개적으로 발언하며, 공적 공간을 유지하려는 노력을 포함합니다.

아렌트가 말하는 정치적 책임은 국가·정치 공동체의 구성원 자격에서 비롯되는 집단적·과거지향적 성격이 강합니다. 반면 아이리스 영의 관점에서 정치적 책임은 국민 대중에게 영향을 미치는 조치들에 대해 공적 태도를 취하고, 거대한 해악을 막기 위해 집단행동에 나서는 개인의 의무입니다. 단순히 개인이 공동체 구성원이라는 사실 때문이 아니라, 구조적 부정의를 개선할 책임을 행해야한다는 것입니다. 이것이 바로 확장된 책임의 윤리입니다.

책임에서 책임윤리로

20세기의 현대 사회는 과학기술의 비약적 발전으로 인해 인간의 행위가 전례 없는 파급력을 갖게 되었습니다. 기후 위기, 핵무기, 환경오염, 유전자 조작 등 과거에는 상상조차 하기 어려웠던 문제들이 오늘 우리 앞에 현실로 놓여있습니다. 이러한 난제들은 단순히 개인의 덕목이나 의무만으로는 해결할 수 없는 새로운 윤리적 과제를 제기합니다. 그래서 등장한 것이 바로 '책임윤리'입니다. 책임윤리는 과거의 행위에 대한 책임을 묻는 차원을 넘어, 미래 세대에 대한 배려와 인류 전체의 지속가능성을 핵심 과제로 삼습니다. 인류의 미래와 생존을 위해, 우리는 새로운 윤리적 패러다임을 받아들여야 한다는 호소입니다.

20세기의 책임윤리 논의에서 우리는 한스 요나스와 디트리히 본회퍼를 떠올릴 수 있습니다. 요나스는 '기술 문명 시대의 윤리'를 정립하며 미래 세대에 대한 책임을 강조했고, 본회퍼는 '고난의 시대' 한가운데서 그리스도인의 실존적 책임의 의미를 이야기하였습니다. 관점도 다르고 배경도 달랐지만, 두 사상가의 논의는 현대사회의 복잡한 윤리 문제에 대해 깊이 있는 통찰을 제공한다는 점에서 공통점이 있습니다.

요나스에 따르면 생명은 무(無)의 가능성에 지속적으로 맞서는 보존의 과정입니다. 곧 생명은 자신의 본질에 내재된 죽음의 위

힘으로부터 끊임없이 벗어나고자 스스로를 지키고 긍정하는 대결 과정이라는 뜻입니다. 존재는 생명이며, 죽음에 대한 생명의 대립 속에서 존재의 자기 긍정이 드러납니다. 존재는 자신에게 긍정, 무(無)에는 반대를 표합니다. 그리고 "존재 자체가 자기 자신에 관심을 드러낸다"는 명제는 모든 가치들 가운데 가장 우선되는 제일의 긍정이 됩니다.

모든 생명체가 보여주는 생명의 현상은 명료합니다. 살아 있으려는 노력입니다. 생명체에게는 사는 것이 살 만한 가치가 있습니다. 그러므로 생명체에게 삶은 죽음보다 선합니다. 목적을 지닌 생명은 그러한 목적이 없는 물질보다 무한하게 우월합니다. 이 사실은 생명체들 스스로가 우리 앞에서 증명하고 있으며, 우리의 직관에 자명하게 드러납니다. 그래서 더 이상의 증명이 필요치 않습니다. 굳이 말하자면, 이 자명성은 우리가 받아들일 수밖에 없는 존재론적 공리와 같습니다. 일단 우리가 이 공리를 받아들인다면, 생명체가 자신의 생명에 무관심하지 않고 살려고 애쓴다는 바로 그 사실이, 2차적으로 파생되는 다른 모든 가치와 당위의 근원이 될 것입니다.

생명을 가진 모든 유기체는 불안정하며 유한한 상태에 놓여 있습니다. 인간과 다른 생명체는 자기 목적을 추구하는 존재입니다. 요나스는 이 자기 목적을 보호하기 위해 인간은 책임을 져야 하며, 인간만이 책임 가능한 주체라고 주장합니다. 당위는 실존하는 존재에 구속됩니다. 그렇다면 "어떻게 존재가 당위를 정당화할 수 있는가?", 그리고 "왜 그것이 인간에게만 한정되는가?"라는 질문은 여전히 검토해야 할 과제로 남습니다.

먼저, 요나스는 존재를 비존재보다 절대적으로 더 좋은 것으로 설정합니다. 존재는 스스로 자신의 목적을 드러냅니다. 살아 있음은 무(無)에 대한 반대로서 존재에 가치를 부여합니다. 여기서 요나스는 목적을 가질 수 있는 것을 통해 '선(善)'이 드러난다고 봅니다. 목적은 직관적으로 존재의 무목적성보다 무한히 우월하다는 점을 받아들입니다. 그렇다면 그 선은 생명의 자기명증성을 통해 드러납니다. 이를 존재론적 공리로 전제한다면, "실존한다는 이유로 보호받아야 한다"는 당위는 형식적으로 도출될 수 있습니다. 곧, 생명체로 존재한다는 것 자체가 책임의 전제조건이 됩니다. 책임능력이 있음은 존재함을 뜻하고, 이 존재는 당위를 포함합니다.

요나스는 이러한 책임이 왜 인간에게만 귀속되는지에 대해, 인간이 가치 판단과 구별을 수행할 수 있는 도덕적 능력을 지녔기 때문이라고 설명합니다. 인간이 존재한다는 사실은 이성적 판단의 자유를 지닌 인간으로서 의무를 지녔다는 것을 의미합니다. 의무를 지녔다는 것이 바로 책임윤리입니다.

책임의 원형과 특성

책임의 원형은 부모가 자식에게 지는 책임에서 찾을 수 있습니다. 요나스의 책임 분석은 이 특수한 관계에서 선명해집니다. 부모의 책임은 '총체성', '연속성', '미래'라는 세 개념을 내포합니다. 총체성은 실존과 그 관심에 이르는 모든 양상을 포괄합니다. 모든 가능성을 지닌 전체로서의 아이는 부모에게 책임의 대상입니다. 신체, 그리고 넓은 의미의 교육까지, 존재 그 자체와 최선을 향한 존재를 함께 포함합니다. 총체성은 물리적 실존에서 최고의 이익과 안녕에 이르기까지를 아우릅니다.

총체성은 책임의 실천이 중단되어서는 안 된다는 연속성으로 이어집니다. 부모의 책임에는 멈춤이 없습니다. 대상의 생명이 지속되기 때문입니다. 생명의 지속은 매번 새로운 요구 조건을 낳고, 실존에 대한 책임은 시간의 제약 속에서 전개됩니다. "다음에는 무엇이 발생하는가?", "어떤 결과를 가져오는가?", "이전에는 무엇이 있었는가?". 이런 질문들은 총체성에 속하며, 총체성은 대상을 역사적으로 접근합니다. 이때 시간을 관통하는 연속성 속에 보존해야 할 동일성이 있습니다. 책임은 시간의 관점에서 사물을 바라보아야 하며, 지속적 위험에 노출된 존재의 훼손 가능성 앞에서 매 순간 벗어날 수 없게 됩니다.

요나스는 책임의 본질을 명징하게 드러내기 위해 아이라는 책임의 대상, 특히 신생아를 존재론적으로 논증합니다. 신생아는 특수한 상황에 놓여있습니다. 이미 거기 있는 존재의 자기증명적 힘과 아직 있지 않은 존재의 절박한 무능력이 섞여 있습니다. 모든 생명체의 무제한적 자기 목적과 그 목적에 부합하기 위해 그 생명체 안에 능력이 형성되어야 하는 필연이 신생아 속에 내포되어 있습니다. 이 형성의 필연은 낯선 인과성이 충족해야 하는 중간자입니다. 신생아는 현존재의 소유와 비소유라는 유일한 관계 속에 있으며, 그 관계는 막 시작되는 생명에 한정됩니다. 그렇기에 그 생성된 인과관계를 지속하도록 하는 의무가 부여됩니다. 이러한 '생명의 지속'이 곧 책임의 내용입니다. 신생아의 존재는 타인으로 하여금 행위의 당위를 요청합니다. 불안정한 존재가 무(無)로 되돌아가지 않도록 지속적 성장을 보장하는 일은 생산자의 의무이며, 존재론적으로 예견된 과제입니다.

요나스는 책임의 대상을 두고 인간이 자기 자신에게만 한정하지 말고 다른 유기체와의 공생 속에서 파악해야 한다고 주장합니다. 인간에 국한된 책임 의무는 인간 본성에도, 그 목적에도 어긋납니다. 이는 "인간 존재의 지속성과 온전성을 보존하라"는 의무 명제와도 부합하지 않습니다. 자연의 불가침성, 곧 스스로 보존되어야 할 원리를 지키며 다양성의 존재 원칙을 이루어야 합니다. 그러나 과도한 기술 문명의 발전은 이러한 공생적 평형을 무너뜨렸고, 우세종의 과잉 확산을 부추겼다고 요나스는 진단합니다. 위험은 자연과학과 기술 산업의 팽창에 의해 초래되었고, 다른 모든 것뿐 아니라 인간 자신에게도 해를 야기했습니다. 따라서 오늘 날의 윤리는 진보와 완성을 향한 윤리가 아니라, 보존·유지·보호의 윤리라는 새로운 의무를 요청합니다.

기술 문명의 시대에 요나스는 아직 존재하지 않는 인류, 곧 미래 세대에 대한 의무도 필요하다고 말합니다. 먼저 짚어야 할 점은 아이들에 대한 의무와 후세대에 대한 의무의 정당화 근거가 서로 다르다는 것입니다. 앞서 본 아이들에 대한 의무는 생산자의 책임과 아이의 실존에 대한 고유 권리로 정당화됩니다. 즉 실존의 권리와 생산자의 의무라는 대립 원리로 설명이 가능합니다. 반면, 아직 이 세계에 태어나지 않은 자들의 권리를 직접 내세울 수 없을 때에도 책임의 의무가 발생하는가 라는 물음이 제기됩니다.

요나스는 우리가 1차적으로는 미래 인류의 실존에 대한 의무, 2차적으로는 그 존재의 본질에 대한 의무를 진다고 말합니다. 전자와 관련해, 인간은 개별적으로가 아니라 생식 본능의 지속을 염려할 필요가 없다고 말할 수 있습니다. 이 의무 자체가 생식의 의무를 포괄하기 때문입니다. 설령 우리가 생식을 하지 않는다 하더라도, 아직 존재하지 않지만 실존할 것으로 예견되는 후세대의 권리를 통해, 현재 존재하는 우리는 생산자로서 요청의 의무를 갖게 됩니다.

인간이 스스로 지켜내야 할 것은 의무를 스스로에게 부과할 수 있는 능력입니다. 이것이 인류의 미래에 대한 근본 의무이며, 이 명제에서 다른 의무들이 파생됩니다. 이는 존재할 것이라 추정되는 권리에 응답하는 의무로서, 미래 권리주체의 실존에 속합니다. 미래의 사람들은 자신들의 실존할 권리를 우리에게 부여합니다. 이 권리의 효력이 개별적 의무를 부과한다면, 그 모든 의무는 1차적 의무에 예속될 것입니다. 따라서 미래 세대의 실존에 대한 의무가 발생합니다. 그리고 실존의 당위를 불가능하게 하는 것은 본래적 의미에서 범죄입니다. 이는 우리가 보호해야 할 것이 반드시 현행의 인간 권리만은 아니라는 사실을 시사합니다.

결국, 책임윤리는 "인류는 존재해야 한다"는 당위를 전제로, 인간의 이념에 대해 책임을 진다는 선언입니다. 이 이념은 인간 자신의 실현이며 동시에 존재론적입니다. 그리고 이 이념의 현존성이 우리 각자에게 의무를 부과합니다. 오늘의 우리는, 미래의 그들을 위해, 그리고 세계의 지속을 위해 존재를 가능하게 하는 책임을 선택해야 합니다.

실존적 고난 속의 책임

책임윤리를 거론할 때 만나는 신학자가 바로 본회퍼입니다. 본

본회퍼는 기독론적 신학과 윤리를 실천적으로 수행한 인물입니다. 그를 제대로 이해하기 위해서는 먼저 그가 말하는 '현실'이 무엇인지부터 짚어야 합니다. 왜냐하면 현실이 곧 책임의 장이기 때문입니다. 그리스도교 윤리학은 하나님의 현실을, 존재하는 모든 것의 안과 밖에 자리한 궁극적 현실로 봅니다. 그리고 그 하나님의 현실은 성육신 사건을 통해 이 세상의 현실이 되었습니다. 예수 그리스도로 말미암은 하나님과 죄인의 화해는, 하나님의 궁극적 현실을 세상의 현실과 분리할 수 없게 만듭니다. 그러므로 본회퍼의 책임 사유는 기독론적 현실 이해에서 시작됩니다.

본회퍼가 서 있던 현실은 나치 정권의 장악이라는 시대적 배경 위에 놓여 있었습니다. 그는 하나님의 현실과 분리될 수 없는 이 세상 현실 한가운데서 어떻게 그리스도의 삶을 뒤따라 살 것인가를 깊이 묻습니다. 1933년, 히틀러가 집권하던 해 베를린대학 강의 「중심이신 그리스도(Christ the Center)」에서 본회퍼는 "예수 그리스도는 누구인가"라는 엄숙한 질문을 던졌습니다. 그의 질문을 구체적으로 짚어보면, 그리스도 앞에 선 우리는 어떻게 살아야 하겠는가? 무엇을 '선(善)'으로 삼아 사는 삶이 현실에 가장 합당한 삶이 되겠는가? 이다. 본회퍼의 대답은 분명합니다. 오직 그리스도 안에서만, 그리고 오직 그리스도로부터만 현실에 합당한 행동이 가능합니다. 왜냐하면 이 세상은 성육신 사건으로 인해 예수 그리스도 안에서 화해된 현실이기 때문입니다. 따라서 모든 것은 그리스도 안에서 해석되어야 하며, 그리스도께 합당한 것이 곧 현실에 합당한 것이고, 그것이 바로 선을 행하는 삶입니다. 그러므로 "책임적으로 행동한다는 것"은 그리스도 안에서 하나님이 취하신 인간의 현실을 우리의 행동 안으로 끌어들이는 일입니다. 그리스도께 합당한 것을 인간 현실 속 구체적 행동으로 끌어들일 때, 그리스도교 윤리에서 책임은 정적인 이념이 아니라 동적인 행위로 나타나야 합니다.

본회퍼는 이렇게 말합니다. "세계는 예수 그리스도 안에서 사랑받고 심판받고 화해받은 세계이며, 예수 그리스도 안에서, 그리고 예수 그리스도를 통하여 우리에게 주어진 구체적인 책임의 영역입니다."라고 했습니다. 그리스도께 가장 합당한 것을 선택하고, 그리스도께 가장 합당한 것을 이 세상 현실에서 실행하는 삶, 그것이 책임적 삶의 모습입니다. 본회퍼는 자신의 책 『윤리학』에서 이렇게 밝힙니다. "책임적인 삶의 구조는 두 가지 방식으로 결정되는데, 하나는 하나님과 인간을 위한 삶의 의무, 다른 하나는 자신 삶의 자유입니다. 의무는 대리와 현실적 합성의 형태를 띠고, 자유는 삶과 행동의 수용, 그리고 구체적 결단의 모험 속에서 입증됩니다."

그리스도의 현실을 이 세상의 현실로 끌어들여 행동하는 자는 그리스도의 진정한 대리행위자가 됩니다. 동시에 그리스도의 대리행위자는 자신의 자유를 사용하여 그리스도의 대리자로서 책임을 다해야 합니다. 그리스도 또한 하나님의 대리적 삶을 사심으로써 하나님과 현실에 관계 맺어 책임적 삶을 사셨습니다. 그의 모든 삶과 행동, 나아가 죽음을 통해, 사람들의 삶·행동·고난이 어떠해야 하는지가 드러났습니다. 그의 인간 존재를 구성하는 이 참된 대리 안에서 그리스도는 특히 책임적 인격이십니다. 그리스도는 하나님의 참 대리자로서 자신의 생명을 세상을 위해 내어주심으로 책임적 삶의 모범을 세우셨습니다. 여기서 우리는, 대리와 책임이란 오직 다른 이를 위해 자신의 생명을 완전히 내어줄 때 비로소 성립한다는 진실을 봅니다.

그렇다면 그리스도인의 윤리적 책임 과제는 무엇이겠습니까? 그것은 그리스도의 대리적 고난과 죽음이라는 역사적 사건의 의미를, 우리의 구체적 현실 속에서 얼마나 깊이 통찰하고, 그 사회적 차원을 어떻게 실천할 것인가에 대한 물음입니다. 따라서 그리스도를 본받아, 구체적 현실에서 이웃을 지향하는 대리적 행위로 살아가는 본회퍼의 책임 이해는 분명히 그리스도 중심적 책임입니다. 본회퍼는 그리스도 안에서 만나는 이웃과의 결속을 이렇게 설명합니다. "책임을 갖고 행동하는 인간은 단순히 정의와 불의 사이, 선과 악 사이에서만 결단하는 것이 아니라, 때로는 정의와 정의 사이에서, 불의와 불의 사이에서 결단해야 한다."고 말합니다.

결국 본회퍼는 책임의 시작이 되는 장을 현실로 둡니다. 이 현실은 하나님의 현실이며, 그리스도의 대리적 삶이 이루어지는 책임의 장입니다. 우리는 그리스도께서 살아가신 세상, 동시에 하나님의 현실을 살아갑니다. 그 지점에서 그리스도인의 삶이란, 그리스도께서 사신 것과 같이 하나님의 대리자가 되어 주어진 상황 속에서 그리스도께 가장 합당한 것을 선택하며 사는 것입니다.

본회퍼에게 책임의 출발은 기독론에서 시작합니다. 그의 기독론 중심 신학은 '제자직'에서 더욱 실천적으로 드러납니다. 『나를 따르라』에서 본회퍼는, 믿음의 고백은 있으나 삶의 구체적 순종이 없는 신앙을 '값싼 은혜'라 부릅니다. 반면, 구원에 응답하여 믿음과 순종이 함께 가는 삶을 '값비싼 은혜'라 말합니다. 그는 믿음과 순종을 참된 제자의 필수 조건으로 강조합니다. 앞서 말했듯, 세상 현실 속에서 하나님의 현실을 함께 살아가는 그리스도인은 매 순간 그리스도 앞에 향하는 책임적 삶을 살아야 합니다. 그 방법론은 바로 제자직에 있습니다.

구원받은 자가 되어 제자의 삶을 사는 이는, 예수께서 요구하신 "나를 따르라, 내 뒤를 따라오라!"는 부르심에 응답합니다. 성경에서 모든 것을 버리고 주님의 제자가 되었던 베드로의 태도처럼, 본회퍼는 제자직과 예수 그리스도의 관계를 이렇게 밝힙니다. "하나님의 아들은 인간이 되셨다. 그는 중보자이시다. 오직 그렇기 때문에 제자직은 그와의 올바른 관계다. 제자직은 중보자와 결부되어 있다. 제자직이 올바르게 말해지는 곳에는 언제나 중보자 예수 그리스도, 곧 하나님의 아들이 함께 언급된다." 따라서 참된 제자의 삶은 그리스도와의 올바른 관계 속에서 그 부르심에 순종하는 삶이며, 이는 이전의 삶의 방식과 단절하는 삶입니다.

예수께서 "나를 따르라!"고 말씀하실 때, 그 요구는 단호한 단절의 순종을 뜻합니다. 본회퍼는 세리와 베드로의 예를 들어 말합니다. "따른다는 것은 발걸음을 내딛는 것이다. 첫걸음은 옛 삶과의 단절을 낳는다. 세리는 세관을, 베드로는 그물을 버려야 했다."라고 말입니다. 그는 믿음과 순종의 관계를, "믿은 다음에 순종한다"는 순차적 행위로 보지 않았습니다. 부르심이 임하는 순간 곧바로 첫걸음의 순종이 필요합니다. 오직 순종하는 자만이 믿습니다. "믿음을 경건한 자기기만, 값싼 은혜로 만들지 않으려면, 순종의 첫걸음을 내딛어야 합니다." 믿기지 않는 순간에도, 제자의 길로 내딛는 첫걸음이 바로 본회퍼의 제자 윤리이며, 동시에 책임이 발휘되는 순간입니다. 제자의 순종은 이성적·관념적 신념이 아니라, 실제적이고 구체적인 행동입니다.

본회퍼는 "순종이 무엇인지는 질문으로 배우지 않습니다. 오직 순종 가운데서만 배웁니다. 예수님은 우리를 '단순한 순종'으로 부르십니다."라고 말합니다. 단순한 순종이 곧 제자의 길, "나를 따르라" 하시는 주님의 부르심을 향한 삶이라 강조합니다. 그렇다면 우리는 어디에서 그 부르심을 듣겠습니까? 본회퍼는 그리스도가 현존하시는 자리, 곧 교회에서 그 부르심을 듣는다고 말합니다. 교회 안에서 선포되는 말씀과 성례전이 바로 예수의 부르심을 듣는 자리입니다. 그 부르심에 순종한 제자에게는 마음을 다하고 뜻을 다하여 하나님과 이웃을 사랑하라는 요구가 주어집니다. 그러므로 제자직은 오늘 자기 십자가를 지고, 그리스도께서 보내신 자리에서 책임을 살아내는 일입니다.

자 우리 생각해 봅시다. 교회 출석하는 것으로만 순종이며, 제자의 길을 걷는다고 할 수 있을까요? 이렇게 말한다면 본회퍼를 욕되게 하는 일이며 당신의 주님이 설계한 '계획'에 어긋난 삶입니다. 한국에 기독교 인구는 2024년 기준 전체 인구의 약 17%로, 약 876만 명입니다. 어느 도시든 수많은 십자가의 불빛을 볼 수 있습니다. 크리스천이라 불리는 기독교인들이 우리 사회의 지도자층에 얼마나 많습니까. 본회퍼는 "책임이 시작되는 장이 현실이며, 이 현실은 하나님의 현실이며, 그리스도의 대리적 삶이 이루어지는 책임의 장"이라고 했습니다. 기독교인 여러분들은 당신들이 부르는 주님의 대리자이며, 책임을 수행하는 자이어야 합니다.

우리가 책임져야 할 것들

우리는 매일매일을 개인적 책임은 물론 정치적 책임과 존재론적 책임을 지며 살아갑니다. 필자는 4도 3촌의 삶을 살아가고 있습니다. 4일은 인천의 학교에서 교수직과 연구소장으로 강의와 연구를 수행하는 학자로 책임을 다하고 있습니다. 3일은 강원도 양구에서 공익법인 이사장직을 수행하면서 농사와 정원 일을 하고 있습니다. 일주일만 밭과 정원을 돌보지 않으면 무수한 풀로 뒤덮입니다. 풀과의 전쟁에서 승리하려면 막중한 책임감으로 임해야 합니다. 얼핏보면 책임의 무게가 과하지 않게 보입니다. 그러나 개인의 영역에서 자신에게 부여된 책임을 다하는 것이야말로 사소하게 보일지라도 정치적 책임과 존재론적 책임 수행자로 기여할 수 있습니다.

우리 한번 일제 시대를 떠올려 봅시다. 한 민족의 과거 악행이 이야기를 통해 후손에게 전달될 때, 책임 의식은 현재와 미래에도 지속적으로 발현될 수 있습니다. 악행에 직접 참여하지 않은 후손이 선조의 악행에 책임을 진다는 일은 후손에게 고통이 될 수 있습니다. 우리가 태어나기 전에 선조들이 만들어 놓은 인간관계망은, 우리의 새로운 시작과 행동과 얽혀 있습니다. 그러므로 어떤 인간이든 공동체에 귀속된다는 것은 그 사회가 당면한 공통의 고통을 함께 짊어지는 일입니다. "행위자는 언제나 다른 행위자들 사이에서 관계를 맺고 소통하기 때문에, 그는 행위자일 뿐 아니라 동시에 고통받는 사람"이 됩니다. 행위는 인간 관계망에서 발생합니다. 고통받는다는 것은 그 망에 속한다는 뜻입니다. 이렇게 집단적 책임에 얽힌 행위자의 책임은 곧 정치적 책임과 다르지 않습니다.

우리 사회 역시 제주 4·3, 5·18 민주화운동 등 정치적 책임이 요구되는 역사 앞에서 자유롭지 않습니다. 국가가 "내가 책임지겠다"고 선언한다고 해서 책임이 자동으로 면제되지는 않습니다. 일부 정치인들의 망언이 여전히 5·18을 모독하는 현실이 이를 증명합니다. 진정으로 책임을 진다는 것은, 책임의 무한성을 인정하고, 진실을 기억하며, 다음 세대에 전하고, 민주주의와 인권의 가치를 지키기 위해 멈추지 않고 노력하는 일입니다.

우리 선조들의 잘못된 결정은, 오늘 현대를 살아가는 우리의 몫으로 남아 있습니다. 한국군의 베트남 파병과 그 과정에서 일어난 무고한 양민 학살 앞에서 우리는 침묵해서는 안 됩니다. 2024년은 한국군 베트남 참전 60주년이었습니다. 바로 그 전해인 2023년, 당시 참전부대였던 청룡부대 출신 해병대원 한 분이 현지에서 민간인 학살에 대해 사과한 일이 있었습니다. 이제 가해의 기억을 복원하는 일도, 피해자들에게 사과하고 화해를 이루는 일도, 현재를 사는 우리의 책임입니다.

실존적 고난 속에서 책임을 다하는 것은 그냥 나와 거리가 먼

이야기가 아닙니다. 우리는 과거의 진실을 기억하고 공동체의 고통을 짊어질 때 미래 세대 앞에 책임을 질 수 있는 시민이 될 수 있을 것입니다. 우리 모두 책임을 다합시다. 우리의 생명이 다할지라도 책임은 남습니다. 책임은 그렇게 무한합니다. 책임윤리 역시 우리가 영육혼을 지닌 우주 공존자임을 확인하는 지표입니다.

별자리 03
공감_이기주의의 저편

절대 공감의 존재

누군가의 이야기를 들으며 고개를 끄덕여 주었던 경험이 있으신가요? 그 순간을 떠올려 보십시오. 우리는 흔히 그것을 공감이라고 부릅니다. 그러나 단순한 고개 끄덕임만을 공감의 전부라 생각한다면, 그것은 빙산의 일각만을 본 셈일 것입니다. 공감은 본래 소통의 장에 참여하는 사람들이 함께 지니는 감각의 공유성을 뜻합니다. 무엇보다 사랑만큼 공감의 절대성을 확인할 수 있는 것은 없습니다.

공감 이론으로 잘 알려진 철학자 쉘러는 이렇게 말합니다. 진정한 공감이란 타인을 동일한 가치를 지닌 실재로 파악하는 것이라고요. 공감은 결코 타인을 수단으로 삼는 이기적인 발상에서 나오지 않습니다. 공감은 타인에 대한 인격적인 존중을 전제로 합니다. 그래서 쉘러는 참된 공감이란 타인의 본성과 실존, 그리고 그의 개별성을 더불어 괴로워하고, 더불어 즐거워하는 데서 드러난다고 했습니다.

이렇듯 공감의 출발은 타인을 인격적 주체로 인정하는 데 있습니다. 따라서 공감은 윤리적 성격을 품고 있습니다. 하지만 여기에는 한 가지 문제점이 있습니다. 공감은 자발적이고 능동적인 행위가 아니라는 것입니다. 공감은 타자가 존재할 때만 생겨나는 감정이기에 수동적이고 반사적인 성격을 지닙니다. 다시 말해 타인과 접촉한 이후, 그 느낌에 따라 즐거워하거나 괴로워하는 감정 반응이라는 것입니다.

본질적으로 공감은 '연민을 겪는 것'일 뿐, 스스로 나서서 행하는 자발적 행위가 아닙니다. 물론 윤리적 행위가 반드시 주체적이고 이성적일 필요는 없습니다. 그러나 쉘러는 참된 윤리적 행위는 감정적일지라도 의지적이고 자발적인 동기가 필요하다고 말합니다. 그리고 단순히 자발성에 머물지 않고 반드시 가치와 결부되어야 한다고 강조했습니다. 그래서 쉘러에게 윤리는 칸트식의 이성적 합리성에서 비롯되는 것이 아니라, 사랑이라는 감정적 작용에서 가능하다고 본 것입니다.

쉘러에게 있어서 사랑은 윤리 행위의 근거이며 윤리성의 원천입니다. 따라서 공감 윤리학이 성립하려면 반드시 사랑과 연결되어야만 합니다. 그러나 흥미롭게도 쉘러는 공감과 사랑의 관계를 애매하게 다룹니다. 그는 공감과 사랑을 엄격히 구분하면서도 동시에 긴밀하게 연결짓습니다. 공감이 수동적이고 반사적인 작용이라 사랑이라는 의지적 행위에 비해 낮은 단계에 있어야 한다고 설명합니다. 사랑은 가치와 항상 연결되어 있지만, 공감은 가치와 직접 관련되지 못한다는 것입니다. 쉘러에게 사랑은 언제나 가치와 연관되며, 따라서 결코 공감이 될 수 없습니다. 심지어 자기애 조차 단순한 이기주의가 아니라 가치와 연관된 행위라 보았습니다.

그런데 동시에 그는 이런 말도 합니다. 모든 공감은 사랑에 근거하지만, 사랑은 공감이 없어도 가능하다고 말입니다. 하지만 이 주장 뒤에는 곧바로 모순되는 말이 이어집니다. 사랑 없는 공감도 가능하며, 사랑하지 않는 사람에게 공감할 수도 있다는 것입니다. 반면, 사랑하게 되면 반드시 공감이 뒤따른다고 말하기도 했습니다.

이처럼 쉘러의 공감에 대한 설명은 모순적으로 보입니다. 사랑이 공감의 토대인지, 공감이 사랑의 토대인지 불분명하기 때문입니다. 그러나 그 내면을 들여다보면, 오히려 공감과 사랑이 불가분적이라는 점을 드러내려는 것이라는 사실을 알 수 있습니다. 결국 사랑 속에는 공감이 자리하고, 공감 속에도 사랑이 깃들어 있습니다. 공감을 좁은 의미로는 수동적 감정에 머무르게 하고, 넓은 의미로는 가치지향적인 차원까지 확장시킨다면, 사실상 사랑과 공감은 서로 뒤섞여 있는 것이라 볼 수 있습니다.

따라서 쉘러가 공감과 사랑을 혼란스럽게 표현했더라도, 그것은 두 개념의 긴밀한 연관성을 우회적으로 드러낸 것입니다. 결론적으로 말해, 타인에 대한 사랑은 공감을 동반하며, 참된 공감에는 사랑이 전제되어 있습니다.

이제 쉘러의 논의를 인간이 지닌 가장 근본적인 가치와 연결시켜 보겠습니다. 그는 인간의 가장 고귀한 가치를 '인격성'에서 찾습니다. 모든 인간은 하나의 독립된 주체로 존중받아야 한다는 인격적 가치 말입니다. 인격은 대상화될 수 없으며, 오직 사랑을 통해서만 접근할 수 있습니다. 쉘러는 타인에 대한 사랑을 이렇게 표현합니다. 사랑이란 타인의 개별성과 내적 본성을 이해하면서 동시에 그 실재성을 존중하는 태도로 봅니다. 공감 자체가 전혀 가치와 무관한 것은 아닙니다. 그러나 공감은 스스로 가치를 판별하거나 부여할 능력이 없기 때문에, 거기서 윤리적 가치를 직접 도출할 수는 없습니다.

결국 공감이 윤리적 의미를 지니려면, 사랑과 결합해야 합니다. 공감은 사랑과 만날 때 비로소 윤리성을 지향할수 있습니다. 그래서 쉘러는 말합니다. 공감은 가치에 대해 원칙적으로 무감하지만, 사랑은 가치를 발견하고 지향한다는 점에서 윤리성의 근거가 될 수 있다고 말입니다. 쉘러가 우리에게 주는 메시지는 복잡한 것 같지만 아주 단순합니다. 공감은 수동적일 수 있지만, 사랑과 함께할 때 비로소 윤리적 가치와 연결된다는 것이지요. 타인을 있는 그대로 존중하는 사랑, 그것이 곧 참된 공감을 가능하게 하고, 우리 사회의 윤리적 토대를 형성하는 힘이 됩니다.

현상학적 공감론

쉘러에게 있어서 참된 공감적 행위는 긍정적이고 윤리적 가치를 지닌다고 봅니다. 그렇습니다. 그는 공감 속에 따뜻한 긍정, 곧 아낌없이 수용하는 마음이 들어 있다고 보았습니다. 다시 말해 개별적인 인간에게 자유와 독립성, 그리고 개별성을 부여하고 인정하는 것, 이것이 바로 타인을 사랑하는 본질이라는 것이지요.

그는 여기서 한 걸음 더 나아가 이렇게 강조합니다. 오직 사랑만이 인격에 이를 수 있고, 인격성을 온전히 받아들일 수 있다고요. 이 지점에서 쉘러는 공감과 사랑을 구분했습니다. 공감은 수동적이기 때문에 인격의 의미를 충분히 수용하지 못한다는 것입니다. 그래서 공감은 이해의 한계를 넘어서 절대적으로 내밀한 인격에까지는 나아갈 수 없다고 봅니다. 그는 공감이 결국 사랑의 유형과 깊이를 따라갈 수밖에 없는 것으로 결론내립니다. 정리하자면, 사랑은 타인의 인격적 가치를 이해하고 수용할 수 있지만, 공감은 아직 그러한 단계에 이르지 못한다는 것입니다.

그런데 흥미로운 점이 있습니다. 쉘러가 인격적 가치를 부여하는 핵심 토대로 내세운 것은, 타인을 '절대적인 개별적 인간', 곧 자신만의 고유한 인격체로 인정하는 것이었습니다. 나와 구분되는 독립된 주체로 타자를 받아들이는 일이죠. 그런데 이러한 과정에서야말로 공감의 역할이 결정적이지 않을까요? 왜냐하면 쉘러는 "타자를 동일한 가치를 지닌 실재로 파악하는 것, 그것이 바로 참된 공감의 활동이다."라고 말했습니다. 결국 공감과 사랑의 초점은 동일합니다. 타인을 독립된 인격체로 받아들이는 데에 있다는 것이지요. 그렇다면 양자의 능력을 굳이 나누고 차별할 이유가 있을까요? 더구나 쉘러는 사랑을 이성의 산물이 아니라 감정의 능력으로 강조했습니다. 그렇다면 공감과 사랑의 경계는 더욱 모호해질 수밖에 없습니다.

후설과 마찬가지로, 쉘러 역시 공감의 궁극적 의미를 타인을 인격적 주체로 의미를 부여하는 데서 찾았습니다. 그는 바로 여기에서 윤리적 가치를 발견했습니다. 그러나 동시에 그는 공감이 비자발적이고 가치 인식 능력이 부족하다고 보았습니다. 그래서 공감 자체에는 독자적인 윤리성을 부여하지 않았습니다. 그의 주장은 분명합니다. 공감은 의지적이고 자발적인 작용인 사랑을 통해서만 진정한 윤리성을 얻을 수 있다는 것입니다.

하지만 공감도 최소한 타인과의 관계 속에서는 일정 정도 가치 판단과 의미 부여의 능력을 지니고 있다는 점입니다. 결국 공감과 사랑은 타자를 인격체로 인정한다는 점에서 본질적으로 차이가 없습니다. 윤리적 가치 또한 두 감정 모두가 함께 품고 있다고 할 수 있습니다. 이는 다시 말해 굳이 쉘러가 강조한 사랑에만 의존하지 않더라도 공감 역시 윤리성의 토대가 될 수 있음을 뜻합니다. 그렇습니다. 공감은 쉘러가 생각한 것보다 훨씬 깊은 윤리적 성격을 지니고 있는 것입니다. 쉘러가 공감의 윤리성을 소극적으로 평가한 것은 공감을 주로 수동적이고 비자발적인 감정으로만 보았기 때문입니다.

그러나 공감의 능력은 단순히 타인의 내적 상태를 거울처럼 비추는 데 그치지 않습니다. 쉘러도 이 점을 인정하면서 이렇게 말했습니다. "참된 공감은 단순히 타자의 감정이 전이되는 것이 아니다.", "그것은 단지 하나의 기능일 뿐이다. 반대로 타자의 상태에 의해 촉발되어 동일한 감정이 우리 안에 전염되는 것은 참된 공감이 아니라 착각일 뿐이다."라고 말입니다. 이 말은 곧 공감이 단순한 수동성을 넘어서, 주체의 능동적이고 의도적인 역할을 담고 있음을 시사합니다.

따라서 공감적 체험은 심리학적 사실이기도 하지만 동시에 타자, 더 정확히는 타자의 가능성에 대한 능동적 의미 부여이자 해석이라고 할 수 있습니다. 모든 공감의 작용에는 타자를 그렇게 바라보고자 하는 나의 의지가 일정 정도 개입되어 있는 것입니다. 그렇기 때문에 공감에서는 타자의 감정이 실제로 무엇이냐 하는 사실적 진단이 중요한 것이 아닙니다. 중요한 것은 타자를 나와 같은 인격적 주체로 믿고, 그렇게 의미를 부여하는 과정 자체입니다.

공감은 이처럼 나와 타자 간에 새로운 상호주관적 관계를 만들어내는 토대를 제공합니다. 공감이 없다면 동정과 같은 정서적 동요는 일어나지 못할 것입니다. 공감에서의 이러한 정서적 공유가 타인의 존재에 대한 새로운 자각과 의미의 재발견에서 비롯된다고 생각합니다. 그리고 바로 여기에 공감의 윤리적 의미의 궁극적 원천이 있다고 할 수 있습니다.

그렇기에 우리는 공감을 단순히 수동적이고 비의지적인 것으로만 낮추어 볼 필요가 없습니다. 쉘러가 공감에서 윤리적 의미를 포착하면서도 굳이 그것을 사랑으로 미루려 했던 이유는 공감의 본질적인 의미 부여 작용을 충분히 분석하지 못했기 때문일 것입니다. 그러나 오늘 우리가 살펴본 것처럼 현상학적 공감론의 관점에서 쉘러의 의의는 분명합니다. 다소 혼란스럽고 애매한 점이 있더라도, 그는 공감과 사랑을 연결하여 공감의 의미를 구체화했고, 나아가 후설의 공감론을 심화하고 확장했다는 것입니다.

물론 그것이 완전히 새로운 차원의 전환은 아니었습니다. 그러나 분명한 것은 쉘러의 공감론이 공감의 윤리적 성격을 한층 더 선명하게 드러냈다는 점입니다. 바로 이 점은 오늘을 살아가는 우리에게 공감이 타자와의 관계에서 여전히 중요한 통찰을 제공한다고 볼 수 있습니다.

고통에 대한 공감

쇼펜하우어 철학에서 공감과 관련된 윤리학적 논의는 그의 저서 『의지와 표상으로서의 세계』에서 '고통의 공감'이라는 주제의 글에서 나타납니다. 또한 공감을 통해 윤리학을 세우려는 구체적인 시도는 그의 또 다른 논문 『도덕의 기초에 관하여』에서 확인할 수 있습니다. 우리는 먼저 쇼펜하우어가 윤리학을 어떻게 규정했는지를 살펴보아야 합니다.

그에 따르면 윤리학의 목적은 도덕적 관점에서 인간의 다양한 행위를 해석하고 설명하며, 그것의 최종적인 근거를 찾는 것입니다. 그는 윤리학의 원칙을 "누구도 해치지 말라. 오히려 네가 할 수 있는 한 모든 이를 도와라"고 요약했습니다. 그리고 여기에 맞추어 모든 이기적인 동기의 부재가 도덕적 가치의 기준이 된다고 말합니다. 따라서 쇼펜하우어에게 윤리학은 결국 이기주의를 극복하는 학문이며, 이기적 동기에 의하지 않은 행위가 바로 윤리적 행위라는 것입니다.

그는 자신의 윤리학을 좀 더 구체적으로 설명합니다. 윤리학의 원칙은 타인의 이익을 추구하는 것이지만, 윤리학의 기초는 그 원칙이 가능하게 되는 인간 본성을 탐구하는 데 있다고 말했습니다. 여기서 인간 본성은 곧 인간 행위의 근본적인 동기를 의미합니다. 쇼펜하우어는 모든 인간의 행위가 세 가지 근본 동인으로 소급된다고 보았습니다. 첫째는 이기주의, 둘째는 악의, 셋째는 고통에 대한 공감입니다.

여기서 중요한 차이가 드러납니다. 이기주의는 자신의 행복을 목적으로 삼고, 악의는 타인의 고통을 목적으로 삼습니다. 반면 공감은 타인의 행복을 목적으로 삼습니다. 따라서 윤리학의 원칙에 따라, 이기주의와 악의에 따른 행위는 도덕적이지 않고, 오직 공감에 따른 행위만이 윤리적일 수 있습니다. 쇼펜하우어는 결국 '고통에 대한 공감'만이 윤리학의 기초가 될 수 있다고 본 것이지요. 정리하면, 그의 윤리학은 타인의 고통을 덜어 주고 그 고통을 제거하는 데 목적을 둡니다. 모든 고통의 근원은 이기주의에서 비롯되며, 이 이기주의는 오직 공감을 통해서만 극복될 수 있다는 것입니다.

그런데 여기서 문제가 생깁니다. 흔히 오해하듯 쇼펜하우어가 단순히 "공감을 발휘하면 윤리적인 삶이 가능하다"라고 주장한 것은 아닙니다. 그는 늘 강조했습니다. 이기주의는 결코 쉽게 극복될 수 없다고요. 심지어 종종 이기주의는 아예 극복할 수 없는 것이라고 단언하기도 했습니다. 이런 태도는 그의 철학이 가진 난제를 드러낼 뿐만 아니라, 공감을 윤리의 기초로 삼으려는 입장이 직면하는 어려움도 보여줍니다.

이제 문제의 핵심인 이기주의와 공감의 개념을 조금 더 깊이 들여다보겠습니다. 쇼펜하우어 철학에서 인간의 이기성은 가장 중요한 주제 가운데 하나입니다. 그는 이기주의를 단순한 심리적 경향 이상으로 보았습니다. 그의 저서 『의지와 표상으로서의 세계』에서 그는 이렇게 말합니다. 인간이 근본적으로 자연을 있는 그대로 의식하는 것이 아니라, 단순히 '표상으로서만' 의식하기 때문에, 결국 세계를 자기 자신 중심으로만 볼 수밖에 없다는 것입니다. 이 근원적 한계가 인간으로 하여금 세계를 자기 자신을 위해 희생시키려는 이기주의로 확장된다는 것이지요.

우리 한번 생각해 보도록 합시다. 무한한 세계 속에서 우리는 사실 한낱 먼지 같은 존재입니다. 그러나 그럼에도 불구하고 인간은 자신을 세계의 중심으로 삼습니다. 그래서 자신의 생존과 행복을 위해서라면 다른 존재들을 기꺼이 희생시키려는 경향을 보입니다. 이것이 바로 이기주의입니다. 쇼펜하우어는 이러한 성향이 모든 동물, 모든 생명체에 본질적으로 깃들어 있다고 보았습니다. 그리고 이러한 관점은 그의 또 다른 저서 『도덕의 기초에 관하여』에서도 반복됩니다. 그는 인간은 모든 것을 소유하려 하며, 불가능하다면 최소한 지배하려 한다고 말했습니다. "나를 위한 모든 것, 남을 위해서는 아무것도" 이것이 바로 이기주의입니다.

그렇다면 이처럼 깊게 뿌리내린 이기주의를 극복할 수 있는 힘, 그것이 바로 공감이라는 것입니다. 쇼펜하우어는 『의지와 표상으로서의 세계』에서 공감을 직접 논하기보다는 사랑의 속성으로서 고통의 공감을 말했습니다. 그는 참되고 순수한 사랑이야말로 이기주의를 극복하는 길이라고 하였고, 그 사랑의 속성을 고통의 공감이라고 보았습니다. 공감은 타인의 고통을 나의 고통처럼 느끼게 하며, 나아가 그를 돕고자 희생하게 만드는 힘입니다.

쇼펜하우어가 말한 사랑은 에로스적인 사랑이 아닙니다. 그것은 아가페적인 사랑입니다. 그는 공감을 "타인의 고통을 있는 그대로 느끼고, 그 고통에 참여하는 것"으로 설명했습니다. 공감은 단순한 감정의 착각이 아닙니다. 그는 분명히 말합니다. "우리는 그의 고통을 그의 것으로 느낀다. 그것을 우리의 고통으로 착각하지 않는다." 이처럼 공감은 타인의 고통을 의식하고, 그 안에 함께 참여하는 것입니다.

또한 쇼펜하우어는 공감이 단순한 감정의 반응이 아니라 인식의 결과일 수도 있다고 보았습니다. 그는 공감이 삶의 고통을 바라보는 통찰에서 생겨날 수 있다고 하였고, 동시에 직접적인 고통의 느낌에서도 비롯된다고 했습니다. 그래서 공감은 단순히 전염된 감정이 아니라, 인간의 의지에 영향을 주는 힘, 일종의 '의지의 진정제'라고 불렀습니다. 그러나 여기에도 한계가 있습니다. 『의지와 표상으로서의 세계』에서 그는 공감을 이기주의를 완전히 극복한 상태가 아니라, 잠시 극복할 수 있는 가능성으로만 보았습니다. 결국 그는 공감이 이기주의를 잠시 누그러뜨릴 수는 있지만, 인간은 다시금 삶의 욕망과 유혹에 끌려가고 만다고 말했습니다. 그래서 그는 궁극적으로 공감만으로는 충분하지 않고, 무(無)로 돌아가려는 종교적 체험이 필요하다고 주장했습니다.

그의 『도덕의 기초에 관하여』에서 그는 타인의 고통에 대한 직접적이고 본능적인 관여, 바로 이것이 공감이라고 말합니다. 그리고 이 공감이야말로 도덕적 가치를 지닌 행위들의 유일한 원천이라고 강조했습니다. 즉 공감은 어떤 이기적 동기도 없는 순수한 행위의 출발점이며, 그 때문에 우리 안에 깊은 내적 만족감을 불러일으키는 힘이 된다는 것입니다.

이렇게 보면 쇼펜하우어는 공감을 때로는 인식의 산물로, 때로는 본능적이고 직접적인 반응으로 설명했습니다. 그래서 그의 공감 개념은 완전히 일관적이지 않고 다소 모호하게 보입니다. 그러나 분명한 점은, 그는 공감을 인간이 이기주의를 넘어설 수 있는 거의 유일한 가능성으로 보았다는 사실입니다. 공감은 타인의 고통을 나의 고통처럼 느끼게 하고, 그와 함께 고통받도록 이끌어 줍니다. 바로 이 점에서 그는 공감을 윤리학의 기초로 세우려 했던 것입니다.

공감은 배신하는가

심리학자 폴 블룸은 『공감의 배신(Against Empathy)』 서문에서 "도덕, 연민, 친절, 사랑, 좋은 이웃이 되는 일, 선량한 사람이 되는 일, 옳은 일을 하는 것에 결코 반대하지 않는다."라고 기술했습니다. 그는 "공감에 반대한다"는 표현보다는 "공감의 오용에 반대한다", "공감이 전부는 아니다", "공감에 이성을 더해야 완벽한 조화가 이루어진다"가 더 적절한 제목일 수 있다고 고백했습니다. 『Against Empathy』가 2019년에 『공감의 배신』으로 번역되었을 때 대중이 "공감은 전적으로 쓸모없다"거나 "우리 삶에서 공감은 폐기되어야 한다"라고 오해할 가능성을 그가 염려했기 때문이지요.

필자가 여기서 인용하는 『Against Empathy』의 내용은 이 한국어 번역본에서 가져온 것입니다. 블룸의 핵심은 명확합니다. 그는 도덕 판단의 지침으로 공감을 삼는 것에 반대하지, 도덕의 영역 밖에서 공감이 주는 유용성까지 부정하는 것은 아닙니다. 그렇다면 블룸이 말하는 '공감'은 정확히 무엇일까요? 그리고 그 공감은 우리가 일상적으로 이해하는 공감과 어떤 차이가 있을까요?

블룸은 먼저 지적합니다. 심리학자, 신경과학자, 철학자, 정책입안자 등 다양한 사람들이 공감과 관련해 제기할 수 있는 유일한 문제가 "우리가 충분히 공감하지 않는다"는 데 있다고 믿는 경향이 있다고요. 그러나 정말 그럴까요? 그는 이것이 공감이 무엇을 의미하는가에 달려 있다고 말합니다. 만약 여러분께서 '공감'을 '친절'이나 '연민'과 같은 뜻으로 이해하신다면, 친사회적 행동의 동기로서 공감의 가치는 매우 커 보일 것입니다. 그래서 블룸은 사람들이 사용하는 '공감'이라는 말을 크게 네 가지 용례로 정리합니다.

첫째, 공감은 타인이 느끼는 것을 직접 경험하지 않더라도, 타자가 고통 속에 있다는 사실을 추론하여 그들의 생각과 감정을 이해하는 것을 의미하기도 합니다. 우리는 이것을 흔히 인지적 공감이라고 부르지요. 둘째, 공감은 물리적으로 가까운 타자가 울거나 웃는 모습을 볼 때, 나도 따라서 기분이 가라앉거나 들뜨는 정서 전염의 의미로 쓰이기도 합니다. 셋째, 공감은 고통 받는 타인을 생각함으로써 나 역시 고통을 경험하고, 타자의 고통 때문에 마음이 괴로워지는 것을 가리키기도 합니다. 이 경우 공감은 타자가 느끼는 것을 관찰자인 나도 함께 느낀다는 점에서 인지적 공감과 구별되는 정서적 공감입니다. 정서적 공감은 대상이 내 곁에 있지 않더라도, 심지어 상상만으로도 발생할 수 있다는 점에서 정서 전염과도 다릅니다. 넷째, 공감은 타인에 대한 긍정적 감정, 즉 타인의 고통을 줄이고 행복을 증진시키고자 하는 친절, 연민, 염려와 동의어로 쓰이기도 합니다. 하지만 연민이나 염려는 타인의 고통을 반드시 함께 느끼지 않아도 가능하다는 점에서 정서적 공감과는 다릅니다.

이렇게 정리한 다음 블룸은 공감을 단호하게 다음과 같이 주장합니다. 자신이 비판하려는 공감은 바로 정서적 공감, 곧 타인이 느끼는 고통을 나도 함께 느끼려는 시도입니다. 그리고 그는 정서적 공감을 대체할 도덕적 동기로 연민을 제안합니다. 왜 그럴까요? 블룸은 정서적 공감의 문제를 설명하기 위해 '스포트라이트' 은유를 사용합니다. 스포트라이트의 문제는 두 가지입니다. 초점이 좁다는 점, 그리고 가리키는 곳에만 빛을 비춘다는 점입니다. 스포트라이트는 특정한 장소를 골라 환히 밝히고, 나머지는 어둠 속에 남겨 둡니다. 무엇이 보이느냐는 결국 어디를 비추느냐에 달려 있지요.

공감도 마찬가지입니다. 첫 번째 문제는 공감이 인간 감정의 일반적 한계를 드러낸다는 초점의 협소함과 관련되어 있습니다. 인간의 감정은 간단한 산수조차 잘하지 못합니다. 특정인의 고통을 걱정하며 마음이 쏠리기 시작하면, 어느새 1,000명의 고통보다 1명의 고통을 더 중요하게 여기는 이상한 상황이 벌어질 수 있습니다. 우리는 특정 대상에게는 크게 공감하면서도, 다수에게 동시에 같은 강도로 공감하기는 거의 불가능합니다. 다수의 고통을 이해하고 연민을 느낄 수는 있지만, 그들의 고통을 동시에, 같은 강도로 느낄 수는 없습니다. 그러니 도덕적 결정에서 숫자를 고려해야 한다는 사실을 깨닫게 된다면, 그것은 공감이나 공감이 불러오는 고통 때문이 아니라 합리적 이성 덕분이라고 블룸은 말합니다.

두 번째 문제는 편향성과 관련됩니다. 공감은 사람들의 편견과 직관에 크게 휘둘립니다. 공감에 관여하는 뇌 영역은 대상이 내 친구인지 아닌지, 우리 편인지 상대 편인지, 겉모습이 호감스러운지 불쾌한지에 민감하게 반응합니다. 그래서 사람들은 자신과 비슷한 이들, 과거에 자신에게 친절했던 이들, 자신이 사랑하는 이들에게 훨씬 쉽게 공감합니다. 또한 공감은 내집단/외집단을 가르는 우리의 본능적 직관의 영향을 크게 받습니다. 결국 우리는 누구에게 더 신경 쓸지를 선택하게 되고, 그 선택은 차별을 낳습니다. 정리하면, 도덕은 실제로 무엇이 옳고 그른가를 판단하는 일인데, 스포트라이트처럼 협소하고 편향되기 쉬운 공감의 특성은 공평함과 공정함이라는 도덕 판단의 핵심을 왜곡합니다. 그래서 블룸은 공감이 개인의 편견을 반영하고, 간단한 셈도 못 하고, 추상적 통계보다 구체적 대상만 집요하게 비춥니다. 근시안적인 공감은 도덕 판단과 도덕적 의사결정의 관점에서 형편없는 지침이라고 단언합니다.

블룸은 나아가 주장합니다. 우리는 공감이 아니라 공리주의적 접근(비용-편익 계산)이나 의무론적 접근(보편적 도덕 원리)에 의존할 때 더 공정한 판단에 도달할 수 있다고요. 다만 그는 공감이 행동의 동기로 쓰일 수 있다는 사실은 인정합니다. 옳은 결정을 이성으로 내렸다면, 공감은 그 결정을 실천하도록 에너지를 보태줄 수 있다는 것이지요. 예를 들면, 멀리 떨어진 어떤 나라의 굶주린 아이들에게 기부하는 것이 도덕적으로 옳다고 판단했다면, 그 아이들에 대한 공감은 실제로 지갑을 여는 행동을 촉진할 수 있습니다. 하지만 그는 곧 반론합니다. 공감에 의해 동기화된 행동이 오히려 세상을 더 나쁘게 만들 때가 적지 않다고요. 자녀의 단기적 고통(예: 예방접종의 아픔)에 과몰입한 부모가 장기적 이익

(예: 감염병 예방)을 희생시킬 수 있습니다. 먼 나라의 굶주린 이들에게 맹목적으로 단기 식량을 지원하면, 장기적으로 그 나라의 농업 생태를 망가뜨릴 수도 있습니다. 즉 공감적 고통에 즉각 반응해 행해지는 조치가 장기적으로는 더 나쁜 결과를 낳을 수 있다는 것입니다.

또한 블룸은, 특정 대상만을 밝히는 공감의 스포트라이트가 우리를 그 대상과 이해관계가 충돌하는 타자 및 어떤 집단에 해를 가하는 쪽으로도 이끌 수 있다고 경고합니다. 몇몇 연구는 피해자에 대한 애착이 강한 사람들이 가해자에게 더 공격적으로 반응하며, 공감 수준이 높을수록 더 가혹한 처벌을 원하기도 한다는 사실을 보여줍니다. 정책 현장에서도 공감은 악용될 수 있습니다. 예를 들어, 이민자 반대 정책을 지지하는 이들이 특정 범죄 피해자의 고통에 공감을 집중시키도록 유도함으로써, 외집단 전체를 향한 적의를 부추기는 방식입니다. 공감은 우리가 소중히 여기는 특정 개인/집단의 행복과, 그들을 고통스럽게 한 사람들에 대한 보복의 쾌감에 스포트라이트를 비춥니다. 그 결과, 적대적 타자에 대한 폭력적 정당화로 기울어지기 쉽습니다. 물론 "자기 자녀의 입장에 공감하듯 적의 입장에도 공감하라"고 요청할 수는 있습니다. 그러나 블룸은, 그것이 논리적으로는 가능할지 몰라도 심리적으로는 거의 불가능에 가깝다고 말합니다.

블룸은 여러 연구를 종합하여 공감이 친사회적 행동에 아무

영향이 없거나 영향을 미친다 해도 미미하며, 심지어 공감 수준이 공격성의 개인차를 설명하지 못한다고 말했습니다. 그래서 그는 "공감 수준이 높다고 선량해지는 것도 아니고, 낮다고 악해지는 것도 아니다"라고 말합니다. 도덕성은 다른 차원의 문제라는 것이지요. 그래서 블룸은 친사회적 행동을 가능케 하는 또 다른 동기로서 연민을 제안합니다.

그는 싱어와 클리멕키의 정의를 빌려, 연민은 타인의 감정을 그대로 공유하는 것이 아니라, 타인의 행복을 증진하려는 강한 동기와 따뜻함·관심·배려의 감정이라고 설명합니다. 즉 연민은 "내가 타인에게 느끼는 것"이지, "타자가 느끼는 것을 내가 똑같이 느끼는 것"이 아닙니다. 블룸은 심지어 공감이 연민의 전조라는 견해도 반대합니다. 예를 들어, 여러분의 친구가 입사 시험에 떨어져 괴로워할 때, 그 고통을 내가 똑같이 느끼기 때문에 이해하는 것이 아니라, 그 친구를 아끼기 때문에 이해한다는 것입니다. 반대의 경우도 마찬가지입니다. 친구가 사랑에 빠져 행복하다면, 내가 느끼는 기쁨은 그의 흥분을 공유해서가 아니라, 그를 좋아하기 때문이라는 것이지요.

블룸의 분석에 따르면, 공감(타인이 느끼는 것을 나도 느끼는 것)과 연민(혹은 공감적 염려: 타인의 감정에 초점을 맞추고, 그들의 복지에 관심을 갖는 것)은 통계적으로 명확히 구분되는 심리 요인입니다. 오히려 연민은 관점채택—타인의 입장에서 상황을 해석하는 능력—

과 더 밀접하게 관련됩니다. 또한 그들은 연민이 협력이나 피해자를 위한 기부 같은 친사회적 행동을 증진시키지만, 공감은 이런 행동에 유의미한 영향을 못 미치거나, 때로는 부정적 영향을 줄 수 있다는 결과를 보여줍니다. 특히 기부 행동의 경우, 가난과 질병으로 고통받는 저개발 국가의 어린이들에게 더 많은 염려를 보이는 사람일수록 더 많은 금액을 기부했습니다. 그러나 더 많이 공감하는 사람일수록 오히려 더 적은 금액을 기부했다는 흥미로운 결과가 있습니다. 또 하나 주목할 점은 전체적인 통계 자료를 제시했을 때보다 구체적으로 식별가능한 개인의 이야기를 들려줄 때 연민이 더 큰 기부로 이어졌다는 사실입니다. 이는 연민 역시 추상적인 통계는 물론 공리주의적 계산과 결합하는 감정이 아님을 보여 줍니다.

블룸은 일련의 신경과학적·행동과학적 증거를 제시합니다. 타인이 느끼는 감정을 그대로 느끼려는 공감과, 타인에 대해 따뜻한 생각을 키우려는 연민은 활성화되는 뇌 영역이 다르다고 합니다. 공감은 섬피질·전대상피질이 영역에서 작동하며, 연민은 내측안와전두피질·배측선조체에서 작동한다고 합니다. 주관적 감정 상태도 공감은 고통·소진의 측면이 강하며, 연민은 따뜻하고 긍정적 정서가 강하며 그 행동 결과 역시 다릅니다. 연민은 타인에게 더 친절하게 만들고 더 기꺼이 도움을 주게 합니다. 그는 이 차이를 근거로 두 과정을 분명히 구분하는 심리적 메커니즘

이 있다고 주장합니다. 즉, 연민은 타자와 정서적 거리를 적절히 유지하면서 그들을 소중히 여기고 복지에 중심을 둡니다. 그래서 타자의 감정을 그대로 공유하는 공감과 독립적으로 존재할 수 있습니다. 게다가 연민은 타자의 고통을 반드시 같이 느끼지 않아도 되기에, 친사회적 행동과 관련된 공감의 장점을 가지면서도 정서적 소진과 고갈 같은 약점은 훨씬 적습니다. 이러한 점을 고려할 때, 블룸의 결론은 연민이 공감보다 친사회적·도덕적 동기로서 더 낫다는 것입니다.

블룸이 제기하는 공감에 관한 요지는 바로 공감을 폐기하자고 말하지 않는다는 점입니다. 다만 정서적 공감에 이성을 더하고, 때로는 연민으로 대체함으로써, 우리는 더 공정하고 멀리 보는 도덕적인 판단과 더불어 지속 가능한 선행에 가까워질 수 있다고 제안합니다. 공감의 따뜻함과 이성의 차가움을 적절히 배합하는 것, 그 균형 감각이 오늘 우리가 배우고 실천해야 할 지혜라고 말씀드리고 싶습니다.

공감의 지나친 각성

마틴 호프만에 따르면 고통받는 타인을 돕고자 하는 우리의 동기는 우리가 경험하는 공감적 고통의 강도와 함께 커집니다.

그런데 이 공감적 고통이 어느 임계치를 넘어 지나치게 강렬해지면 어떻게 될까요? 관찰자인 우리는 그 고통을 견디기 어려운 혐오감으로 느끼며, 그 자리를 회피하고 싶어집니다. 때로는 도움이 필요한 타자를 외면하게 될 수 있습니다. 호프만은 이 현상을 '공감의 지나친 각성'이라고 개념화합니다. 그는 이것을, "인내할 수 없을 만큼 대단히 고통스러운 공감적 고통이 개인적 고통으로 변형될 때 일어나며, 이 강력한 개인적 고통이 관찰자로 하여금 공감의 분위기에서 완전히 이탈하게 만드는 무의식적 과정"이라고 설명합니다.

이 과잉 각성은 공감이 일어나는 여러 발생 양식, 즉 모방, 조건화, 직접 연상, 매개된 연상, 관점 채택이 겹겹이 결합되며 발생합니다. 특히 자신에 초점을 맞춘 관점 채택, 요컨대 내가 그 사람과 같은 상황이라면 어떻게 느낄까를 상상하는 방식은 과거 내가 겪은 극심한 고통의 기억을 되살려 지나치게 강렬한 공감적 고통을 유발할 수 있습니다.

롱랑 바르트의 그 유명한 "내가 그 사람이 아프다."는 언명은 나와 타자가 일체의 연민으로 마음이 찢어지는 듯함을 느끼기 충분합니다. 이렇게 실제로 느끼는 고통은 관찰자 관심의 초점을 타자에게서 자신으로 옮겨 버리는 소위 '이기적 표류'를 나타냅니다. 그리고 이 같은 과잉 각성이 오랜 기간 반복되면, 사람들은 '연민 피로'라 불리는 만성적 무공감 상태나 활동 불능 상태에 빠질 수 있습니다. 중환자실·응급실의 간호사와 의료 종사자처럼 강렬한 공감적 고통을 반복적으로 마주하는 분들에게서 이러한 현상이 특히 빈번하게 나타납니다.

결국 공감의 지나친 각성은 도덕적 동기화를 위한 최적 수준을 넘어서 과도한 공감적 고통을 일으킵니다. 그럼으로써 오히려 도덕적 행동을 저해할 수 있습니다. 이 문제의식은 블룸이 공감의 문제점으로 지적한 '정서적 소진'과도 깊은 관련이 있습니다. 앞서 이야기한 것처럼 블룸은 공감적 고통이 사람들을 정서적으로 지치게 하여 도움이 필요한 타인을 회피하게 만든다고 주장합니다. 즉 호프만과 블룸 모두 공감적 고통이 도덕적 실패를 초래할 수 있다는 점을 지적하고 있습니다. 다만 다음과 같은 차이가 있습니다. 블룸은 공감적 고통 자체가 문제이니 연민이 더 낫다고 보지만, 호프만은 고통의 존재 그 자체보다는 개인이 감당할 수 없을 만큼 강렬해진 '강도'가 문제라고 진단합니다.

여기서 호프만은 공감의 발생 양식 가운데 관점 채택을 두 갈래로 구분합니다. 하나는 자신에 초점을 맞춘 관점 채택, "내가 그 사람이라면 어떻게 느낄까"이고, 다른 하나는 타자에 초점을 맞춘 관점 채택, "그 사람은 그 상황에서 어떻게 느낄까" 혹은 "사람들은 보통 그 상황에서 어떻게 느낄까" 입니다. 그는 전자가 후자보다 더 강한 공감적 고통을 일으키는 경향이 있지만, 관심의 지속성 면에서는 덜 안정적이라고 지적합니다. 또한 두가지 관점 채택은 병렬적으로 경험될 수 있고 서로 보완될 수 있습니다. 그 때문에 전자의 정서적 강렬함과 후자의 관심 지속성을 균형 있게 결합하면 이기적 표류를 억제하고, 사람들로 하여금 더 도덕적으로 행동하도록 동기화할 수 있다고 봅니다. 이때 호프만이 말한 타자 초점 관점 채택은, 실제로 블룸이 말하는 '인지적 공감'과 거의 같은 뜻입니다.

호프만 역시 인정하듯, 타자 초점 관점 채택은 자신 초점 관점 채택에 비해 타자의 내적 상태와 삶의 조건을 이해해야 하므로 세련되고 정교한 인지 능력을 요구합니다. 우리는 자신과 타자 모두에 대한 초점을 유지하거나 필요에 따라 초점을 전환할 수 있게 됩니다. 다시 말해, 타자의 내적 상태와 그들이 처한 광범위한 삶의 조건에 더 주목하는 관점 채택은 자신-타자 간의 심리적 거리를 유지하여 공감의 과도한 각성을 막아 줍니다. 인지적으로 더 발달한 개인은 두 관점 채택을 적절히 조율하여 주어진 상황에 따라 유연한 반응을 보입니다. 예컨대 집단 따돌림을 당하는 친구를 본 청소년이 친구의 괴로움을 이해하고 도움의 필요를 인지하며, 내가 그 상황이라면 어떨까를 상상합니다. 그럼으로써 능동적으로 돕는 행동으로 이어가는 장면을 떠올릴 수 있겠습니다.

호프만의 이론은 블룸이 제기한 정서적 소진, 그리고 그에 따른 이기적 표류와 연민 피로의 문제를 이미 짚어 왔고, 여기에 대한 발전적 대안을 제시합니다. 물론 블룸은 공감적 고통 그 자체가 문제라는 입장을 취합니다. 그러나 우리의 일상 경험을 떠올려 보십시오. "울고 있는 친구를 보니 나도 너무 울적하다"라는 자동적·무의식적 정서 반응이 언제나 "그래서 아무것도 하고 싶지 않고, 당장 이 상황에서 벗어나고 싶다"라는 도덕적 실패로 직행하나요? 늘 그렇지는 않습니다. 블룸은 책의 말미에서 공감에 대한 반대 입장을 분명히 선언하지만, 동시에 그것이 "도덕의 영역에서 공감의 오용을 반대한다"는 뜻임을 밝힙니다.

블룸의 비판은 세 줄로 요약됩니다. 첫째, 공감은 우리의 도덕 판단에 기여하지 못하고 때로는 방해합니다. 둘째, 바람직하지 않은 결과를 초래할 수 있어 친사회적 동기로는 충분하지 않습니다. 셋째, 정서적 소진을 일으켜 도덕적 행동의 실패를 낳습니다. 이에 대해 우리는 호프만의 관점을 빌려 세 가지 해법을 제시할 수 있습니다. 첫째, 공감과 도덕 원리는 조화될 수 있고, 공감은 도덕 원리를 활성화하여 우리의 도덕 판단에 기여할 수 있으며, 성숙한 공감은 비용–편익 계산에도 영향을 줄 수 있습니다. 둘째, 공감적 고통은 특별한 경우를 제외하면 동정적 고통 즉 연민으로 전환되어 친사회적 행동을 유발합니다. 셋째, 자신 초점과 타자 초점 관점 채택의 조율을 통해 공감적 고통을 최적 수준으로 조절함으로써 문제를 해결할 수 있습니다. 이 해법의 전제는 분명합니다. 발달의 과정을 거친 '성숙한 공감'의 형성입니다.

그러므로 타고난 자동 반응으로서의 공감을 도덕의 영역에서 폐기할 대상이 아니라, 도덕·윤리 교육을 통해 성숙시키고 발달시킬 대상으로 간주해야 합니다.

생각해 보면, 블룸은 연민이 어떻게 발생·발달하는지, 합리적 연민이 무엇인지, 연민이 비용-편익 계산에 어떻게 기여하는지에 대해 충분히 말하지는 않습니다. 반면 호프만은 공감의 발생 양식, 발달 과정, 친사회적 동기(동정적 고통 포함), 공감의 한계, 교육적 함의를 폭넓게 제시합니다. 따라서 공감의 무용성을 단언할 더 많은 증거가 나오기 전까지, 도덕·윤리 교육에서는 도덕성을 설명하는 핵심 개념으로서 공감을 충분히 수용할 수 있습니다. 특히 호프만의 공감 발달 이론이 이를 뒷받침하는 이론적 근거로 활용될 수 있습니다.

이 지점에서 필자는 호프만의 또 다른 통찰을 강조하고 싶습니다. 공감이 지나치게 강해지면 관찰자의 고통이 감당 불가능해져 회피로 돌아설 수 있습니다. 이것이 공감의 과잉 각성, 그리고 현장에서의 반복이 낳는 연민 피로입니다. 해법은 무엇입니까? 바로 관점 채택을 조율하는 것입니다. 앞에서 살펴 본 바와 같이 "내가 그대라면?"의 자기 초점과 "그 사람은 어떻게 느낄까?"라는 타자 초점을 균형 있게 훈련하면, 정서 강도와 관심 지속성이 조화를 이루어 공감이 행동으로 연결될 것입니다. 이는 공감과 도덕 원리, 때로는 비용-편익 계산까지 함께 작동할 수 있음을 뜻합니다.

그래서 다음과 같은 결론에 이릅니다. 공감은 인격 인식의 문입니다. 타인을 동일한 가치를 지닌 실재로 인정하는 순간, 윤리의 기반이 놓입니다. 사랑은 그 문턱을 넘게 하는 힘입니다. 넓은 의미의 공감은 사랑의 결단과 가치 지향을 품습니다. 여기에 이성·연민·관점 채택을 더해 공감의 한계를 조율하면, 스포트라이트의 편향과 과잉 각성을 줄이고 친사회적 행동을 지속할 수 있습니다. 우리 교육의 과제는 공감을 버리는 일이 아니라, 오히려 성숙하게 발달시키는 일입니다. 타자 초점 관점 채택, 집단·상황에 대한 인지적 공감, 귀납적 추론과 도덕 원리의 적용, 그리고 연민의 습관화를 통해 우리는 공감을 윤리적 실행력으로 바꿀 수 있습니다.

공감은 이기주의의 저편으로 건너가는 다리입니다. 때로 그 다리는 흔들릴 수 있습니다. 스포트라이트는 좁고, 감정은 넘칩니다. 그러나 우리는 그 다리를 보강할 수 있습니다. 타자를 인격으로 의미화하고, 사랑으로 가치에 응답하며, 이성과 연민으로 조율할 때, 공감은 더 이상 불안한 반사작용이 아니라 의지의 기능이 됩니다. 그리고 그 기능이 우리 공동체를 지탱하는 윤리의 구조로 자리 잡을 수 있습니다. 그때야 비로소 우리는 마침내 공감을 이렇게 말할 수 있을 것입니다. "저는 당신을 동일한 가치를 지닌 실재로서 오늘 여기에서 환대합니다."

별자리 04

소통_자아에서 우주로의 통로

소통의 다양한 둘레

우리는 하루에도 수많은 말을 하고, 메시지를 주고받으며 살아갑니다. 하지만 소통은 단순히 대화의 기술이 아닙니다. 그것은 인간이 인간답게 존재하는 길이며, 공동체가 유지되는 근본 조건입니다. 동양과 서양은 서로 다른 역사와 문화의 길을 걸어왔지만, 놀랍게도 그들의 철학 속에는 "어떻게 서로를 이해하고 관계 맺을 것인가"라는 공통된 물음이 자리하고 있습니다.

공자의 가르침에서 소통은 단순한 언어의 교환을 넘어섭니다. 공자는 인간관계의 질서를 바로 세우는 것을 '예(禮)'라 했습니다. 예란 규범이자 행위양식이며, 동시에 상대방을 존중하는 소통의 형식입니다. 공자는 "온화하되 흐트러지지 않고, 공손하되 경직되지 않으며, 공경하되 번잡하지 않다"고 말했습니다. 이는 곧 상대방과의 소통에서 태도의 균형을 잡는 지혜입니다. 맹자는 또한 인간에게는 측은지심(惻隱之心)이 있음을 강조했습니다. 타인의 아픔을 함께 느끼는 감수성은 언어 이전의 침묵의 소통입니다. 오늘날 유교적 소통은 의례적이고 형식적인 것처럼 보일 수 있습니다. 그러나 그 핵심은 상대방을 단순한 수단이 아니라 존재 자체로 존중하는 언어적 실천입니다.

불교의 소통 개념은 '연기(緣起)'에 바탕을 둡니다. 모든 존재는 서로 의존하며, 고립된 실체로 존재하지 않습니다. 따라서 언어와 행위 역시 관계망 속에서 의미를 가집니다. 부처님은 소통에서 '정어(正語)'를 강조했습니다. 정어란 진실되고, 부드럽고, 이익이 되며, 마음을 하나로 모으는 말입니다. 거짓말, 이간질, 욕설, 쓸데없는 말은 공동체를 해치고 연대를 무너뜨립니다. 반대로 정어는 공동체를 화합하게 합니다. 특히 보살의 서원은 소통을 타자 구원의 도구로 삼습니다. 보살은 타인의 고통을 듣고 응답하며, 중생과 함께 깨달음의 길을 갑니다. 이는 곧 언어와 소통이 타인을 위한 실천이자, 곧 자기완성의 길임을 보여줍니다.

노자와 장자는 소통의 또 다른 차원을 보여줍니다. 노자는 "큰 말은 무언(無言)"이라 하였습니다. 진정한 지혜는 많은 말이 아니라, 자연스러운 침묵 속에서 서로를 느끼는 데 있다는 것입니다. 장자는 언어의 상대성과 한계를 지적했습니다. 그는 "말은 그 뜻을 담는 그릇에 불과하다"고 했습니다. 그래서 진정한 소통은 언어의 경계를 넘어, '도(道)'를 매개로 한 존재적 교감입니다. 이는 현대 소통 이론에서 말하는 비언어적 소통과 맞닿아 있습니다. 도가적 소통은 억지로 설득하거나 강요하는 것이 아니라, 상대가 스스로 깨닫도록 여백을 남기는 대화입니다. 오늘날 과잉 소통 시대에 우리가 되새길 가치입니다.

서양에서 소통의 철학은 소크라테스의 '대화법(디알로고스)'에서 시작합니다. 소크라테스는 상대방에게 어떤 개념의 정의를 묻고, 상대방이 답변을 제시하면 그 답변의 모순이나 논리적 한계를 지적하는 질문을 계속합니다. 이 과정에서 상대방은 자신의 믿음이 잘못되었음을 스스로 인정하게 됩니다. 소크라테스는 자신이 모른다는 것을 아는 것이 진정한 지혜라고 강조하며, 질문을 통해 상대방이 자신의 무지를 깨닫도록 유도합니다. 이 대화법은 단순한 암기가 아니라 비판적 사고와 자기 성찰을 자극하는 데 목적이 있습니다.

플라톤 역시 철학적 대화를 강조했습니다. 그는 『향연』, 『국가』 등에서 대화를 통해 정의, 사랑, 국가의 이상을 탐구했습니다. 진리는 독백이 아니라 대화 속에서 살아 움직인다는 것이 그의 믿음이었습니다. 따라서 서양 고대의 소통은 "말을 통한 진리의 공동탐구"라는 이상을 보여줍니다.

아리스토텔레스는 소통을 설득의 기술로 체계화했습니다. 그의 『수사학』은 오늘날까지도 커뮤니케이션학의 고전입니다. 그는 설득이 세 가지 요소에 의해 이루어진다고 보았습니다. 첫째, 로고스(logos)는 이성적 논증을 뜻합니다. 둘째, 에토스(ethos)는 화자의 인격과 신뢰를 말합니다. 셋째, 파토스(pathos)는 청중의 감정 호소를 의미합니다. 이는 단순한 논리적 언어가 아니라, 인격과 감정이 어우러진 총체적 소통을 제시한 것입니다.

근대 철학에서의 소통 개념은 칸트와 헤겔에서 찾을 수 있습니다. 칸트는 도덕철학에서 인간을 목적 자체로 존중해야 한다고 했습니다. 이는 타자를 설득의 수단으로 보지 않고, 상호 존중의 소통을 요구합니다. 헤겔은 인정투쟁을 통해 자아가 형성된다고 했습니다. 주인과 노예의 변증법에서 보듯, 인간은 타자의 인정을 통해 자기 의식을 확립합니다. 즉, 소통은 자아의 성립에 필수적인 과정입니다.

무엇보다 현대 철학에서 소통을 논의할 때 언급하는 필수 논의는 하버마스의 의사소통 행위론에서 찾을 수 있습니다. 하버마스는 소통을 사회 이론의 핵심에 놓았습니다. 그는 인간을 단순히 목적 달성을 위한 행위자가 아니라 의사소통 행위자로 보았습니다. 하버마스는 사람들이 대화할 때 언제나 진리, 정당성, 진정성이라는 타당성 주장을 내세운다고 보았습니다. 그리고 이 타당성이 서로 검토되는 과정에서 사회적 합의와 연대가 형성됩니다. 즉, 소통은 단순한 정보 교환이 아니라, 사회적 유대와 도덕 질서의 토대로 보았습니다.

소통에 관한 동서양의 논의 비교는 관계성 중심이냐 합리성 중심이냐로 구분하여 볼 수 있습니다. 동양 사상에서 소통은 대체로 관계성에 뿌리를 두고 있습니다. 유교의 예, 불교의 자비, 도가의 무위는 모두 타자와의 관계, 자연과의 관계를 중시합니다. 소통은 공동체 속에서 자신을 조율하는 행위입니다. 반면에 서양 철학은 소통을 진리 탐구와 합리적 정당화의 과정으로 보았습니다. 소크라테스의 문답법, 아리스토텔레스의 수사학, 하버마스의 담론윤리는 모두 합리적 언어를 통해 진리와 정의를 세우려 했습니다.

의사소통의 중요성

우리는 매일 끊임없이 대화하며 살아갑니다. 가정에서, 직장에서, 사회에서 우리가 맺는 모든 관계는 언어와 의사소통을 매개로 합니다. 그런데 과연 우리가 나누는 대화가 모두 '이해'를 낳고 있는 것일까요? 아니면 오히려 갈등과 오해를 심화시키고 있는 것일까요? 우리가 어떻게 더 나은 사회적 이해와 합의를 이끌어낼 수 있는지를 하버마스의 의사소통론을 통해 이야기하고자 합니다.

하버마스는 프랑크푸르트 학파의 대표적 철학자입니다. 제1세대 비판이론(호르크하이머, 아도르노)이 자본주의 사회를 비판하면서도 변혁의 가능성에 비관적이었다면, 하버마스는 언어와 소통을 통해 새로운 희망을 찾고자 했습니다. 그의 문제의식은 이렇습니다.

현대 사회는 과학기술 합리성이 지배하고, 인간의 삶은 체계(system)의 논리에 종속되며 의사소통적 이해는 점점 파괴되고 있습니다. 이에 하버마스는 '도구적 합리성'을 넘어서는 '의사소통적 합리성'의 가능성을 제시합니다. 즉, 서로를 설득하거나 강제하는 것이 아니라, 진정으로 이해하고 공감하는 과정을 통해 합리적 사회를 구축할 수 있다는 것입니다.

하버마스의 이론을 이해하기 위해 몇 가지 중요한 개념을 정리해야 합니다. 첫째, 의사소통적 행위입니다. 이는 단순한 정보 전달이 아니라, 상호 이해를 목적으로 하는 행위입니다. 둘째, 합리성의 전환입니다. 이는 도구적·전략적 합리성에서 벗어나, 상호주관적 이해를 추구하는 합리성을 뜻합니다. 셋째, 타당성에 관한 것입니다. 하버마스는 모든 발화가 네 가지 타당성 주장을 포함한다고 봅니다. "사실에 부합하는가?" 이 질문은 사실성에 관한 것입니다. "규범과 도덕에 합치하는가?" 이 질문은 정당성에 관련합니다. "화자로서 진정성이 있는가?" 이 질문은 진실성에 해당합니다. "이해 가능하게 표현되었는가?" 이 질문은 명료성을 나타냅니다. 넷째, 이상적 담화 상황입니다. 이는 지배나 억압이 없는 상황에서 모든 참여자가 자유롭게 발언하고 비판할 수 있는 상태를 말합니다. 여기서 중요한 점은, 의사소통은 단순히 언어적 교환이 아니라 사회적 합리성의 토대라는 것입니다.

하버마스는 의사소통행위론을 정치철학에 연결하여 '숙의 민주주의(Deliberative Democracy)'를 제안합니다. 민주주의는 단순히 다수결이 아니라, 시민들이 자유롭고 평등하게 대화하며 합리적 합의를 도출하는 과정입니다. 다시 말해 끊임없는 소통의 과정이 요구되고 이루어져야 합니다. 이를 통해 공공영역(public sphere)이 활성화되고, 사회적 연대가 형성됩니다. 사례로는 시민의회, 공청회, 온라인 참여 플랫폼 등이 있습니다. 이런 장치는 단순히 의견 수렴이 아니라, 의사소통적 합리성의 제도적 구현입니다.

물론 하버마스의 이론에도 비판은 존재합니다. 현실에서 '이상적 담화 상황'은 실현 불가능하다는 것입니다. 또한 권력과 불평등이 구조적으로 내재해 있으며, 문화적 차이나 감정적 요소는 간과된다는 점입니다. 페미니즘 이론가 낸시 프레이저(Nancy Fraser)는 "공론장은 단일하지 않고 다원적이어야 한다"고 주장하며, 하버마스의 모델이 지나치게 보편주의적임을 지적했습니다. 또한 포스트모던 사상가들은 "진리와 합의는 상대적"이라며, 하버마스의 합리성 개념이 여전히 서구 중심적이라고 비판했습니다.

그렇다면 하버마스의 이론은 오늘 우리의 삶에 어떤 의미가 있을까요? 학교라는 교육의 장에서는 교사가 일방적으로 강의 수행을 하는 것이 아니라, 학생과의 상호 이해적 수업을 주도해야한다는 것입니다. 직장은 상명하달식 명령이 아니라 바로 협력적 의사결정이 이루어지는 곳입니다. 사회는 갈등을 억압하는 것이 아니라 대화를 통한 합의가 이루어지는 곳입니다. 특히 다문화사회, 갈등 사회일수록 하버마스의 이론은 중요한 실천적 함의를 지닙니다. 대화와 이해를 통해 진정한 공존의 가능성을 모색할 수 있는 기회를 주기 때문입니다.

하버마스는 우리에게 말합니다. "우리는 이해를 통해 합리성에 도달할 수 있다." 이 말은 단순한 철학적 이상이 아니라, 우리가 일상에서 실천해야 할 과제입니다. 우리는 앞으로의 삶 속에서 누군가와 대화할 때, 단순히 내 주장을 관철하려 하지 말고, 상대의 진정한 이해와 공감을 추구하는 것이야말로 바로 하버마스가 말한 의사소통적 행위이며, 더 나은 사회를 여는 열쇠입니다.

소통으로서 '나-너 대화'

어떤 날은 하루 종일 수많은 말을 주고받았는데도, 정작 아무도 내 마음을 알아주지 않는 것 같아 허전했던 적이 있었나요? 또 반대로, 아주 짧은 눈 맞춤이나 몇 마디 말로도 깊이 연결되었다는 느낌을 받은 적이 있었을까요?

철학자 마르틴 부버는 이런 차이를 굉장히 중요하게 보았습니다. 그는 『나와 너』라는 책에서 우리가 맺는 관계를 두 가지로 구분했어요. 하나는 '나-그것' 관계, 다른 하나는 '나-너' 관계입니다. 이 차이는 단순히 학문적인 개념이 아니라, 우리가 어떤 삶을 살고 어떤 소통을 하는지를 가르는 기준이라고 말합니다.

부버는 20세기 초반 유럽에서 살았던 유대인 철학자입니다. 전쟁과 갈등의 한복판에서 그는 인간이 서로를 수단으로 대하는 모습을 많이 보았죠. "왜 사람들은 진정으로 만날 수 없을까?", "어떻게 해야 인간답게 살 수 있을까?" 이런 물음을 던지면서 그는 대화철학을 발전시켰습니다. 그에게 대화는 단순히 말을 잘하는 기술이 아니었습니다. 사람이 사람답게 존재하는 방식이었습니다.

먼저 '나-그것' 관계를 생각해 볼까요? 예를 들어 어떤 학생을 만났는데, 그 학생을 성적 순위로만 바라보는 경우가 있습니다. 혹은 직장에서 동료를 단순히 경쟁자, 혹은 실적을 위한 도구로만 여길 때도 있지요. 이때 상대는 '그것'이 되어버립니다. 이 관계에서 대화는 어떻게 될까요? 주로 명령, 지시, 계산, 효율성의 언어가 오갑니다. 물론 이런 관계가 완전히 나쁜 건 아닙니다. 사회를 돌아가게 하는 데 필요하기도 하죠. 하지만 이것만으로는 인간적인 깊이가 메마를 수밖에 없습니다.

그렇다면 '나-너' 관계는 어떤 걸까요? 여러분이 사랑하는 사람과 깊이 눈을 마주할 때, 아이가 부모를 바라볼 때, 혹은 친구와 진심 어린 대화를 나눌 때, 우리는 그 사람을 더 이상 수단으로 보지 않습니다. 그 존재 자체로 존중하고 받아들입니다. 부버는 이 순간을 '나-너'의 만남이라고 불렀습니다. 그는 "모든 참된 삶은 만남에서 비롯된다."고 말했습니다. 이때의 대화는 단순한 말의 교환이 아닙니다. 부버는 언어를 넘어 서로의 마음이 닿는 경험, 바로 그것이 진정한 소통이라고 보았습니다.

부버가 말한 소통은 그냥 사회적 기술이 아닙니다. 그것은 존재와 존재가 만나는 사건입니다. 사람은 관계 속에서만 진정으로 존재할 수 있습니다. 그리고 그 관계가 '나-너'가 될 때, 인간은 자기 자신을 발견하고, 동시에 궁극적인 '너', 즉 신과 같은 절대적 존재와도 이어진다고 부버는 보았습니다. 그러니 소통은 단순히 잘 말하고 잘 듣는 기술이 아니라, 삶의 태도이자 영적인 경험이라고 할 수 있습니다.

이제 우리의 현실을 한번 떠올려 봅시다. SNS 속에서 오가는 말들은 종종 '나-그것' 관계로 구성된 것이 대부분입니다. 누군가를 있는 그대로 만나기보다는, 이미지를 소비하고, 데이터를 주고받고, 때로는 상대를 공격하기 위한 악플을 답니다. 정치적 대립, 사회적 갈등도 마찬가지입니다. 서로 이해하려는 노력보다는 이기기 위한 언어만 남아있습니다. 이런 상황 속에서 부버의 말은 다시 울림을 줍니다. 학교에서는 학생을 점수로만 보지 말고 하나의 존재로 보아야 합니다. 직장에서는 동료를 경쟁자가 아니라 파트너로 대해야 합니다. 가정에서는 성취를 묻는 대화보다 서로의 존재를 확인하는 따뜻한 말이 필요합니다. '나-너' 대화는 우리 삶 속에서 여전히 절실한 과제입니다.

'나-그것' 관계 속에서 우리는 효율적으로 살아갈 수는 있습니다. 그러나 그것만으로는 인간다운 삶을 살 수 없습니다. 결국 우리를 살리는 것은 '나-너'의 만남, 진정한 대화입니다. 지금 당장 가장 가까운 사람을 한번 떠올려 보십시오. 그리고 그 사람을 단순한 역할이나 수단이 아니라, 존재 그 자체로 바라보며 대화를 나눠 보시기 바랍니다. 바로 그 순간, 우리는 부버가 말한 '나-너' 대화의 힘을 경험하게 될 것입니다.

일반화된 타자와 대화

조지 허버트 미드는 상징적상호작용론을 주창한 대표적인 학자입니다. 그는 인간이 단순히 말을 주고받는 존재가 아니라, 소통을 통해 자아를 형성하는 존재라고 보았습니다. 즉, 나라는 존재는 혼자 만들어지는 것이 아니라, 누군가와 소통할 때 비로소 탄생한다는 것입니다.

미드는 동물도 서로 신호를 주고받는다고 말했습니다. 개가 으르렁거리면 화가 났다는 신호이고, 새가 지저귀면 짝을 부르는 신호입니다. 하지만 인간의 소통은 다릅니다. 우리는 단순한 신호를 넘어서 상징을 사용합니다. 예를 들어 손을 흔드는 행위는 그냥 움직임일 수 있습니다. 하지만 우리가 그것을 "안녕하세요"라는 의미로 함께 이해할 때, 그것은 상징적 행위가 됩니다. 이처럼 인간은 서로 공유된 의미를 바탕으로 소통합니다. 이게 바로 미드가 말한 상징적 상호작용의 핵심입니다.

아이를 키워보신 분들은 아실 겁니다. 처음에는 아이가 자기중심적입니다. 하지만 시간이 지나면서 "엄마가 보면 뭐라고 할까?", "친구들이 나를 어떻게 볼까?"를 생각하기 시작합니다. 이 과정을 미드는 '역할 취하기'라고 불렀습니다. 우리는 타인의 입장에서 나를 바라보며, 그 시선을 상상하면서 행동을 조정합니다. 이렇게 타인의 시선을 거울 삼아 나를 비추면서, 사회적 자아가 형성되는 것이지요.

미드는 여기서 한 걸음 더 나아가, '일반화된 타자'라는 개념을 말했습니다. 이는 사회 전체의 규범과 가치, 집단의 시선을 뜻합니다. 예를 들어 횡단보도에서 빨간불일 때 멈추는 이유를 생각해봅 시다. 단순히 경찰이 있어서 멈추는 것이 아닙니다. 우리 모두가 "빨간불에는 멈춘다"는 규범을 내면화했기 때문이지요. 즉, 내 안에는 이미 사회의 목소리가 들어와 있습니다. 나의 자아는 단순히 개인의 산물이 아니라, 사회와의 관계 속에서 만들어진 것임을 보여줍니다.

미드는 자아를 두 가지 차원으로 설명했습니다. 첫째는 'I'입니다. 즉흥적이고 창의적인 자기, 아직 규범에 구속되지 않은 자기입니다. 둘째는 'Me'입니다. 사회적 규범과 타인의 시선 속에 드러나는 자기입니다. 우리의 삶은 이 두 가지가 균형을 이루어야 합니다. 'I'만 있으면 제멋대로 행동하다가 사회와 충돌하게 되고, 'Me'만 있으면 자기만의 창의성과 자유를 잃어버립니다. 소통은 바로 이 'I'와 'Me'를 조화롭게 만들어 주는 과정입니다.

미드는 소통을 개인의 문제에서 끝내지 않았습니다. 그는 소통이 민주주의의 기반이라고 보았습니다. 사람들이 자유롭게 대화하며 서로의 입장을 이해하고, 공동의 의미를 만들어 갈 때 비로소 민주사회가 굴러갑니다. 민주주의는 단순히 제도가 아니라, 시민들이 서로 소통할 수 있는 능력 위에 세워지는 것입니다. 만약 소통이 끊기면 어떻게 될까요? 갈등이 폭력으로 번지고, 사회는 분열될 수밖에 없습니다. 그래서 미드는 소통을 민주주의의 심장이라고 강조했습니다.

미드가 우리에게 말하는 핵심은 분명합니다. 인간은 소통 속에서 자아를 형성한다는 것입니다. 소통은 단순한 기술이 아니라, 우리가 서로를 이해하고 사회적 규범을 내면화하는 방식입니다. 그리고 그 과정에서 민주적 공동체가 유지됩니다. 따라서 소통은 개인과 사회를 함께 성장시키는 힘입니다. 앞으로 누군가와 대화를 나눌 때, 그것이 단순히 말 몇 마디의 교환이 아니라, 나와 너, 그리고 우리 사회를 함께 만들어 가는 과정임을 기억해 주시기 바랍니다.

언어를 통한 소통

우리 모두는 매일 말을 하고 글을 읽습니다. 하지만 과연 우리는 그 언어와 텍스트 속에서 무엇을 경험하고 있을까요? 단순히 정보를 전달받는 것일까요, 아니면 그 너머에서 누군가와 깊이 만나는 것일까요? 철학자 폴 리쾨르는 언어와 텍스트를 통해 타자와 진정으로 소통할 수 있는 길을 보여주었습니다. 그는 "우리는 텍스트를 해석하는 가운데 타자와 만나며, 결국 자기 자신을 이해하게 된다."고 말합니다.

리쾨르는 프랑스의 해석학자이자 현상학자였습니다. 20세기 전쟁과 억압, 이데올로기의 갈등을 경험한 그는 인간이 어떻게 서로 이해할 수 있을까라는 질문을 던졌습니다. 하이데거와 가다머가 해석학의 길을 열었지만, 리쾨르는 여기에 언어와 상징, 그리고 텍스트의 중요성을 덧붙였습니다. 그는 단순히 '존재 이해'에 머무르지 않고, 언어를 통한 관계, 타자와의 만남을 강조했습니다.

리쾨르에게 언어는 단순한 도구가 아닙니다. 언어는 우리가 세계를 이해하고, 타자와 연결되는 근본적 매개입니다. 예를 들어, '나무'라는 단어를 떠올려 보세요. 이 단어는 단순한 물체를 가리키는 것이 아닙니다. 어떤 사람에게는 어린 시절 놀던 정원의 기억일 수 있고, 또 다른 사람에게는 슬픔과 이별의 상징일 수도 있습니다. 같은 단어라도 맥락과 해석에 따라 전혀 다른 세계가 열립니다. 언어는 이렇게 다층적 의미를 지니고, 그 속에서 우리는 타인의 세계를 엿볼 수 있습니다.

리쾨르의 독창적인 통찰은 바로 텍스트 해석에 있습니다. 그는 "텍스트는 저자로부터 해방되어 독자에게 열려 있다."고 말합니다. 즉, 한 번 쓰여진 글은 저자의 손을 떠나, 독자와 새로운 만남을 만들어냅니다. 책을 읽을 때, 우리는 저자의 시대와 경험을 초월하여 그와 대화하는 것이지요. 예를 들어, 고대의 성서나 문학 작품을 읽을 때, 우리는 이미 사라진 시대의 사람들과 지금 이 순간 대화를 나누고 있습니다. 이처럼 텍스트는 시간과 공간을 넘어 타자와 연결되는 통로입니다.

리쾨르는 해석을 단순한 의미 찾기가 아니라, 자기 이해의 과정으로 보았습니다. 우리가 텍스트를 해석할 때, 사실은 그 속에서 우리 자신을 비춰보는 것입니다. 예를 들어, 소설 속 인물을 읽으며 "저건 내 이야기 같아"라고 느끼는 순간이 있지 않습니까. 그 순간 우리는 타자의 이야기를 통해 자기 자신을 이해하게 됩니다. 리쾨르는 이것을 '해석학적 순환'이라 불렀습니다. 텍스트 → 독자 → 자기 이해 → 다시 텍스트의 과정이 반복되면서 우리는 점점 더 깊은 이해로 나아갑니다.

리쾨르가 강조한 핵심은, 언어와 텍스트 해석이 결국 타자와의 소통이라는 점입니다. 타자를 이해한다는 것은 그를 내 기준으로 해석하는 것이 아니라, 그의 세계 속으로 들어가 보는 것입니다. 이것은 곧 윤리적 태도이기도 합니다. 상대방의 이야기를 경청하고, 그 의미를 존중하며, 그 안에서 자기 자신을 성찰하는 것. 이것이 리쾨르가 말한 해석학적 소통입니다.

오늘날 갈등과 분열이 많은 사회에서, 리쾨르의 메시지는 여전히 유효합니다. 서로의 언어와 텍스트를 해석하고, 그 속에서 만남을 추구할 때, 우리는 진정한 연대를 이룰 수 있습니다. 리쾨르가 우리에게 전하는 메시지는 분명합니다. 언어는 단순한 도구가 아니라 세계와 타자를 열어주는 창입니다. 텍스트는 저자를 넘어 독자와 새로운 의미를 창조합니다. 해석은 자기 이해이자 타자 이해의 과정입니다. 언어-텍스트-해석은 소통의 절차며 참여의 통과의례입니다. 결국 소통은 윤리적 관계로서, 타자와의 만남 속에서 완성됩니다.

리쾨르는 "자기 이해는 타자를 통해서만 가능하다."고 말합니다. 그러니 앞으로 우리가 나누는 말 한마디, 읽는 글 한 줄 속에서, 타자와의 만남이 이루어진다는 사실을 기억해 주시기 바랍니다. 바로 그 순간이 우리를 더 넓은 세계로 이끄는 출발점이 될 것입니다. 자아에서 우주로 나가는 통로가 바로 소통입니다.

이미지적 소통

우리가 하루에도 수없이 보내는 메시지, 우리가 나누는 대화, 우리가 보고 듣는 이미지들은 단순히 정보일까요? 아니면 우리의 문화를 형성하는 더 큰 힘일까요? 체코 태생의 철학자 빌렘 플루써는 소통을 단순한 메시지 전달이 아니라, 인간 문화의 근본 구조로 이해했습니다. 그는 이를 '코무니콜로기(Communicology)'라고 불렀습니다.

언어에서 이미지로, 이미지에서 기술과 네트워크로 이동하는 이 변화 속에서 우리가 어떤 도전을 받고 있는지, 또 어떤 가능성을 열어갈 수 있는지 플루써의 소통론에 근거하여 이야기 나누고자 합니다.

플루써는 1920년 체코슬로바키아에서 태어났습니다. 그는 나치의 박해를 피해 브라질로 망명했고, 이후 유럽으로 돌아와 매체철학자로 활동했습니다. 그가 살았던 시대는 전쟁, 이데올로기, 망명, 기술 발전이 교차하는 혼란의 시기였습니다. 이런 경험 속에서 그는 물었습니다. "과연 인간은 어떻게 서로 이해할 수 있는가?", "매체는 우리의 사고와 문화를 어떻게 바꾸고 있는가?" 플루써의 철학은 기존의 철학이 놓쳤던 영역, 즉 언어와 이미지, 그리고 기술 매체가 인간 소통을 어떻게 바꾸는지에 초점을 맞추었습니다.

플루써는 커뮤니케이션 연구를 단순히 사회학이나 언어학의 하위 영역으로 보지 않았습니다. 그는 소통을 인간 문화 전체를 이해하는 핵심 틀로 보았고, 이를 코무니콜로기라고 명명했습니다. 코무니콜로기는 언어학, 기호학, 매체이론, 철학을 모두 아우르는 학문적 시도입니다. 즉, 인간을 이해하려면 반드시 소통 구조를 이해해야 한다는 것입니다. 우리가 무엇을 말하고, 무엇을 기록하며, 어떤 이미지를 주고받는가라는 사실이 우리 사회와 문화를 규정합니다.

플루써는 인간의 소통을 두 가지 큰 유형으로 구분했습니다. 첫째는 담화적 소통입니다. 이는 말과 글을 통한 언어적 소통입니다. 선형적이고 시간적이며, 논리적 사고를 기반으로 합니다. 과학, 역사, 철학 같은 학문은 이런 담화적 소통에 의존합니다. 둘째는 '이미지적 소통'입니다. 그림, 사진, 영상 등 공간적이고 총체적인 방식입니다. 이 방식의 소통은 한눈에 의미를 전달하고, 감각과 정서를 자극합니다. 직관적이지만, 동시에 다의적이어서 여러 해석을 낳을 수 있습니다. 플루써는 현대 사회가 점점 더 언어 중심에서 이미지 중심으로 이동하고 있다고 보았습니다.

오늘날 사람들은 긴 글보다 짧은 영상이나 이미지를 더 많이 소비합니다. 이것이 바로 플루써가 예견한 변화입니다. 플루써의 독창적 개념 중 하나가 바로 '기술 이미지'입니다. 기술 이미지는 단순한 그림이 아닙니다. 사진은 단순히 '현실을 복제한 것' 같지만 사실은 카메라라는 '장치(apparatus)'가 개입해 만든 상징입니다. 영화, 텔레비전, 컴퓨터 그래픽 역시 인간과 장치가 협력하여 만들어낸 결과물입니다. 따라서 기술 이미지는 단순히 "보이는 것을 찍은 것"이 아니라, 장치의 코드에 따라 새로운 세계를 구성하는 언어입니다.

플루써는 경고했습니다. 우리가 기술 이미지를 비판적으로 읽지 않으면, 오히려 장치의 코드에 종속될 위험이 있다는 것입니다. 사진이 현실을 보여주는 것 같지만, 사실은 장치와 사회적 맥락이 짜놓은 틀일 수도 있다는 것이지요. 플루써는 궁극적으로 '대화적 소통'을 이상적인 소통의 모델로 보았습니다. 대화적 소통은 단순히 메시지를 일방적으로 전달하는 것이 아닙니다. 참여자 모두가 질문하고 응답하며, 의미를 함께 만들어 가는 과정입니다. 일방향적 방송이 아니라, 네트워크와 상호작용을 통해 공동 창조가 이루어지는 방식입니다. 오늘날 인터넷과 SNS는 이런 대화적 소통의 가능성을 보여줍니다. 누구나 참여자가 되고, 누구나 의미 생산자가 될 수 있습니다. 하지만 동시에 왜곡, 혐오, 조작이라는 위험도 함께 존재합니다.

이제 우리는 플루써가 내다본 세계 속에 살고 있습니다. 글보다 이미지와 영상이 중심이 되는 사회, 방송보다 네트워크가 중요한 시대, 기술 장치가 우리의 사고와 행동을 규정하는 환경, 바로 이런 상황에서 우리는 어떤 선택을 해야 할까요?

플루써는 "우리는 단순히 이미지를 소비하는 자가 아니라, 그것을 해석하고 창조하는 자가 되어야 한다."고 말합니다. 즉, 우리는 기술 이미지의 소비자가 아니라, 비판적 독자이자 창의적 생산자가 되어야 한다는 것입니다. 이것이 코무니콜로기가 오늘 우리에게 주는 가장 큰 메시지입니다. 우리는 빌렘 플루써의 코무니콜로기를 통해 소통을 새롭게 바라보았습니다.

  요약하면, 소통은 인간 문화를 구성하는 핵심 구조입니다. 현대 사회는 담화적 소통에서 이미지적 소통으로 전환하고 있습니다. 기술 이미지는 장치가 매개하는 새로운 언어이며, 우리는 이를 비판적으로 해석해야 합니다. 진정한 소통은 대화적 소통, 즉 서로가 참여하여 의미를 공동 창조하는 과정입니다. 소통은 단순히 메시지를 주고받는 것이 아닙니다. 그것은 곧 우리의 존재 방식이며, 문화의 운명입니다.

  앞으로 우리가 마주할 수많은 언어, 이미지, 기술 속에서, 여러분이 단순한 소비자가 아니라 적극적인 해석자, 창조자가 되기를 바랍니다. 그럴 때 우리는 비로소, 플루써가 말한 진정한 대화적 소통에 다가갈 수 있을 것입니다.

눈과 정신의 소통

프랑스 기호학자 자크 플로쉬(J. F. Floch)의 조형기호학은 우리가 어떻게 언어를 넘어선 차원에서 소통하고 대화하는지를 보여줍니다. 플로쉬의 사유는 알지르다스 그레마스(A. J. Greimas)의 구조기호학에서 출발합니다. 그러나 그는 언어적 의미론에만 머물지 않았습니다. 플로쉬는 시각적·감각적 차원, 즉 색채, 선, 형태, 공간이 어떻게 의미를 생산하는지를 탐구했습니다. 이를 통해 그는 기호학을 단지 언어학의 보조학문이 아닌, 인간 경험 전체를 해석하는 철학적 방법론으로 확장시켰습니다. 여기서 플로쉬는 현상학과도 연결됩니다. 메를로퐁티의 '지각의 현상학'에서 강조한 것처럼, 세계는 단순히 언어로 번역된 것이 아니라 감각 속에서 드러나는 체험의 장입니다. 그래서 그의 시각 기관인 눈은 정신과 결합하여 새로운 세계를 형성하게 합니다.

우리는 흔히 대화를 언어적 교환으로만 이해합니다. 그러나 플로쉬의 조형기호학은 우리에게 이렇게 묻습니다. "말하지 않고도 우리는 얼마나 깊이 대화할 수 있는가?" 빨강과 파랑의 대비는 긴장과 충돌을 상징합니다. 곡선과 직선의 만남은 부드러움과 단단함의 교류를 드러냅니다. 빛과 그림자의 배치는 내면적 사유와 감정의 흐름을 불러일으킵니다. 쉽게 말해 미술관에 걸린 한 작품이 말을 걸어올 때, 우리는 언어가 아니라 형상과 색채의 언어로 대화하는 것입니다. 이것이 바로 비언어적 대화의 장입니다.

플로쉬에게 소통은 동일성을 전제하지 않습니다. 오히려 소통은 차이를 존중하고, 차이를 통해 의미를 창출하는 과정입니다. 언어적 대화도 서로가 다른 생각을 가질 때 의미 있는 교류가 일어납니다. 조형적 소통도 마찬가지로, 차이와 대비가 있을 때 해석의 가능성이 열립니다. 이는 레비나스의 타자 철학과 맞닿습니다. 타자는 나와 같지 않기에, 나에게 윤리적 호소를 던집니다. 플로쉬는 이 철학적 논의를 기호학적 언어로 번역한 것입니다.

피카소의 입체파 작품을 볼 때, 왜곡된 얼굴은 불편함을 주지만 동시에 새로운 시각을 열어줍니다. 이것이 바로 작품과 감상자의 '대화'입니다. 고딕 성당의 첨탑은 신과 인간의 소통을 상징합니다. 현대 건축의 투명한 유리 외벽은 내부와 외부의 소통을 드러냅니다. 여러분이 카페에서 친구와 커피를 마실 때, 말보다 미소, 손짓, 분위기가 더 많은 의미를 전하는 경우가 있지 않습니까? 이것이 바로 조형기호학적 소통입니다.

오늘날 우리는 디지털 이미지, SNS, 광고 속 시각적 기호의 홍수 속에 살아갑니다. 이모티콘 하나, 해시태그 하나, 유튜브 썸네일 하나도 모두 조형적 기호입니다. 그러나 문제는 이 과잉된 기호 속에서 오히려 깊은 대화가 단절될 위험이 있다는 것입니다. 우리는 하루 종일 수많은 메시지를 보고 있지만, 정작 타인의 얼굴을 깊이 바라보며 나누는 대화는 줄어들고 있습니다.

우리는 다음과 같은 일련의 질문에 직면합니다. "언어 없이도 깊이 소통할 수 있을까요?", "디지털 이미지의 과잉 속에서, 우리는 진정한 대화를 경험하고 있을까요?", "타자들과의 차이를 지우지 않고 존중하면서 소통하는 법은 무엇일까요?" 이 질문들은 단순한 철학적 명제가 아니라 우리의 삶의 태도와 연결된 문제입니다. 플로쉬의 조형기호학은 우리에게 이렇게 답합니다. "소통은 단지 언어를 주고받는 것이 아니라, 서로 다른 존재들이 차이를 인정하며 함께 의미를 만들어가는 예술이다."라고 말입니다. 이 글을 통해 세상을 바라보는 눈이 조금 더 열리고, 일상 속에서 색채와 형상, 타인의 표정과 몸짓에서 새로운 소통의 가능성을 발견하시기를 바랍니다.

소통의 윤리적 본질

우리는 소통이 잘 되는 사회, 소통이 원활한 조직, 소통이 중요한 인간관계를 원합니다. 소통이란 과연 무엇일까요? 단순히 서로의 말을 주고받는 것만을 소통이라고 할 수 있을까요?

프랑스 철학자 에마뉘엘 레비나스가 말한 소통의 윤리적 본질은 충격적입니다. 소통은 기술도, 전략도, 단순한 말의 교환도 아니라고 했기 때문입니다. 소통은 윤리적 관계에서 출발한다는 것입니다.

레비나스는 소통을 타자의 얼굴에서 시작합니다. 우리가 누군가의 얼굴을 마주할 때 어떤 느낌을 받습니까? 얼굴은 단순한 외모나 표정이 아닙니다. 얼굴은 그 사람의 존재 전체, 나와는 다른 타자성을 드러냅니다. 레비나스는 타자의 얼굴이 나에게 "살해하지 말라.", "나를 도구로 쓰지 말라.", "나를 존중하라."고 말한다고 합니다. 즉, 얼굴은 나에게 하나의 윤리적 명령을 전하는 것입니다. 내가 원하지 않아도, 타자의 얼굴은 나를 향해 말합니다. "그대는 나에게 책임이 있다."라고 말입니다. "소통은 언어가 아니라 책임이다."라고 말합니다.

우리는 흔히 소통을 언어적 교환, 대화 기술로 생각합니다. 하지만 레비나스는 소통이 언어보다 먼저 일어난다고 했습니다. 타자의 얼굴을 보는 순간, 나는 이미 응답해야 하는 존재가 됩니다. 말하기 전에, 이미 나는 책임의 자리에 서게 되는 것입니다. 그러므로 소통은 단순히 '말하는 것'이 아니라, 타자의 요구에 응답하는 행위입니다. 소통이 단순히 대화의 기술이 아니라 윤리적 사건이라는 이 말이 가슴에 와닿지 않습니까? 보통 우리는 소통을 '주고받는 것'이라고 말합니다. 하지만 레비나스는 이렇게 말합니다. "나는 타자에게 무한한 책임을 진다."라고 했습니다. 여기서 중요한 것은 일방향성입니다. 타자가 나에게 책임을 지기 전에, 내가 먼저 그에게 책임을 지는 것입니다.

타자가 나를 존중해주면 나도 존중하는 것이 아니라, 타자가 침묵해 있어도 나는 그의 요구에 귀 기울여야 합니다. 소통은 거래나 계약이 아니라, 타자에게 선행하는 윤리적 책임이라는 것이지요. 그렇다면 대화란 무엇일까요? 레비나스는 대화를 단순한 언어적 상호작용으로 보지 않았습니다. 대화란 타자의 윤리적 호소에 응답하는 과정으로 봅니다. 내가 타자의 말을 들을 때, 그것은 단순한 정보가 아닙니다. 그것은 나에게 "나를 돌보아 달라", "나를 존중해 달라"는 요청입니다. 그러므로 언어는 곧 윤리의 언어가 됩니다.

레비나스의 사상은 오늘날에도 강력한 울림을 줍니다. 디지털 시대, 우리는 수많은 메시지와 이미지를 주고받지만, 정작 타인의 얼굴을 직접 바라보며 소통하는 경험은 점점 줄어들고 있습니다. 레비나스는 우리에게 이렇게 묻습니다. "타인을 단순히 정보의 제공자나 데이터로만 대하고 있지 않은가?", "상대를 내 목적을 위한 수단으로만 생각하고 있지 않은가?", "나는 타자를 진정으로 윤리적 주체로 존중하며 소통하고 있는가?" 이러한 일련의 질문은 우리를 타자지향적으로 이끌어 줍니다.

레비나스는 우리에게 소통의 본질이 윤리적 책임이라고 말합니다. 타자의 얼굴은 나에게 책임을 요구합니다. 소통은 언어적 기술이 아니라, 응답성에서 출발합니다. 나는 타자에게 무한한 책임을 지며, 이것이 참된 소통의 본질입니다. 그러므로 우리는 소통을 단순히 '잘 말하는 능력'으로만 이해해서는 안 됩니다. 소통은 서로 다른 존재가 마주 설 때, 차이를 존중하며 책임을 다할 때 이루어지는 윤리적 만남입니다.

우리는 지금 윤리적 만남을 해야 하는 중요한 전환점에 서 있습니다. 그래서 차이를 다양성으로 인정하고 함께 살아가는 소통의 문화를 만들어 가야 합니다. 그 길 위에서 우리는 진정한 연대와 공존을 이룰 수 있을 것입니다. 내가 타자이고 타자가 나라는 사실을 소통에 참여함으로써 체험하기 바랍니다.

별자리 05
관용_열린 사회를 위한 태도

반대하는 것의 용납

"다른 것은 틀린 것이 아닙니다." 이 간명한 한 문장에는 나와 다른 타자에 대한 인정의 요청이 응축되어 있습니다. 다원적 현대사회를 살아가는 시민이라면 누구나 '다름'과 '틀림'을 구분하는 감각을 기본 규범으로 받아들여야 합니다. 그리고 그 다름을 인정하는 태도가 바로 똘레랑스, 곧 관용입니다. 관용이라는 말은 유럽, 특히 프랑스에서 유래했습니다. 1995년, 홍세화의 『나는 빠리의 택시운전사』가 우리 사회에 똘레랑스를 널리 소개하던 바로 그해, 유엔 창설 50주년을 맞은 유네스코가 '관용의 원칙에 관한 선언'을 채택했고, '세계 관용의 해'로 선포했습니다. 관용은 특정 세대의 유행어가 아니라, 시대가 우리에게 맡긴 과제이자 다문화사회로 변화한 우리 사회의 일상 언어가 되어야 할 가치입니다.

사전들은 관용을 이렇게 설명합니다. 브리태니커는 "다른 사람에게 행위와 판단의 자유를 허용하고, 자신의 견해와 다른 것을 편견 없이, 끈기 있게 참아주는 일"이라고 정의합니다. 옥스퍼드 영어사전은 "권위적 간섭 없이 존재하고 행동할 수 있도록 허용하는 것, 강하게 반대하면서도 동시에 용납하는 것, 그리고 국가의 정책으로 다양한 삶의 방식을 허용하는 것"으로 적고 있습니다. 관용에 대한 관련 핵심어에는 다름, 허용, 참음, 반대, 용납,

다양성 등이 있습니다. 정치철학자 프레스턴 킹은 관용을 '반대(objection)'와 '용납(acceptance)'의 결합으로 정리합니다. 우리는 종종 이 두 요소를 동시에 붙들기를 어려워합니다. 그러나 바로 애매한 동반이 관용의 진면목이며, 역사는 이 말의 무게를 충분히 증명해 왔습니다.

관용이 유럽에서 강력한 요청이 된 출발점은 16세기 종교전쟁이었습니다. 가톨릭과 신교가 서로를 적으로 규정하고 피를 흘리던 시절, 관용은 사치가 아니라 생존의 언어였습니다. 36년에 걸친 위그노 전쟁으로 수백만 명이 목숨을 잃은 뒤, 1598년 4월 프랑스의 앙리 4세는 낭트 칙령을 반포하여 신교도에게 광범위한 종교의 자유를 허용합니다. 그러나 이 관용은 길지 않았습니다. 1685년 루이 14세의 퐁텐블로 칙령으로 폐지되며, 다시금 금지와 박해의 시대로 회귀했습니다. 이후에도 탄압은 멈추지 않았습니다. 1760년대 장 칼라스 사건을 비롯한 비극들 속에서, 볼테르는 『관용론』(1764)을 통해 관용의 정당성을 종교 교리 바깥으로, 이성과 인권의 언어로 옮겨 놓았습니다. 낭트 칙령이 군주의 처분이었다면, 『관용론』은 한 지식인이 다수의 시민에게 호소한 태도였습니다. 관용은 이렇게 왕의 칙령에서 시민의 덕목으로 이동했습니다.

이 변화는 언어의 역사에도 새겨졌습니다. 프랑스 아카데미 사전에서 '관용'은 18세기에 두 번의 확장을 겪습니다. 1718년판에서 관용은 종교와 정치의 영역으로 넓어지고, 1798년판에서는 '종교적 관용'과 '비종교적 관용'을 구별합니다. 처음엔 라틴어 tolerare의 뜻, 곧 부득이한 묵인·감내·허용에 머물던 말이, 계몽의 시대를 거치며 정치·사회 전반의 삶의 태도로 성숙해 간 것입니다. 역사는 관용의 본질을 '나와 다른 타자의 허용과 인정'이며, 그것이야말로 전쟁과 폭력의 악순환을 끊는 첫걸음이었다고 말합니다.

관용은 '쉽게 받아들일 수 있는 것들'에 대한 상찬이 아니라, 마음속으로는 반대를 유지하면서도 강제로 금지하거나 박해하지 않는 자발적 결단입니다. 그래서 관용은 무관심과 다릅니다. 무관심은 "상대가 무엇을 하든 내 알 바 아니다"라는 태도이지만, 관용은 "나는 반대한다. 그러나 공존을 이유로 금지하지 않는다"라는 성숙한 선택입니다. 중요한 것은 자발성입니다. 강요된 '용납'은 관용이 아니라 묵인 혹은 복종입니다. 관용이란, '반대하는 것'에 대해 '반대를 유지한 채' '자발적으로 용납'하는 일입니다. 이 정의 속에 관용의 긴장과 품격, 그리고 책임이 모두 들어 있습니다.

관용의 역설

여기서 우리는 어려운 질문과 맞닥뜨립니다. 바로 '관용의 역설'입니다. 관용을 불관용적인 사람들에게까지 무한히 확장하면 어떻게 되겠습니까. 철학자 칼 포퍼는 『열린 사회와 그 적들』에서 경고합니다. 무한한 관용은 결국 관용의 소멸로 이어질 수 있다고 말합니다. 이성적 논증으로 반박하고 여론의 힘으로 견제할 수 있다면 억압은 현명하지 않습니다. 그러나 어떤 이들은 논증 자체를 부정하고, 추종자들에게 주먹과 총으로 답하라고 가르칩니다. 그런 경우, 관용 사회는 스스로를 지킬 권리, 필요하다면 강제력의 행사까지 행해야 한다는 것입니다. 이 경고는 오늘의 우리에게도 유효합니다. 증오 선동, 테러 모의, 폭력의 조직화는 단지 '불쾌한 의견'이 아니라 직접적·임박한 해악을 낳을 수 있습니다. 관용은 자기 파괴를 허용하는 것이 아닙니다. 열린 사회를 보호하기 위한 최소한의 금지선이 반드시 필요합니다.

동시에 우리는 관용을 보완하는 목소리들도 함께 들어야 합니다. 토머스 제퍼슨은 "이성이 자유롭게 반박할 수 있는 곳에서는 오류의 의견도 방해받지 않고 서 있게 하자"고 말했습니다. 존 롤스는 『정의론』에서 정의로운 사회는 일반적으로 불관용자도 관용해야 한다고 보되, 그 불관용이 자유와 안정에 구체적 위협이 될 때에는 합리적 자기보존을 위해 제한이 가능하다고 했습니다.

마이클 월저는 『관용에 관하여』에서 다원사회에서 관용의 수혜자인 소수 집단조차 어떤 점에서는 불관용적일 수 있음을 지적하며, 관용 체제가 이들에게 관용처럼 행동하는 법을 학습시키는 과정 자체가 민주주의의 힘이라고 설명합니다.

프레스턴 킹은 한 걸음 더 나아가 관용이란 이의 제기 요소와 자발적 수용 요소의 균형 위에 선다고 상기시킵니다. 그리고 라이너 포르스트는 강제와 허용의 경계를 '모든 당사자가 수용 가능한 이유', 곧 공적 정당화 위에서 그어야 한다고 제안합니다. 결국 관용의 한계는 다음과 같은 기준으로 정당화됩니다. 폭력 선동·테러 모의·사기 등 직접적·임박한 위해가 있을 때, 곧 해악의 기준을 충족할 때, 노예화·잔혹·비인간화 같은 인격의 존엄을 침해할 때, 평등한 시민권과 제도의 안정성을 무너뜨릴 때, 그리고 무엇보다 강제는 모두가 수용가능한 공적 이유에 근거하고, 최소 침해의 방식으로만 행사되어야 한다는 비례의 원칙을 충족할 때입니다.

그러나 이런 원칙만으로는 충분하지 않습니다. 관용은 어떻든 간에 작동해야 합니다. 관용을 작동시키기 위해 세 가지를 제안드립니다. 첫째, 권리의 토대를 든든히 하시기 바랍니다. 표현·종교·양심·집회의 자유, 그리고 평등과 비차별은 헌법적 수준에서 보호되어야 합니다. 그래야 관용이 시혜가 아니라 권리가 됩니다. 둘째, 절차의 공정을 확보해야 합니다. 제한이 필요할 때는 목적의 정당성-적합성-필요성-균형성이라는 비례 원칙을 반드시 통과해야 하며, 결정 과정에서는 이유 고지, 이의제기, 독립적인 심사가 보장되어야 합니다. 그래야 시민이 납득합니다. 셋째, 관용 문화의 구축이 필요합니다. 학교와 직장, 지역사회에서 비판적 사고, 미디어 리터러시, 그리고 시민 토론의 예절을 훈련해야 합니다. 관용은 법조문을 넘어 생활세계에서 시민들간 대화의 말투와 태도 그리고 습관이 될 때 비로소 성장합니다.

디지털 시대의 과제도 잊지 말아야 합니다. 알고리즘이 과격함을 증폭시키는 현실 속에서, 플랫폼 규칙은 관용의 원칙을 준수해야 합니다. 발화의 맥락, 도달 범위, 반복성, 취약 집단에 미치는 영향 등을 함께 살피고, 투명한 기준·설명·이의제기라는 절차적 권리를 보장해야 합니다. 사적 검열의 위험과 공익 보호의 필요 사이에서 균형을 잡는 길은 바로 이러한 절차적 투명성에 있습니다.

관용은 약함이 아닙니다. 관용은 다름을 다루는 강한 기술이며, 열린 사회를 지키는 시민의 역량입니다. 역사 속에서 관용은 군주의 칙령으로 시작해 시민의 품성으로 확장되었습니다. 오늘 우리는 그 유산을 제도에 새기고, 예의로 익히며, 일상의 습관으로 체화해야 합니다. 그러기 위해 우리는 이렇게 실천할 수 있습니다. 첫째, 반대를 분명히 하되 어떠한 폭력도 부정해야 합니다.

반대는 혐오나 인신공격이 아니라 논증과 증거로 표출되어야 합니다. 둘째, 불쾌함과 해악을 구분해야 합니다. "나는 불편하다"는 감정만으로 금지의 칼을 빼면, 내일 그 칼날은 우리에게 돌아올 수 있습니다. 셋째, 약자의 존엄을 우선해야 합니다. 관용은 강자에게만 관대한 제도가 아닙니다. 가장 취약한 이가 안전하게 말하고 존재할 권리를 보장받을 때 관용은 공동체의 신뢰가 됩니다. 넷째, 공적 이유를 설명해야 합니다. 우리 모두에게 수용가능한 이유로만 강제를 정당화하고, 덜 침해적인 대안을 먼저 찾으시기 바랍니다. 다섯째, 불관용의 폭력 앞에서는 단호해야 합니다. 증오·폭력·박해를 선동하는 행위에는 법의 이름으로 선을 긋고, 시민으로서 내저한 이성과 연대로 맞서야 합니다.

처음의 문장을 다시 떠올려 봅시다. "다른 것은 틀린 것이 아닙니다." 이 말은 관용의 출발입니다. 그러나 거기서 멈추지 맙시다. 관용은 무관심이 아니라 현존이며, 방임이 아니라 책임 있는 허용이고, 포기가 아니라 절제이며, 굴복이 아니라 결단입니다. 그래서 저는 관용을 이렇게 다시 말하고자 합니다. 관용이란, '반대를 포기하지 않고도 자발적으로 용납하는 힘'이며, 불관용 앞에서 공동체를 지킬 수 있는 지혜입니다. 우리 모두 서로의 다름을 무기로 삼지 말고 약속으로 바꾸어 주십시오. 반대를 분명히 말하되, 용납을 자발적으로 선택해 주십시오. 그리고 불관용의 폭력 앞에서는, 열린 사회를 지키는 용기로 함께 서 주시기 바랍니다.

보편가치로서 똘레랑스

서로 다른 가치의 기준으로 본다면, 우리는 무엇을 '인류 보편의 가치'라고 부를 수 있을까요? 인류 보편가치란, 인간이라는 종이 공유하는 동질성 속에서 시대와 문화를 넘어 널리 수용될 수 있는 가치입니다. 그 가운데 프랑스적 가치로 널리 알려진 똘레랑스는, 더 이상 한 나라의 미덕이 아니라 보편의 언어로 자리 잡아 왔습니다. 똘레랑스가 문화적 실천을 통해 진리의 지평으로 나아가는 과정, 그리고 그 힘과 한계를 함께 성찰해 보려 합니다.

우선, 가치는 어떻게 보편으로 성장할까요? 가치는 책 속의 개념으로 탄생하지만, 삶의 전 영역에서 반복되는 실천을 통해 진리의 영역으로 들어섭니다. 필자는 이 과정을 문화적이라고 부르고자 합니다. 여기서 '문화'는 예술이나 철학에 한정되지 않습니다. 먹고, 입고, 쉬고, 일하고, 배우고, 즐기는 우리의 총체적 삶이 곧 문화입니다. 음식·복식·주거는 생존의 기술이자 문화이고, 여가 속의 미적 추구, 즉 호기심, 재미와 감동은 예술과 학술의 문을 열었습니다. 의미 생성으로 문화가 형성됩니다. 그래서 의미는 부차적인 동력이 아니라 일차적 동력이었고, 그 의미가 시대적·사회적 맥락과 상호작용하면서 가치와 가치체계가 형성되었습니다. 물론 모든 가치가 시대·사회에 종속되는 것은 아닙니다.

다만 가치가 현실과 맞부딪치며 성숙하는 과정에서 그 흔적을 남깁니다. 가치의 보편성은 이렇듯 삶의 현장에서 검증되고 축적됩니다.

서로 다른 문화권을 가만히 들여다보면 가치 기준의 차이를 쉽게 발견합니다. 어떤 사회에서 칭송받는 것이 다른 사회에서는 혐오의 대상이 되기도 합니다. 한 문화 안에서도 하위문화와의 관계 속에 상대성이 도드라집니다. 인류학은 우리에게 이런 사실을 가르쳤습니다. 특정 문화의 한 단면만 떼어 현상에 치우쳐 판단하면, 금세 부정적 평가에 빠집니다. 반대로 그 문화가 어떤 출발점에서, 어떤 길을 지나 지금에 이르렀는지 차분히 이해한다면 평가가 달라질 수 있습니다. 그러므로 우리는 삶의 총체로서 문화를 보고, 특수성과 보편성을 가려내며, 진리에 이르는 길을 찾는 겸허함을 가져야 합니다. 똘레랑스의 보편성도 바로 이 겸허한 해석의 과정 속에서 빛을 발휘하게 되었습니다.

프랑스 지성사의 몇 장면은 똘레랑스가 행동으로 구현된 가치임을 웅변합니다. 장 칼라스 사건 앞에서 펜으로 싸워 준 볼테르, 드레퓌스 사건 앞에서 "나는 고발한다"를 외친 에밀 졸라, 이들의 용기 있는 실천은 그 자체로 똘레랑스의 구현이었습니다. 프랑스에서 지식인이란 사변과 실천을 겸비한 사람을 말합니다. 그 계보는 볼테르와 졸라를 지나, 사르트르, 레지 드브레, 부르디외, 스테판 에셀로 이어집니다. 지식인이 역사를 단독으로 움직이지는 않습니다. 그러나 그들은 변화를 가로막는 장벽을 낮추고, 속도를 조절하며, 고통과 희생을 줄이는 촉매의 역할을 합니다. 무엇보다 시대적 방향 감각, 즉 변화의 적절성과 한계를 식별하는 감수성을 사회에 선물합니다. 이것이 프랑스가 자부해 온 '앙가주망'의 전통입니다. 앙가주망은 우리말로 책임 있는 참여라고 번역할 수 있습니다.

물론, 위대한 지성들도 한계를 지녔습니다. 볼테르는 이성의 힘으로 광신을 치유하려 한 전형적 계몽인입니다. 그러나 우리의 삶은 이성만으로 굴러가지 않습니다. 이성과 감성의 균형, 그리고 일상의 실천이 함께 가야 합니다. 오직 이성의 검증만을 진리의 관문으로 삼으면, 다수의 힘이 소수를 압도하는 무기탄(無忌憚), 거리낌 없는 경쟁의 폭력으로 미끄러질 위험이 있습니다. 졸라는 실험소설을 통해 과학의 방법을 문학에 도입한 선구자였지만, 유전·환경 결정론을 급하게 확대 적용하며 미래의 발전 여지를 다소 좁혔습니다. 만약 그는 실험의 유용성을 밝히되, 그 너머의 불확실성에 여유 공간을 남겨두었다면, 자신도 후학들도 더 멀리 나아갈 수 있었을지 모릅니다. 이 사례들은 우리에게 교훈을 줍니다. 똘레랑스의 실천에는 견고한 결단성과 함께 보류의 미덕, 모르는 것을 모른다고 말하고, 남겨둘 것을 남겨두는 여유가 필요하다고 말입니다.

여기서 우리는 피할 수 없이 똘레랑스의 역설과 마주합니다.

똘레랑스를 무한정 확장하면, 명백한 불관용(앙똘레랑스)에게까지 모든 자유를 허용하게 되고, 결과적으로 똘레랑스 자체가 소멸할 수 있습니다. 그러므로 관용은 무조건 참는 태도가 아닙니다. 어디에서 멈출 것인가를 아는 기술입니다. 이 한계를 이성만으로 규정할 수 있을까요? 아니면 상황적 판단이 도와야 할까요? 필자는 이렇게 제안하고자 합니다. 보편적 원칙을 분명히 하되, 시간의 흐름 속에서 균형이 유지되는지 살피며, 덜 침해적인 대안을 먼저 시도하는 점진적 접근이 필요하다고요. 때로는 기다림이 해결이 되기도 합니다. 그러나 직접적·임박한 해악과 인격에 대한 잔혹과 비인간화 앞에서는 선을 명확히 그어야 합니다. 이것이 관용을 지키기 위한 최소한의 엄격함입니다.

중용과 똘레랑스

철학자 김용옥은 '무기탄(無己憚)'을 '거리낌 없는 태도'로 풀이하며, 서구식 중용이 단순한 어정쩡함이 아니라 명철한 이해와 균형의 감각을 뜻한다고 읽어냅니다. 리쾨르는 한 걸음 더 나아가, 균형감각이 때로 비효율의 악순환을 낳을 수 있음을 경고하며, 대신 '분쟁적 합의(Consensus conflictuel)'라는 개념을 제안합니다. 서로 다름을 지운 합의가 아니라, 차이를 인정한 채 지속적으로 협의하는 문화적 차원에서의 관용의 이상형, 바로 이것이 오늘의 다원적인 사회가 배워야 할 중용의 현대적 번역일지 모릅니다.

동양의 중용과 서구의 똘레랑스는 출발점부터 다릅니다. 똘레랑스는 종교적 진리·계명에서 이성과 자유, 그리고 평화와 공존의 가치로 역사 속에서 확장되었습니다. 양심의 자유—사상의 자유—표현의 자유—언론의 자유—행동의 자유로 범위를 넓히며, 개인의 권리와 사회적 실천이 만나는 지점에서 덕목·입장·태도로 성숙했습니다. 그 과정에서 앙가주망이 필수 항목이 되었고, 오늘에는 진리·자유·평등의 사상 속에서 자율과 무상성을 지향하는 보편 가치로 자라났습니다.

반면 동양의 중용은 일찍이 상황적·총체적 지혜로 정립되어, 자연·물질·생명과 연결된 생성·성장의 과정 속에서 실천의 철학이 되었습니다. 프랑스의 가치 전개가 피 흘린 대가를 치르며 나아갔다면, 동양의 중용은 오래된 인문 전통으로 생활의 이치에 스며 있었습니다. 이 차이는 우리에게 이렇게 말합니다. 보편은 단일 경로로만 오지 않는다고요. 서로 다른 길이 만남과 번역을 통해 더 넓은 보편으로 수렴할 수 있다고요. 그렇다면, 보편가치로서 똘레랑스는 오늘 우리 삶에 무엇을 요구합니까?

필자는 세가지 제안을 내놓고자 합니다. 첫째, 보편을 향한 길에서 특수성의 가치를 존중하십시오. 타 문화를 단편으로 재단

하지 말고, 맥락 속에서 이해하십시오. 그 과정에서 특수성과 보편성을 구분하는 감각이 자랍니다. 똘레랑스는 무차별적 방임이 아니라, 존중을 전제로 한 비판적 이해입니다.

둘째, 관용의 한계를 공적 이유로 설명하십시오. 불쾌감과 해악을 구분하고, 직접적·임박한 위해, 존엄의 침해, 평등한 시민권·제도의 안정을 무너뜨리는 행위에는 비례적 제재를 가하되, 언제나 덜 침해적인 대안부터 검토하십시오. 이유는 누구나 수용 가능한 언어로 투명하게 제시되어야 합니다. 그래야 제한이 권력의 자의가 아니라 공동의 약속으로 받아들여집니다.

셋째, 앙가주망을 일상의 덕으로 복원하십시오. 학교와 직장, 지역사회에서 경청—반박—재구성의 기술을 훈련하고, 약자의 존엄을 우선하며, 다름 속에 함께 사는 연습을 거듭하십시오. 똘레랑스는 앎이 아니라 습관이 되어야 합니다.

마지막으로, 똘레랑스를 이렇게 정의하고 싶습니다. "똘레랑스는 다름을 다루는 고도의 시민적 역량이며, 서로의 진리와 자유를 침해하지 않는 한에서 공존을 가능케 하는 보편의 기술"입니다. 그것은 무한정의 허용이 아니라, 극단을 피하고 여유 공간을 남기는 지혜입니다. 알 수 없는 것을 남겨 두는 겸허, 멈출 지점을 아는 절제, 필요할 때 단호하게 선을 긋는 용기—이 세 가지가 함께 갈 때, 똘레랑스는 비로소 보편의 가치로 설 수 있습니다.

이제 우리의 선택은 분명합니다. 특수성의 뿌리를 존중하되,

보편성의 하늘을 함께 올려다봅시다. 반대를 분명히 하되, 자발적 용납으로 공존을 누립시다. 필요할 때는 관용을 지키기 위한 엄격함을 잃지 맙시다. 그렇게 할 때 프랑스의 똘레랑스는 인류의 관용으로, 한 시대의 미덕은 모든 시대의 보편으로 성숙할 것입니다. 이것이 바로, 보편가치로서의 똘레랑스가 우리에게 건네는 부름입니다.

자유와 관용의 이중주

존 스튜어트 밀, 임마누엘 칸트, 존 롤스. 세 사람은 시대도, 문체도, 관심사도 달랐지만, 같은 질문을 던졌습니다. "어떻게 다르게 생각하고 사는 사람들이 서로의 자유를 존중하며 함께 살 수 있을까?" 이 물음에 대한 답은 서로 다르지만 놀랄 만큼 서로를 보완합니다.

밀은 "타인에게 해를 주지 않는 한, 개인의 삶은 개인에게 맡겨야 합니다."라고 말했습니다. 이것이 유명한 해악 원칙입니다. 왜 이런 주장을 했을까요? 밀은 인간이 착각하고 실수하며, 때로는 소수의 의견 속에서 진리를 찾아내는 존재라고 보았습니다. 그래서 틀릴 가능성마저 사회가 품어야 한다고 말합니다. 우리가 옳다고 믿는 것도 반박과 토론을 거치지 않으면 죽은 교리가 되고, 틀린 의견도 진리의 일부를 담고 있을 수 있으며, 설령 완전히 틀렸다 하더라도 반박의 훈련은 공동체의 지적 근력을 키운다는 것입니다. 그래서 밀의 관용은 약함이 아니라 강함입니다. 폭력과 검열 대신 말과 논증으로 맞서는 강함이지요. 다만 한 가지 선을 그었습니다. 남에게 명백한 해를 끼칠 때는 자유의 정당한 제한이 시작됩니다. 폭력의 선동, 사기, 직접적 위해는 관용의 대상이 아닙니다. 그는 우리에게 묻습니다. "내가 불쾌하다는 이유만으로 타인의 삶을 금지할 권리가 있는가?" 밀의 대답은 분명합니다. 불쾌함은 해악이 아닙니다. 우리가 지켜야 할 것은 나와 다른 사람의 개성과 탐색의 자유입니다.

이제 칸트로 넘어가겠습니다. 칸트에게 자유는 하고 싶은 대로 하는 것이 아닙니다. 자유란 스스로 세운 도덕 법칙, 곧 보편 가능한 원칙에 자발적으로 복종하는 자율입니다. 그래서 인간은 목적 그 자체이며, 침해할 수 없는 존엄을 가집니다. 칸트의 관용은 밀과 결이 다릅니다. 다수가 소수를 '허락'해 주는 관용은 불충분합니다. 그는 "관용은 허가가 아니라 존중이어야 한다"고 말합니다. 왜냐하면 각 사람은 동등한 인격이기 때문입니다. 따라서 공적 강제는 단 하나의 기준을 갖습니다. "한 사람의 자유가 다른 사람의 자유를 파괴할 때, 그 방해를 막기 위해서만" 정당화됩니다. 그 외의 온정적 간섭, 즉 "당신을 위해서"라는 명목의 강제는 원칙적으로 금지됩니다. 우리는 서로를 수단이 아닌 목적으로 대해야 하기 때문입니다. 그렇다면 칸트의 한계선은 어디일까요? 인격의 수단화와 존엄의 훼손, 이를테면 노예화와 잔혹과 기만이 개입하면 관용은 중지되어야 합니다. 반대로 누군가의 표현이 불쾌하다는 이유만으로 권리의 박탈을 정당화할 수는 없습니다. 칸트는 우리에게 단호하게 요구합니다. "타인을 '허락'하지 말고, 동등한 인격으로 '존중'하라."고 말입니다.

이제 현대 정치철학자 롤스를 만나겠습니다. 롤스는 자유로운 사회에서는 합리적 사람들이 서로 다른 깊은 신념, 곧 종교와 도덕과 세계관을 지니는 것이 정상이라고 진단합니다. 이를 '합리적 다원주의'라고 부릅니다. 그렇다면 국가는 어떤 기준으로 강제를 정당화해야 할까요? 롤스의 대답은 '공적 이유'입니다. 서로 다른 신앙과 철학을 가진 시민들이 함께 받아들일 수 있는 이유로만 법과 정책을 정당화하라는 요구입니다. 특정 종교나 세계관의 교리를 그대로 국가의 강제로 삼지 말라는 뜻이지요. 또한 그는 표현과 양심과 결사와 법 앞의 평등 같은 기본적 자유를 우선권으로 보장하고, 그 실질적 가치까지 보호해야 한다고 말합니다. 형식적 권리만 있고 돈과 권력이 발언권을 독점하면 자유는 껍데기가 되기 때문입니다. 그렇다면 불관용적인 교리는 어떻게 할까요? 롤스는 가능하면 관용의 덕을 유지하되, 그 교리가 다른 시민의 평등한 자유와 제도의 안정성을 실제적으로 침식한다면 정당한 제한이 가능하다고 봅니다. 요약하면 이렇습니다. 다름은 공존하되, 평등한 자유를 무너뜨리는 다름은 제한됩니다. 그 기준을 세우는 언어가 바로 공적 이유입니다.

이제 세 철학자의 초점을 한 문장으로 정리하면 이렇습니다. 밀은 "남에게 해를 주지 않는 한, 틀릴 자유를 지켜라"라고 말하고, 칸트는 "타인을 허락하지 말고 존중하라, 강제는 타인의 자유를 방해하는 것, 그 방해를 막을 때만 정당하다"라고 강조하며, 롤스는 "서로 다른 신념은 공적 이유로 조정하라, 평등한 기본자유의 가치가 우선이다"라고 제안합니다. 이 세 원리는 서로를 보완합니다. 밀은 논증과 실험의 장을 열어 주고, 칸트는 존엄의 최저선을 지켜 주며, 롤스는 다원사회의 절차와 제도의 언어를 제공합니다. 결국 관용은 '아무거나 다 허용'이 아니라, 해악을 막고 존엄을 보장하며 공적 이유로 조정하는 정밀한 기술이라는 사실이 드러납니다.

그렇다면 오늘 우리의 삶에 어떻게 적용할 수 있을까요? 먼저 일상화된 디지털 공간입니다. 밀의 관점에서 보면 허위나 과격한 콘텐츠라도 즉각 차단보다는 반박과 맥락화를 우선해야 하지만, 폭력 선동과 사기와 같은 직접적 위해는 신속히 제어해야 합니다. 칸트의 시각에서는 인격 모독과 비인간화, 이를테면 딥페이크 성 착취나 조직적 괴롭힘은 존엄 침해로서 금지되어야 합니다. 롤스의 기준에 따르면 플랫폼의 규칙과 국가 규제는 공적 이유로 투명하게 정당화되어야 하며, 이의제기와 설명 같은 절차적 권리가 보장되어야 합니다.

둘째, 교육과 토론 문화입니다. 밀은 학생에게 틀릴 자유와 논증의 훈련을 제공하라고 말합니다. 칸트는 서로를 목적으로 대하는 토론의 예를 가르치라고 권합니다. 롤스는 다름을 공적 이유로 설명하도록 훈련하라고 촉구합니다. "나는 이렇게 믿는다"를 넘어 "왜 모두에게 정당한가"를 묻는 습관을 길러야 합니다.

셋째, 혐오와 차별의 문제입니다. 밀의 원칙에 따르면 단순한 불쾌는 제한 사유가 아니지만, 직접적 해악과 권리 침해에는 분명한 선을 그어야 합니다. 칸트의 관점에서는 사람을 수단화하는 발화와 행위는 관용의 대상이 될 수 없습니다. 롤스의 틀에서는 평등한 시민성을 훼손하는 구조적 차별에 대해 제도적 교정이 필요합니다.

자유를 지키려면 관용이 요구되고, 관용이 남용되지 않게 하려면 자유의 규칙이 필요합니다. 밀은 탐색의 자유로, 칸트는 존엄의 규범으로, 롤스는 공정한 절차로 그 규칙을 제시했습니다. 그래서 오늘 우리가 할 일은 분명합니다. 첫째, 해악을 정확히 가려내야 합니다. 둘째, 존엄의 최저선을 결코 넘어서는 안 됩니다. 셋째, 공적 이유로 서로를 설득해야 합니다. 이 세 가지를 실천하는 공동체가 결국 강한 자유와 품위 있는 관용과 안정된 민주주의를 동시에 손에 넣게 됩니다. 이제 서로의 다름을 무기가 아닌 약속으로 바꾸십시오. 틀릴 자유를 주고받되 존엄의 선을 지키며,

공적 이유로 대화합시다. 그것이 밀·칸트·롤스가 우리에게 남긴 관용의 지혜입니다.

진짜 관용의 뼈대

가브리엘 마르셀은 관용을 단순한 방임이나 상대주의로 보지 않습니다. 마르셀에게 관용은 타자에게 현존(presence)하고 '열려 있음'으로 응답하는 인격적 태도이며, 동시에 진리와 신념의 긴장을 끝까지 성찰하는 변증법적 덕목입니다. 그의 평생 사유를 모은 에세이집 『창조적 충실성(Creative Fidelity)』에는 〈관용의 현상학과 변증법〉, 〈정통성과 순응주의〉, 〈에큐메니컬의 변두리에서〉와 같은 글들이 실려 있어, 마르셀이 이해한 관용의 윤곽을 직접 보여 줍니다.

먼저, 마르셀이 말하는 '진짜 관용'에 대해 살펴보겠습니다. 관용은 무관심이 아니라 현존입니다. 우리는 종종 타자를 '그냥 내버려 두는 것'을 관용으로 착각합니다만, 마르셀은 그렇게 보지 않습니다. 관용은 타자를 대상으로 방치하는 태도가 아니라, 타자에게 가까이 다가가 함께 있음을 실천하는 태도입니다. 그는 인간을 '소유(avoir)'의 차원이 아니라 '존재'의 차원에서 이해하며, 관계를 현존과 참여로 파악합니다. 그래서 관용의 출발점은 가용성—곧 타자에게 자신을 내어 줄 준비성—입니다. 만나려는 마음, 기꺼이 머무르려는 마음, 바로 그 자세에서 관용이 시작됩니다.

다음으로, 그는 '정통성 vs. 순응주의'를 분명히 구별합니다. 마르셀에게 관용은 신념을 버리는 행위가 아닙니다. 살아 있는 정통성은 충실성의 표현이 될 수 있지만, 생각 없이 대세를 따르는 순응주의는 거짓 관용을 낳습니다. 관용은 신념을 보존하면서도 대화가 가능하다는 확신에서 자랍니다. "다름을 인정하라"는 말이 내 신념을 비워내라는 뜻이 아니라, 내 신념을 정직하게 드러내되 타자에게 열려 있어야 한다는 사실을 강조합니다.

또한 마르셀은 '관용의 변증법'을 제시합니다. 관용은 두 극단—한쪽에는 광신과 독단, 다른 한쪽에는 무차별적 상대주의—사이를 오갑니다. 언제 관용이 덕목으로 서고, 언제 관용이 퇴행이 되는지, 곧 언제 대화의 통로가 되고 언제 비겁한 방치가 되는지를 그는 현상학적 기술과 긴장에 대한 변증법적 분석으로 가려냅니다. 이 물음은 오늘 날의 우리에게도 날카롭게 공명됩니다. "나는 지금 상대를 존중하고 있는가, 아니면 불편한 진실을 피하려는 방치에 머물고 있는가?"—마르셀은 이 질문 앞에 우리를 세웁니다.

종교적 대화의 장에서도 마르셀의 관용은 분명합니다. 그는 에큐메니즘을 값싼 타협으로 이해하지 않습니다. 차이를 지워버리는 관용이 아니라, 차이를 정직하게 인정하면서도 적대 대신 대화의 장을 여는 관용을 옹호합니다. 다시 말해, 하나 됨을 서두르느라 진실을 희석하지 않고, 진실을 붙들려다가 관계를 끊어 버리지 않는 정직한 공존의 길을 모색합니다.

이 모든 관용의 윤리적 토대는 마르셀의 핵심 개념인 '창조적 충실성'입니다. 관용은 공허한 허용이 아니라, 관계에 끝까지 머무는 충실성 위에 서야 지속됩니다. 상황이 변할 때 약속을 기계적으로 붙드는 것이 아니라, 약속의 정신을 살아 있게 하는 능동성—바로 그 창조성이 관용을 지속 가능한 덕으로 만듭니다. "나는 너와의 관계에 머물겠다. 그리고 그 관계가 생명을 얻도록 오늘의 언어와 행동으로 다시 책임지겠다." 이것이 창조적 충실성의 실천입니다.

그렇다면, 우리 삶에서 실천할 마르셀식 관용의 기준은 무엇일까요? 첫째, 인격 존중입니다. 어떤 논쟁에서도 상대를 수단화하지 않는 것, 다시 말해 '나-너'의 관계를 잃지 않는 것입니다. 이것이 현존의 윤리입니다. 둘째, 대화의 개방성입니다. 나의 확신을 숨기지 않되, 가용성을 가지고 상대의 말에 자신을 열어 놓는 태도입니다. 셋째, 극단 회피입니다. 폭력과 혐오와 선동은 관용의 대상이 될 수 없고, 반대로 모든 것을 똑같이 여기는 무차별주의 또한 관용이 아닙니다. 어디에서 멈추고 어디에서 기다릴지, 그 경계 감각이 필요합니다. 넷째, 충실성의 유지입니다. 관계와 약속을 창조적으로 지키는 실천을 통해 관용을 지속시키는 일, 이것이 관용의 생명선을 책임집니다.

마르셀에게 관용은 진리를 비우는 허용이 아니라, 타자에게 자신을 내어 맡기며(가용성) 끝까지 함께 머무는 충실성 위에서 대화와 공존을 가능케 하는 인격적 덕목입니다. 『창조적 충실성』 속 〈관용의 현상학과 변증법〉 등에서 이 관용론은 가장 선명하게 드러납니다. 오늘 우리의 가정과 일터, 온라인 공간과 신앙 공동체 속에서, 현존과 가용성, 그리고 창조적 충실성으로 관용을 다시 시작하시길 바랍니다.

관용과 다원주의 관계

다원주의와 똘레랑스, 이 둘은 떼려야 뗄 수 없는 공생 관계입니다. 다원주의는 사회에 실질적인 차이들이 공존한다는 사실이고, 관용은 그 차이들이 충돌하지 않고 함께 살도록 해 주는 규범이자 태도입니다. 다시 말해, 다원주의는 관용을 필요로 만들고, 관용은 다원주의가 지속되게 합니다.

먼저 다원주의가 말하는 '여럿'이 무엇인지 살펴보겠습니다. 다원주의는 단순한 의견 차이를 넘어 여러 층위를 포괄합니다. 종교·문화·정체성의 차이, 곧 신앙과 관습, 언어, 성·젠더, 민족성의 다양성이 있습니다. 좋은 삶에 대한 이상이 다른 가치·윤리의 다원성도 존재합니다. 진리에 접근하는 방식 즉 학문, 상식, 전통이 서로 다른 인식론적 다원성도 있고, 다양한 이익과 세계관이 경쟁하고 협력하는 공개의 장, 정치적 다원주의도 있습니다. 이 다양성은 하나의 사실이자 혁신과 학습의 자원이지만, 동시에 갈등의 잠재력도 안고 있습니다. 그래서 우리에게 관용이 필요합니다.

그렇다면 관용은 무엇입니까. 관용은 허용을 넘어 존중과 인정으로 나아가는 계단처럼 이해하면 쉽습니다. 첫째, 허용입니다. "싫지만 금지하지 않겠다" 이는 공존을 위한 최소 규칙입니다. 다만 이 단계에는 위계와 시혜의 위험이 있습니다. 둘째, 존중입니다. "당신을 동등한 시민으로 대한다" 이는 권리와 절차에 근거한 태도입니다. 셋째, 인정입니다. "당신의 정체성과 관행을 제도적으로 반영하겠다" 이는 합리적 범위에서 배려와 조정을 약속합니다. 현대 민주사회는 존중을 중심에 두고, 필요할 때 인정을 통해 보완합니다.

왜 다원주의는 관용을 요구할까요. 네 가지 이유가 있습니다. 첫째, 인식론적 겸허입니다. 우리는 틀릴 수 있습니다. 반대 의견을 억압하면 진리 탐구가 빈곤해집니다. 둘째, 자율과 존엄입니다. 각자는 자기 삶을 설계할 권리를 지니며, 강제는 인격을 수단화합니다. 셋째, 해악 최소화입니다. 억압은 폭력과 분열, 지하화의 비용을 키우지만 관용은 사회적 비용을 줄입니다. 넷째, 민주적 정당성입니다. 서로 다른 시민이 공정한 규칙 아래, 모두가 수용가능한 이유로 함께 살아야 합니다.

물론 관용이 '아무거나 다 허용'을 의미하지는 않습니다. 다원주의 사회에도 분명한 절대 선이 있습니다. 보통 네 가지 기준으로 제한을 정당화합니다. 첫째, 해악입니다. 폭력 선동, 테러 모의, 사기 등 직접적이고 임박한 위해에는 선을 그어야 합니다. 둘째, 존엄입니다. 노예화, 잔혹, 비인간화와 같은 인격 침해는 허용될 수 없습니다. 셋째, 민주적 안정과 기본권입니다. 평등한 시민권과 제도의 안정성을 무너뜨리는 행위는 제한되어야 합니다. 넷째, 공적 이유와 비례성입니다. 강제는 모두에게 설명 가능한 공적 이유로, 그리고 최소 침해 방식으로만 정당화되어야 합니다. 이 지점에서 우리가 기억할 것은 '관용의 역설'입니다. 무제한의 관용은 불관용에 의해 파괴될 수 있으므로, 폭력적 불관용은 제한의 대상이 됩니다.

현실로 내려오면 난점들이 나타납니다. 집단권과 개인권이 충돌할 때, 즉 문화·종교 관행이 여성과 아동의 권리와 부딪힐 때 우리는 어떻게 판단해야 합니까. 소수자 내부의 더 약한 소수, 곧 '소수 안의 개인'을 어떻게 보호할 것인가도 과제입니다. 사적 신념의 자유와 공적 서비스의 비차별 의무를 어떻게 조정할지, 표현의 자유와 혐오 표현 사이에서 불쾌함과 실질적 해악을 어떻게 구분할지도 늘 어려움입니다. 해법의 열쇠는 절차와 이유에 있습니다. 일관된 공적 이유, 비례성에 대한 세심한 검토, 독립적 심사, 그리고 회복적 접근이 중요합니다.

그에 맞는 제도 설계의 원칙을 간단히 정리하겠습니다. 첫째, 권리의 토대입니다. 표현·종교·양심·집회의 자유를 보장하고, 평등과 비차별을 헌법적 수준에서 확립해야 합니다. 둘째, 비례와 최소침해입니다. 어떤 제한이든 목적의 정당성, 적합성, 필요성, 균형성의 네 단계를 통과해야 합니다. 셋째, 절차적 공정입니다. 이유의 고지, 이의제기의 기회, 독립적인 심사 체제를 통해 정당성을 확보해야 합니다. 넷째, 교육과 공론입니다. 비판적 사고, 미디어 리터러시, 시민 토론의 훈련으로 관용의 문화를 구축해야 합니다. 다섯째, 포용적 조정입니다. 종교의식 보장, 식단과 복장, 장애와 언어 편의 등 합리적 방안을 마련하여 일상의 제도 속에 관용을 심어야 합니다.

일상생활에서 빠르게 판단해야 할 때 쓸 수 있는 점검표도 제안합니다. 문제의 유형이 신념인지, 표현인지, 관행인지, 제도인지 먼저 구분하십시오. 해악과 존엄의 위험이 구체적이고 임박한지, 누구에게 미치는지 확인하십시오. 개인과 집단, 그리고 취약자의 권리가 어디서 충돌하는지 짚으십시오. 금지 외에 덜 침해적인 수단, 즉 시간·장소·방식의 조정, 반박과 교육이 있는지 탐색하십시오. 모두가 수용 가능한 공적 이유로 정당화 가능한지, 제한의 강도가 목적에 비해 과도하지 않은지, 사후 평가와 재조정 계획이 마련되어 있는지도 꼭 확인하시기 바랍니다.

다원주의는 우리가 사는 세계의 사실이고, 관용은 그 사실을 평화롭게 관리하는 기술입니다. 좋은 사회는 해악을 막고, 존엄의 최저선을 지키며, 공적 이유와 절차로 이견을 조정합니다. 그 결과 우리는 차이를 통합으로 바꾸고, 관용을 예의와 제도로 뿌리내릴 수 있습니다. 관용은 약함이 아닙니다. 다름을 다루는 고도의 시민적 역량입니다. 그리고 다원주의는 그 역량이 꽃피는 무대입니다. 여러분, 우리 공동체가 이 두 가지를 함께 키워 가도록, 오늘부터 말과 제도, 그리고 일상의 작은 실천에서 관용을 작동시키자고 건의합니다.

별자리 06
이타_타자를 향한 부름

이타주의의 얼굴

우리가 살아가는 현대 사회는 경쟁과 성취의 논리가 지배하는 사회입니다. 누구보다 더 빨리 달려야 하고, 더 많은 것을 소유해야 하고, 더 큰 성공을 거두어야 한다는 압박이 우리 삶을 에워싸고 있습니다. 학교에서의 교육도, 직장에서의 평가도, 심지어는 인간관계마저도 종종 경쟁의 논리 안에서 이해됩니다. 그러나 동시에 우리는 곳곳에서 타인을 위하여 자신을 희생하는 사람들을 목격합니다. 가족을 위해 자신의 시간을 내어놓는 부모, 알지 못하는 사람을 돕기 위해 거리에서 기부하는 시민들, 전쟁과 재난 현장에서 타인의 생명을 구하기 위해 위험을 무릅쓰는 의료진과 봉사자들이 있습니다.

이렇게 타자를 위하여 노력과 헌신을 하는 모습에서 "인간은 본성적으로 이기적인 존재일까?"라는 질문은 분명히 우문일 것입니다. 그러나 이 질문은 단순히 철학적 사색의 문제가 아니라, 오늘날 우리가 어떻게 살아야 하는가, 어떤 사회를 만들어야 하는가와 직결되는 질문입니다. 이 문제는 이미 오래전부터 동서양의 철학 전통 속에서 깊이 탐구되어 왔습니다.

플라톤은 그의 저서 『국가』에서 정의로운 사회를 논하며, 각자가 자신의 욕망을 절제하고 공동 선을 추구해야 한다고 보았습니다. 개인이 자기만의 욕망에 빠지면 사회는 혼란에 빠지지만,

각자가 공동 선을 향해 나아갈 때 사회는 조화를 이룬다고 말했습니다. 이때의 이타주의는 단순히 개인적 희생이 아니라, 공동체 전체의 조화를 위한 덕목이었습니다.

아리스토텔레스는 인간이 행복을 추구하는 존재라고 보았지만, 그 행복은 고립된 개인적 성취가 아니라 타인과 맺는 관계 속에서 완성된다고 보았습니다. 그는 특히 우정을 강조했습니다. 진정한 친구는 자신의 이익보다 상대의 선을 위해 행동할 줄 아는 사람이라고 했습니다. 다시 말해, 행복은 타인과 함께하는 삶 속에서, 그리고 이타적 관계 속에서 실현된다는 것입니다. 이는 오늘날에도 깊은 울림을 주는 사상입니다.

이후 이타주의에 관한 서양 사상은 기독교 전통 속에서 중요한 전환점을 맞습니다. 아우구스티누스는 인간의 사랑을 크게 두 가지로 구분했습니다. 하나는 자기 중심적 사랑, 즉 '자기애'이고, 다른 하나는 신과 이웃을 향한 '카리타스(caritas)'입니다. 그는 인간이 자기 자신만 사랑하는 데 머무르면 죄와 타락에 빠지게 되지만, 이웃을 향한 사랑을 실천할 때 절대적 사랑에 참여하게 된다고 했습니다. 여기서 이타주의는 단순한 도덕적 선택이 아니라, 신앙의 핵심적 덕목으로 이해됩니다.

토마스 아퀴나스는 아리스토텔레스의 철학을 기독교적으로 재해석하면서, 인간이 본래 공동체적 존재임을 강조했습니다. 그는 각자의 행위가 단지 개인적 유익에 머물러서는 안 되고, 반드시 공동 선을 향해야 한다고 말했습니다. 이는 '개인적 선'과 '공동 선'을 긴밀하게 연결시킨 사상으로, 중세 기독교 세계에서 이타주의가 사회적 규범으로 자리 잡는 데 중요한 기여를 했습니다.

근대에 들어오면서, 인간 본성에 대한 이해가 바뀌기 시작합니다. 홉스는 인간을 철저히 이기적 존재로 보았습니다. 그는 인간을 '만인의 만인에 대한 투쟁 상태'에 놓인 존재로 규정했습니다. 따라서 인간은 자신의 생명을 지키기 위해 계약을 맺고 사회를 형성한다고 주장했습니다. 이타적 행위조차도 결국은 자신의 안전과 이익을 보장하기 위한 합리적 선택이라는 것입니다. 이 관점에서 이타주의는 본성적 감정이 아니라, 계산된 이기심의 연장선으로 이해됩니다.

그러나 흄은 인간이 타인의 감정을 자연스럽게 공유하는 능력을 가지고 있다고 보았습니다. 우리가 누군가가 아파할 때 함께 마음 아파하는 것은 단순히 계산된 이익 때문이 아니라, 인간 본성 속에 자리 잡은 공감 때문이라는 것입니다. 따라서 이타적 행위는 본능적 감정에서 비롯된 자연스러운 현상입니다.

칸트는 이와 또 다르게 접근했습니다. 그는 도덕을 감정이나 기호에 의존할 수 없다고 보았습니다. 도덕은 이성이 스스로 부여한 법칙, 즉 정언명령에 따라야 한다고 했습니다. "타인을 단지 수단으로 대하지 말고, 목적으로 대하라." 이 명령은 이타적 행위가 단순한 동정심의 발로가 아니라, 인간 이성이 요구하는 필연적 의무임을 보여줍니다.

밀은 공리주의적 관점에서 이타주의를 설명했습니다. 행위가 도덕적인 것은 그것이 최대 다수의 최대 행복을 증진할 때라는 것입니다. 이때 이타적 행위는 사회 전체의 행복을 늘리는 방향에서 정당화됩니다. 개인이 타인을 위해 희생하는 것은 전체 행복의 총량을 증진하기 때문입니다.

공리주의와 이타주의

존 스튜어트 밀은 19세기 영국을 대표하는 철학자이자 경제학자로, 공리주의라는 윤리학을 발전시켜 현대 사회에까지 큰 영향을 미친 사상가입니다. 공리주의의 핵심은 아주 간단하면서도 강력합니다. 바로 최대 다수의 최대 행복이라는 원리입니다. 어떤 행위가 옳으냐 그르냐를 판단할 때, 우리는 그 행위의 결과가 얼마나 많은 사람들에게 행복을 가져오는지를 살펴야 한다는 것입니다. 행복을 늘리고 고통을 줄이는 방향으로 나아갈 때, 그 행위는 도덕적으로 옳다고 평가받을 수 있습니다.

여기서 우리는 한 가지 주목할 점을 발견하게 됩니다. 공리주의의 이런 원리는 곧 이타주의와 깊이 연결된다는 사실입니다. 개인 한 사람의 이익이나 쾌락만을 추구하는 것이 아니라, 사회 전체의 행복을 고려하는 태도가 곧 이타주의적인 행위이기 때문입니다. 다시 말해, 자신만을 위하지 않고 공동체 전체의 고통을 줄이고 기쁨을 나누는 선택을 할 때, 그 행위는 도덕적 가치가 있는 것으로 인정된다는 것입니다.

밀 이전에 벤담이라는 철학자는 모든 쾌락을 양적으로 계산할 수 있다고 보았습니다. 하지만 밀은 거기서 한 발 더 나갔습니다. 그는 쾌락에도 질적 차이가 있다고 강조했습니다. 단순히 감각적이고 즉각적인 즐거움보다, 지적이고 도덕적인 차원의 쾌락이 더 높은 가치를 지닌다고 본 것입니다. 그래서 그는 인간답게 살아가는 행복, 고귀한 정신적 만족을 중시했습니다. 이 점에서 밀의 공리주의는 단순히 계산적인 쾌락의 합이 아니라, 인간다운 행복을 지향하는 이타주의적 윤리로 발전했습니다.

밀에게 이타주의는 강제로 강요되는 의무가 아니었습니다. 그는 인간이 본래 사회적 존재이며, 자기 행복과 타인의 행복을 분리해서 생각할 수 없는 존재라고 보았습니다. 우리는 교육과 경험을 통해 타인의 고통에 공감하고, 사회 전체의 이익을 추구하는 성향을 자연스럽게 익히게 됩니다. 그렇기 때문에 이타주의는 외부에서 주어진 의무가 아니라, 내면화된 도덕적 성향으로 자리 잡게 되는 것입니다.

물론 밀의 사상이 비판에서 자유로운 것은 아닙니다. 다수의 행복을 지나치게 강조하다 보면, 소수의 권리가 침해될 위험이 있기 때문입니다. 그러나 그럼에도 불구하고 밀의 공리주의는 이타주의를 합리적이고 사회적인 차원에서 설명한 중요한 사상으로 자리매김되었습니다. 그는 이타주의를 단순한 선행이나 감정의 발로로만 보지 않고, 사회 전체의 행복을 증진시키는 합리적인 원리로 정당화했습니다.

오늘 우리의 삶을 돌아보면, 밀의 공리주의와 이타주의는 여전히 중요한 의미를 가집니다. 기후 위기, 불평등, 전쟁과 같은 문제들은 어느 한 개인의 행복만으로는 해결될 수 없습니다. 우리 모두가 함께 행복을 추구할 때, 비로소 더 나은 사회를 만들어갈 수 있습니다. 밀의 말처럼, 타인의 행복을 나의 행복 속에 포함시키는 태도, 그것이야말로 오늘 우리가 실천해야 할 이타주의입니다.

현상학과 이타주의

우리가 흔히 이타주의라고 하면, 자기 이익보다 타인의 행복을 앞세우고, 고통받는 이들을 돕는 삶의 태도를 떠올리게 됩니다. 그런데 철학은 여기서 멈추지 않습니다. 철학은 왜 우리가 타인을 위해 살아야 하는지, 그리고 그 타자를 어떻게 이해해야 하는지를 근본적으로 묻습니다. 바로 이 지점에서 타자철학은 이타주의와 깊이 맞닿아 있습니다.

먼저 이타주의를 다시 생각해 보겠습니다. 전통적으로 이타주의는 인간의 덕목 가운데 하나로 여겨져 왔습니다. 남을 위해 봉사하는 것, 자신을 희생하며 공동체를 지키는 것, 이런 태도는 도덕적 선행으로 칭송받아 왔습니다. 그러나 철학적으로 보았을 때, 이타주의는 단순히 개인의 선택적 미덕이 아니라 인간 존재의 방식 자체와 관련되어 있습니다. 왜냐하면 우리는 언제나 타자와 관계 맺는 가운데 살아가기 때문입니다.

이 지점에서 현상학의 창시자인 후설의 사상은 중요한 출발점이 됩니다. 후설은 인간 의식을 언제나 "타자를 향해 있다"고 보았습니다. 그는 이를 '타자지향성(intentionality toward the other)'이라고 불렀습니다. 우리가 세계를 경험한다는 것은 단지 사물만을 대상으로 삼는 것이 아니라, 언제나 타자의 시선과 타자의 의식과 교차하는 경험이라는 것입니다. 다시 말해, 인간의 의식 구조 자체가 이미 타자에게 열려 있으며, 나의 경험은 타자의 경험과 불가분하게 연결되어 있다는 것이지요. 이 관점에서 보면, 이타주의는 특별히 덧붙여진 덕목이 아니라 인간 의식의 근본 구조와 연속된 것입니다.

이 흐름을 이어받아 하이데거는 인간 실존을 '세계-내-존재(Dasein)'로 설명하면서, 그 존재 방식이 이미 '공동존재(Mitsein)'라는 점을 강조했습니다. 인간은 결코 홀로 존재하지 않고, 언제나 '함께 있음' 속에서 자신을 규정합니다. 내 존재의 의미는 타자와의 관계, 곧 공동세계 속에서 드러납니다. 이 관점에서 보면, 이타주의란 나의 존재 조건을 부정하는 자기희생이 아니라, 오히려 내가 누구인가를 드러내는 본질적 삶의 방식입니다.

이러한 흐름을 더욱 심화시킨 철학자가 바로 레비나스입니다. 그는 인간의 실존을 '타자 앞에 선 존재'로 규정했습니다. 우리가 타자의 얼굴을 마주할 때, 그 얼굴은 우리에게 윤리적 명령을 내립니다. 말하지 않아도 "살해하지 말라", "해치지 말라", "책임져라"라는 메시지를 전달합니다. 다시 말해, 내가 타자를 바라보는 순간 나는 이미 그에게 책임을 지게 된다는 것입니다.

여러분, 여기서 중요한 것은 레비나스에게 있어 이타주의가 선택가능한 덕목이 아니라는 점입니다. 그것은 이미 나의 존재 방식 속에 내재해 있는 피할 수 없는 의무라는 것입니다. 내가 자유롭게 살 수 있다고 생각하기 전에, 이미 나는 타자의 요구 앞에 서 있습니다. 그렇기에 이타주의는 자유로운 선택의 결과가 아니라, 인간 존재의 근본 조건이라고 레비나스는 말합니다.

마르틴 부버의 사상 역시 이와 연결됩니다. 부버는 인간의 삶을 '나-너'의 관계로 설명했습니다. 우리는 사물과 맺는 '나-그것'의 관계뿐 아니라, 인격적이고 살아 있는 타자와의 '나-너' 관계 속에서 진정한 인간성이 드러난다고 했습니다. 이 관계 속에서 나는 타인을 단순한 대상이 아니라 존엄한 존재로 받아들이게 됩니다. 이는 곧 이타주의의 핵심을 보여줍니다. 타자를 그 자체로 존중하는 태도, 곧 타인을 하나의 목적 자체로 대우하는 것이 바로 이타적 관계의 출발점이기 때문입니다.

현대 윤리학자 피터 싱어도 타자철학과 연결되는 시각을 보여줍니다. 그는 우리가 굶주리는 아이를 눈앞에서 본다면 외면하지 않을 것이라고 말합니다. 그런데 먼 나라에서 굶주리는 아이 역시 동일한 타자입니다. 물리적 거리가 멀다고 해서 그 고통이 덜 중요한 것이 아니라는 것입니다. 이 주장은 곧 타자의 얼굴이 가까이 있든, 멀리 있든, 우리는 그 요구 앞에 응답해야 한다는 레비나스적 사유와 깊이 연결됩니다.

이처럼 후설의 타자지향성, 하이데거의 공동존재, 레비나스의 타자 윤리, 부버의 나-너 관계, 그리고 싱어의 효과적 이타주의는 서로를 보완하며 더 깊은 의미를 드러냅니다. 전통적 이타주의가 "남을 위해 사는 것이 좋다"라는 도덕적 권고에 머물렀다면, 타자철학은 "너는 이미 타자에게 열려 있고, 책임을 지고 있다"라는 존재론적 진실을 드러냅니다.

오늘날 우리가 직면한 기후 위기, 불평등, 난민 문제, 전쟁과 갈등은 모두 타자와의 관계를 무시한 결과입니다. 후설이 말한 타자지향성을 회복하고, 하이데거가 말한 공동존재를 인정하며, 레비나스와 부버, 싱어가 일깨운 책임과 실천을 현실에 옮길 때 비로소 더불어 살아가는 세상이 가능할 것입니다.

이타주의는 단순한 미덕이 아닙니다. 그것은 우리가 타자와 맺는 근원적 관계 속에서 피할 수 없는 삶의 방식입니다. 그리고 타자철학은 이 진실을 우리에게 깊이 일깨워 줍니다. 이제 우리의 과제는 이 깨달음을 삶으로 옮기는 것입니다. 우리가 만나는 타인의 얼굴마다, 그 속에서 울려오는 윤리적 요청에 귀 기울이고, 고통을 덜어주며, 함께 살아가는 길을 모색해야 할 것입니다.

무한한 책임과 이타적 실천

이타주의라는 주제를 두 사상가, 곧 프랑스의 철학자 에마뉘엘 레비나스와 현대 윤리학자 피터 싱어의 사상을 통해 함께 살펴보고자 합니다. 두 사람은 서로 다른 시대와 배경 속에서 활동했지만, 공통적으로 타자를 향한 책임과 실천적 배려라는 점에서 이타주의를 깊이 사유했습니다.

레비나스는 철저히 타자 중심의 철학을 전개한 인물입니다. 그는 우리가 다른 사람과 마주할 때, 특히 그 사람의 얼굴을 마주할 때 윤리적 명령을 경험한다고 설명했습니다. 타자의 얼굴은 나에게 "살인하지 말라", "해치지 말라"라는 윤리적 요구를 말합니다. 따라서 윤리의 출발점은 나 자신이 아니라 타자이며, 타자를 향한 책임은 선택이 아니라 피할 수 없는 의무라는 것입니다.

레비나스의 이러한 사상은 이타주의를 매우 근본적인 차원으로 끌어올립니다. 흔히 우리는 이타적 행위를 선택 가능한 도덕적 미덕으로 이해합니다. 하지만 레비나스에게 이타주의는 단순한 미덕이 아닙니다. 그것은 인간 존재의 조건이며, 우리가 타자와 마주하는 순간부터 피할 수 없는 부름입니다. 그는 나의 자유보다 타자의 요구가 먼저라고 말했습니다. 내가 자유롭게 살 수 있는 조건은, 바로 내가 타자에게 책임을 다할 때만 가능하다는 것입니다. 이처럼 레비나스는 이타주의를 인간 실존의 근본 구조로 제시하였습니다.

피터 싱어는 오늘날 실천 윤리학을 대표하는 철학자입니다. 그는 이타주의를 단순히 추상적인 윤리 원칙이 아니라, 구체적이고 실질적인 행위로 강조했습니다. 싱어는 '효과적 이타주의'라는 개념을 제시하면서, 우리가 가진 자원을 어떻게 사용해야 가장 많은 고통을 줄이고 가장 큰 행복을 만들어낼 수 있는지 고민해야 한다고 말했습니다.

그는 다음과 같은 예를 들어 설명합니다. 여러분이 길을 가다 얕은 연못에 빠져 허우적거리는 아이를 본다면, 새로 산 신발이 젖는 것을 걱정할 이유가 없다는 것입니다. 당연히 뛰어들어 아이를 구해야 합니다. 그런데 우리가 "매일 접하는 지구촌의 가난과 기아는 바로 그 아이와 같다"고 그는 말합니다. 우리가 사치품을 사는 대신, 그 돈으로 기아에 처한 어린이를 살릴 수 있다면, 우리는 마땅히 그렇게 해야 한다는 것입니다.

피터 싱어의 이타주의는 따라서 매우 실천적이고 현실적입니다. 그는 단순히 선의를 가지고 있는 것만으로는 충분하지 않다고 말합니다. 실제로 우리의 선택이 얼마나 많은 생명을 살리고, 얼마나 많은 고통을 덜어주는지를 따져보아야 합니다. 이 점에서 그는 도덕적 책임을 효율과 결과의 차원에서 강조합니다.

이제 두 사상을 비교해 보자면, 레비나스는 철저히 타자의 요구 앞에 선 주체를 강조합니다. 그의 이타주의는 근본적이며 피할 수 없는 윤리적 명령입니다. 반면 싱어는 구체적 실천을 강조하며, 우리가 가진 자원을 어떻게 사용하여 세상에 더 많은 선을 만들 수 있는지를 묻습니다. 레비나스의 철학이 윤리적 책임의 본질을 일깨운다면, 싱어의 철학은 그 책임을 어떻게 실천할 것인가에 대한 구체적 지침을 제공합니다.

두 사람의 사상은 상호 보완적입니다. 레비나스가 우리에게 타자를 향한 무한한 책임을 일깨워준다면, 싱어는 그 책임을 일상에서 어떻게 구체적으로 실행해야 할지를 보여줍니다. 레비나스가 윤리의 초월적 차원을 강조한다면, 싱어는 윤리의 실천적 차원을 강조하는 것입니다.

오늘날 우리는 기후 위기, 전쟁, 불평등, 빈곤과 같은 전 지구적 문제 속에 살고 있습니다. 이 문제들은 개인의 이익과 경쟁만으로는 해결될 수 없습니다. 우리가 타자의 요구에 귀 기울이고, 또 실제로 고통을 덜어주는 선택을 할 때만 희망을 만들 수 있습니다. 레비나스의 철학은 우리에게 이렇게 말합니다. 당신은 타자 앞에서 책임 있는 존재다." 그리고 피터 싱어의 철학은 이렇게 덧붙입니다. "그 책임을 실제 행동으로 옮겨라", "고통을 줄이고, 가장 많은 행복을 만들어내라". 필자는 이 두 사상이 우리 시대의 길잡이가 될 수 있기를 바라는 바입니다. 우리 모두가 타자의 얼굴을 외면하지 않고, 그의 고통을 함께 덜어내고 희망을 키워내는 삶을 살아가기를 소망합니다.

이타주의의 동양학적 시선

유교는 인(仁)을 중심으로 인간의 도덕을 설명합니다. 공자는 "자기가 원하지 않는 것을 남에게 행하지 말라"고 가르쳤습니다. 이는 이타주의의 기본 원리를 함축하는 말입니다. '인'은 단순한 감정이 아니라, 타인을 배려하고 존중하는 삶의 태도입니다. 맹자는 인간 본성이 선하다고 보았습니다. 그는 인간이 본성적으로 측은지심(惻隱之心)을 가지고 있다고 했습니다. 어린아이가 우물에 빠지려 할 때, 우리는 누구나 본능적으로 달려가 구하려고 한다는 것입니다. 이는 이익 계산이 아니라, 본성에서 우러나는 자연스러운 마음입니다. 이 마음이 곧 이타적 행위의 근원이라는 것입니다. 반대로 순자는 인간의 본성을 악하다고 보았습니다. 하지만 그는 예(禮)를 통해 인간이 교화되고, 사회적 질서 속에서 이타적 삶을 배울 수 있다고 말했습니다. 즉, 교육과 제도를 통해 인간은 이타적 존재로 길러질 수 있습니다. 이는 이타주의가 단순히 본성에 맡겨져 있는 것이 아니라, 사회적 훈련의 결과일 수 있음을 보여줍니다.

불교에서 이타주의는 단순한 덕목이 아니라, 깨달음과 수행의 핵심입니다. 깨달음을 얻은 보살은 자기 해탈에만 머물지 않고, 고통받는 중생을 위해 다시 세상으로 돌아옵니다. 이를 '보살행(菩薩行)'이라 부르며, 불교적 이타주의의 가장 상징적인 모습입니다. 예를 들어, 불교 경전인 『화엄경』에는 보살이 "모든 중생이 구제되기 전에는 결코 완전한 깨달음에 머물지 않는다"는 서원이 나옵니다. 관세음보살이 대표적입니다. 그는 타인의 고통에 귀 기울이고, 끝없이 손을 뻗어 돕는 자비의 화신으로 묘사됩니다. 실제 역사 속에서도 인도의 아쇼카 왕은 불교적 자비의 이상을 정치에 반영하여 전쟁을 멈추고 병원과 우물을 세워 백성을 구제하려 했습니다. 이는 자비가 단순히 개인적 수련의 차원을 넘어 사회적 실천으로 확장된 사례라 할 수 있습니다.

자비(慈悲)는 불교적 이타주의의 정수입니다. '자'는 타인에게 기쁨을 주는 것이고, '비'는 고통을 덜어주는 것입니다. 굶주린 이에게 음식을 나누어 주고, 외로운 이에게 따뜻한 말을 건네는 작은 행위조차 자비의 실천입니다. 나아가 불교는 '연기(緣起)'의

가르침을 통해 모든 존재가 서로 의존하여 살아간다고 설명합니다. 내 생존이 곧 타인의 존재에 달려 있으므로, 타인을 돕는 것은 결국 자기 자신을 지키는 일이 됩니다. 이타와 이기의 경계가 사라지고, 상호 돌봄이 곧 존재의 원리라는 점에서 불교의 이타주의는 매우 근원적입니다.

도가의 이타주의는 불교와는 또 다른 독특한 성격을 지닙니다. 노자는 '무위자연(無爲自然)'을 강조했습니다. 이는 아무것도 하지 않는다는 뜻이 아니라, 억지로 꾸며내지 않고 자연의 흐름을 따르는 삶을 의미합니다. 이 맥락에서 도가의 이타주의는 의도적으로 타인을 도우려 애쓰기보다, 스스로의 욕망을 절제하고 겸허하게 살면서 자연스럽게 타인에게 이로움을 주는 방식입니다. 예를 들어, 『도덕경』에서 노자는 "상선약수(上善若水)"라고 말했습니다. 최고의 선은 물과 같다는 뜻입니다. 물은 스스로를 드러내지 않으면서 만물을 이롭게 하고, 낮은 곳으로 흘러가면서 다툼 없이 조화를 이룹니다. 이 비유는 도가적 이타주의가 겸손과 비강제성 속에서 나타난다는 것을 보여줍니다.

장자는 한 걸음 더 나아가, 자아와 타자의 경계가 상대적이라고 강조했습니다. 『장자』에는 나비의 꿈 이야기가 나옵니다. 장자가 꿈에서 나비가 되었는데, 깨어나 보니 자신이 장자인지 나비인지 알 수 없었다는 이야기입니다. 이는 나와 타자, 인간과 자연의 경계가 허물어져 있다는 깨달음을 상징합니다. 이런 관점에서 보면, 타인을 위하는 것과 자신을 위하는 것은 구분되지 않습니다. 누군가를 도우려는 행위조차 특별히 '이타적'인 것으로 따로 부각되지 않고, 자연스러운 삶의 흐름 속에서 이루어집니다.

불교는 자비와 보살행처럼 적극적으로 타인의 고통을 덜어주고 구제하려는 실천을 중시합니다. 도가는 억지 없는 겸허와 자연스러운 삶 속에서 타인에게 이익을 주는 방식을 강조합니다. 불교는 연기 사상에 따라 모든 존재가 상호 의존적이므로, 이타적 행위는 곧 자기 자신을 위한 행위와 다르지 않다고 설명합니다. 도가는 자아와 타자의 경계를 상대적이라고 보아, 이타와 이기의 구분 자체가 무의미하다고 봅니다. 불교의 이타주의는 고통을 본격적으로 덜어주려는 적극적 구제의 성격이 강합니다. 도가의 이타주의는 강요하지 않고 자연스러운 흐름 속에서 이루어지는 소극적 배려의 성격이 더 강합니다.

위의 이야기를 요약하면, 불교의 이타주의가 "타인의 고통을 덜어주는 적극적 실천"이라면, 도가의 이타주의는 "억지 없는 삶 속에서 저절로 나타나는 배려"라고 할 수 있습니다. 두 사상의 전통은 방식은 다르지만, 모두 자기중심적 삶을 넘어서 타자와 조화롭게 살아가는 길을 제시하고 있습니다.

동서양 이타주의의 만남

서로 다른 배경 속에서 나온 이타주의에 관한 동서양 사상들을 비교해 보면 흥미로운 사실을 발견할 수 있습니다. 먼저, 공통점이 있습니다. 동서양 모두 타자에 대한 책임과 배려를 강조합니다. 그리고 인간은 자기 욕망만을 위해 존재하는 것이 아니라, 타자와 더불어 살아가는 존재라는 점을 인정합니다. 결국 이타주의는 인류 공통의 윤리적 직관이라고 할 수 있습니다.

하지만 차이점도 분명합니다. 서양은 도덕적 원리와 규범, 합리적 계산, 초월적 책임과 같은 철학적 체계 속에서 이타주의를 탐구했습니다. 반면 동양은 연기와 인, 무위와 같은 관계적 존재론 속에서, 삶의 세계 안에서 자연스럽게 이타를 실천하는 길을 찾아왔습니다.

이제 우리는 묻지 않을 수 없습니다. 오늘날 우리 사회가 겪고 있는 수많은 위기들 앞에서 이타주의는 어떤 의미를 가질까요? 첫째, 기후 위기입니다. 지구 환경이 파괴되는 것은 인간의 이기적 욕망이 초래한 결과입니다. 서양의 방식은 국제 협약과 제도, 법적 장치를 통해 책임을 제도화하려 합니다. 반면 동양의 지혜는 인간과 자연의 조화를 회복하는 태도에서 해법을 찾습니다.

둘째, 팬데믹을 보십시오. COVID-19는 우리에게 서로가 서로에게 연결되어 있음을 보여주었습니다. 백신을 공평하게 나누고 국제적으로 협력하는 것은 서양식 보편 책임의 모습입니다. 한편 공동체적 연대와 생활 속 배려는 동양의 생활 윤리적 접근이었습니다.

셋째, 난민 문제입니다. 전쟁과 기후 재난으로 생겨난 수많은 난민들. 우리는 이들에게 어떤 책임을 지고 있을까요? 서양의 시선은 인권과 보편 정의를 강조합니다. 동양은 가족적 연대와 더불어 살아가는 관계적 책임을 강조합니다. 두 접근 모두 중요합니다.

결국 우리가 배울 수 있는 것은 이것입니다. 서양의 이타주의는 원칙과 제도를 만들고 제도화하는 힘을 가지고 있습니다. 동양의 이타주의는 삶 속에서 자연스럽게 이타를 실천하는 힘을 가지고 있습니다. 이 두 가지가 결합될 때, 우리는 새로운 글로벌 시민성을 만들어낼 수 있습니다. 나아가 연대의 윤리, 환대의 윤리를 통해 더 넓은 공동체를 세울 수 있습니다.

동서양의 이타주의 사상을 접하면서 다음과 같은 일련의 질문을 던질 수 있습니다. 우리는 일상 속에서 얼마나 타인을 향한 책임을 의식하며 살아가고 있습니까? 우리의 소비와 생활 습관은 지구와 미래 세대에 어떤 영향을 주고 있습니까? 가까이 있는 타인의 고통을 외면하지 않고 다가가는 작은 실천은 무엇입니까? 이런 질문에 답하는 과정이 곧 이타주의를 오늘의 삶 속에 불어넣는 길이 될 것입니다.

이타주의는 단순히 선행을 의미하지 않습니다. 그것은 인간이 인간으로 존재하기 위한 근본 조건입니다. 서양의 규범적 전통은 우리에게 책임을 제도화하는 법을 가르쳐 주었고, 동양의 관계적 전통은 함께 살아가는 태도를 알려 주었습니다. 이 두 전통이 만날 때, 우리는 자기중심적 욕망을 넘어서는 새로운 문화를 창조할 수 있습니다. 그 길 위에서, 우리 모두가 연대와 환대의 주체가 되기를 소망합니다.

별자리 07

인정_나의 한계를 자각하는 것

상호인정이 필요한 이유

몇 가지 질문으로 글을 시작하겠습니다. 왜 우리는 다른 사람의 인정에 신경을 쓸까요? 왜 마음을 다해 일하고도 누군가의 "수고했어요" 한마디가 없으면 허전한가요? 왜 사회적 평판과 존중이 무너지면 우리의 삶 전체가 흔들릴까요? 대부분의 철학자들은 이 질문을 오래전부터 제기해 왔습니다. 홉스는 인간이 무엇보다도 더 많은 존중과 명예를 갈망한다고 말했습니다. 루소는 문명화가 진행되면서 사람들의 시선과 사회적 평가를 의식하는 마음이 커진다고 했습니다. 그는 이를 '허영심', '비교심'으로 불렀습니다. 이런 마음이 생기면서 우리는 자연 상태의 고요한 자기 안정을 잃기 시작했다고 진단했습니다.

인정에 대해 처음으로 통찰했던 학자는 헤겔입니다. 헤겔의 핵심 메시지는 놀라울 만큼 단순합니다. "자기의식은 인정에서 나온다." 내가 나를 어떻게 보는지는 좋게 말하든, 나쁘게 말하든 타자가 나를 어떻게 대하는지와 깊게 얽혀 있습니다. 평생을 성실하게 일했는데도 사회가 그 사람을 끝내 하찮은 존재로 취급한다면, 그 사람은 결국 스스로를 하찮게 여기게 됩니다. 반대로, 누군가의 능력과 기여가 공정하게 인정받을 때, 그 사람은 "나는 쓸모 있고 소중한 사람"이라는 긍정적 자기관계를 만들어 갑니다. 바로 여기서 정치적·윤리적 요구가 생깁니다. 인간이 자기 자신을 다양한 정체성과 인격을 지닌 존재로 세우고 발전시키려면, 그에 걸맞은 사회적 인정이 필요합니다. 인정은 선택사항이 아니라 인간다움의 조건입니다. 그래서 우리는 타자의 인정에 그렇게 마음을 씁니다. 생색 내기나 허영 때문만이 아닙니다. 살아 있는 '나'가 되기 위해 꼭 필요한 요소이기 때문입니다.

헤겔은 예나(Jena) 시기의 저작들에서 인정의 세 가지 형식을 제시했습니다. 첫째, 가족의 사랑입니다. 아기는 사랑받는 존재라는 경험을 통해 "나는 유일무이한 가치가 있다"고 배웁니다. 여기서 생기는 것은 자기신뢰입니다. 둘째, 시민사회의 권리입니다. 이는 계약, 재산권, 법 앞의 평등 같은 제도를 통해 "나는 자주권을 지닌 인격"이라는 감각이 자랍니다. 여기서 생기는 것은 자기존중입니다. 셋째, 국가/공동체의 인륜성(Sittlichkeit)입니다. 학교·직장·공공봉사 같은 사회적 분업 속에서 "나는 특수한 능력으로 공동 선을 재생산하는 주체"라는 자각이 생깁니다. 여기서 얻는 것은 자긍심입니다.

사랑이 무너지면 자기신뢰가 흔들리고, 권리가 무너지면 존중받는 인격이 붕괴되며, 연대와 공동 선이 무너지면 내가 쓸모 있는 존재라는 자긍심이 사라집니다. 이 통찰을 현대적으로 재정립한 사람이 바로 악셀 호네트입니다. 그는 인정의 결핍이 모멸·수치·배제라는 사회병리를 낳는다고 분석하며, 사랑-권리-연대의 삼중 구도를 통해 건강한 자아와 건강한 공동체가 어떻게 함께 세워지는지를 설명했습니다.

주인-노예 변증법

헤겔은 "왜 상호(相互)여야 하는가?라는 질문에 대해 '주인-노예 변증법'으로 답합니다. 헤겔의 주인-노예 변증법은 "나는 누구인가"라는 물음이 결코 혼자만의 독백으로 끝날 수 없다는 사실에서 출발합니다. 자기의식은 거울 앞에 홀로 서서 확인되는 것이 아닙니다. 나를 비추는 또 하나의 거울, 곧 타자의 시선이 필요합니다. 그래서 두 자기의식은 서로에게 "나를 인정하라"고 요구하며 마주 서게 됩니다. 동일한 욕구가 동일한 순간에 충돌하는 그 지점에서, 관계는 곧장 힘의 논리로 전환됩니다. 이 충돌은 헤겔이 말한 생사의 투쟁으로 격화됩니다.

각자는 자신의 우위를 증명하고자 하고, 그 극단에서 목숨을 건 싸움이 벌어집니다. 어떤 이는 죽음을 두려워해 물러서고, 어떤 이는 복종을 받아 주인의 자리를 점합니다. 굴복한 쪽은 노예가 됩니다. 겉으로 보기에 질서는 정해진 듯 보이지요. 그러나 헤겔의 시선은 여기서 멈추지 않습니다. 승자의 즉각적 승리 속에는 이미 모순의 씨앗이 숨어 있기 때문입니다.

주인은 노예가 만든 것을 향유합니다. 하지만 그가 받아내는 인정은 어디까지나 강요된 인정, 불평등한 인정에 불과합니다. 칭송의 형식을 띠더라도 자유로운 타자의 동의가 빠진 인정은 공허합니다. 더 심각한 것은 주인의 자립이 노예의 노동에 의존한다는 점입니다. 인정은 비어 있고 자립은 의존을 통해 유지됩니다. 이 역설 속에서 주인의 권능은 서서히 내용 없는 외피로 드러나고 맙니다.

반면 노예에게서는 역전의 계기가 자라납니다. 그는 죽음의 공포를 통과했고, 복무를 통해 자신을 절제하는 법을 배웠습니다. 그리고 무엇보다 중요한 것은 노동입니다. 노예는 노동을 통해 외부 세계를 변형하고, 그 변형된 사물 속에 자신의 형상을 새깁니다. 이 형성적 노동 안에서 그의 능력은 대상화되어 확인되고, 타자의 명령을 따르는 손발이던 주체는 점차 내적 자립과 실질적 자기 확신을 획득합니다. 두려움-섬김-노동의 삼중 경험이 노예를 '스스로를 만들어 가는 의식', 즉 자기의식을 획득합니다.

주인-노예의 일방적 관계에서는 누구도 만족스러운 자기 확인을 얻지 못합니다. 주인은 자유롭지 않은 타자에게서 자유로운 인정, 곧 참된 확인을 얻을 수 없고, 노예 역시 복종 속에서는 자신을 잃습니다. 참된 자기의식은 강요가 아닌 상호인정, 다시 말해 서로를 자유로운 인격으로 대하는 관계에 이르러서야 성립합니다. 타인을 도구로 만들면 나의 확인도 도구적 흔적밖에 남지 않습니다. 반대로 타인을 나와 동등한 주체로 인정할 때만, 타자의 응답은 나를 확인시켜 주게 됩니다.

요약하자면, 이 변증법의 운동은 이렇습니다. 힘의 지배는 공허한 인정을 낳고, 두려움·섬김·노동의 과정은 자기형성으로 이어지며, 궁극적으로는 상호인정의 필요를 드러냅니다. 헤겔은 이를 통해 폭력과 종속으로는 '나'를 확실히 할 수 없음을, 그리고 오직 대등한 타자와의 상호인정 속에서만 자유로운 자기의식이 선다는 점을 설득력 있게 보여줍니다. 그래서 주인-노예 변증법은 단순한 권력의 이야기가 아니라, 생활세계에서 폭력의 유혹을 넘어 관계의 윤리로 나아가야 한다는 철학적 요청이기도 합니다. 우리 일상의 수많은 장면에서 이 통찰은 생생하게 되살아납니다. 힘으로 얻은 인정은 비어 있는 인정이며, 주체와 타자 상호 간 함께 나눈 인정만이 참된 인정이 됩니다. 동등한 주체로 대하는 태도, 그 상호인정의 윤리가 개인의 자유와 공동체의 품격을 함께 높인다는 사실을 기억해 주시기 바랍니다.

헤겔의 『정신현상학』에서는 "한쪽만 인정하고, 한쪽만 인정받는 관계는 끝내 모두를 불행하게 만든다."라는 더 급진적인 결론을 보여줍니다. 그 유명한 주인-노예 변증법을 떠올려 봅시다. 처음에 의식은 "나는 나로 충분해"라고 믿습니다. 그래서 방해되는 타자를 제거하고 싶어 합니다. 타자 역시 똑같죠. 여기서 생사투쟁이 벌어집니다. 그런데 모두를 제거하고 혼자 남았다고 해도 만족은 오지 않습니다. 나를 인정해 줄 타자가 사라졌기 때문입니다. "나는 위대하다"를 천 번 외쳐도, 응답 없는 메아리일 뿐입니다. 타자가 없다면 결국 변화가 없고, 생명도 없습니다. 그래서 의식은 전략을 바꿉니다. 타자를 없애는 대신 도구화합니다. 주인이 되고, 타자를 노예로 만들어 복종을 통해 인정받으려 합니다. 잠깐은 만족합니다. 그러나 곧 모순이 드러납니다. 주인의 가치는 종속된 타자―노예―의 인정에 의존하기 때문입니다. "나는 위대하다"는 외침이 사실상 "노예가 인정해 줬으니 나는 위대하다"가 됩니다. 그 순간, 주인의 자존은 모래 위의 성으로 변합니다.

반대로 노예는 노동을 통해 세계를 가공하고, 그 과정에서 자기규정과 자율성을 키웁니다. 노예는 점차 '일방적 복종' 자체가 부당하다는 걸 깨닫고, 상호인정을 요구하게 됩니다. 여기서 헤겔은 결정적으로 말합니다. "일방적 행위는 소용이 없다. 참된 인정은 오직 서로가 서로를 동등한 주체로 인정할 때 성립한다." "나는 내 생존만 중요해"라는 태도, 타자를 도구나 방해물로만 보는 시선은 결국 자기 확인의 길을 스스로 막습니다. 우리가 긍정적 자아에 이르고 싶다면, 우리는 타자를 나만큼 긍정적 자아를 지닌 존재로 인정해야 합니다. 이것이 상호인정이 필요한 철학적·실존적 이유입니다.

불인정의 극복

이제 우리의 현실을 보겠습니다. 분열과 혐오의 언어가 빠르게 확산되고, 온라인 평점이나 댓글 등이 한 사람의 존엄과 생계를 하루 만에 무너뜨릴 수 있습니다. 법적으로는 평등하다고 하지만, 실제 조직문화에서의 차별적 농담 하나, 보이지 않는 배제 하나가 누군가의 자기 신뢰를 훼손합니다. 인정의 결핍은 단지 기분의 문제가 아니라 자아를 붕괴시킵니다. 그래서 우리는 이러한 불인정을 극복해야 합니다.

호네트는 세 층위의 인정을 복구해야 한다고 강조합니다. 첫째, 사랑의 인정입니다. 이는 돌봄과 친밀성의 안전망을 구성하여 가정·학교·지역사회에서의 심리적 안전을 확보할 수 있게 됩니다. 둘째, 권리의 인정입니다. 차별금지, 절차적 공정, 이유가 투명한 결정을 통해 법 앞의 평등이 실제 삶이 되도록 해야 합니다. 셋째, 연대의 인정입니다. 이는 사회 구성원 각자의 기여와 서사가 가치있게 보이는 질서를 형성하게 합니다. 여기에 한 가지를 더 얹고 싶습니다. 바로 취약성의 인정입니다. 누구나 아플 수 있고, 실패할 수 있고, 애도할 일을 겪습니다. 애도될 수 있는 삶, 보호받을 가치가 있는 몸이라는 감각이 공공의 상식이 될 때, 상호인정은 비로소 따뜻한 현실이 됩니다.

이렇게 상호인정이 되려면 이를 작동시키는 다섯 가지 방안을 실천해야 합니다. 첫째, 말의 질서를 바꾸어야 합니다. 회의실, 교실, 댓글 창에서 경청-요약-반박-재구성의 순서를 습관화합시다. 상대의 주장을 "내 말로 요약"해 되돌려 주는 순간, "나는 당신을 주체로 대한다"는 소통이 시작됩니다. 둘째, 이유를 투명하게 제시해야 합니다. 채용·평가·징계 등 인정이 배분되는 지점에서 이유 고지와 이의제기 절차를 보장합니다. 억울함이 줄어들면, 불신과 분열도 줄어듭니다. 셋째, 약자의 존엄을 최우선에 두어야 합니다. 농담 한 마디도 취약한 이에게 가는 영향을 먼저 생각합시다. 상호인정의 첫 수혜자는 가장 약한 사람이어야 합니다. 넷째, 연대의 가시화를 설계해야 합니다. 타자가 포함된 돌봄·플랫폼 노동·이주노동과 관련한 연대 이야기를 역사의 전경에 위치시킬 필요가 있습니다. "내가 한 일이 보인다"는 경험이 자긍심을 회복시킵니다. 다섯째, 선을 넘는 행위에는 한계를 설정해야 합니다. 혐오·선동·폭력 조장 등 직접적 해악에는 단호해야 합니다. 다만 제재는 정해진 원칙으로 운용해야 정당성을 얻습니다. 관용을 지키기 위한 엄격함은 공동체가 주는 인정의 약속으로부터 생겨납니다.

헤겔은 법·도덕만으로는 부족하다고 말했습니다. 윤리적 삶, 곧 제도와 관습 속에서 서로가 서로의 자유를 서로의 조건으로 경험할 때, 비로소 자유가 획득됩니다. 호네트는 이것을 사회적 자유라고 불렀지요. 상호인정은 '한 사람의 승리'가 아니라 '함께

로의 확장'입니다. 내 자존이 타자의 자존과 연결되어 있다는 사실, 내 성공이 타자의 기여와 신뢰 위에 서 있다는 사실을 자주 상기할수록 우리는 자유를 경쟁의 전리품이 아니라 공유지로 가꾸어 나갈 수 있습니다.

다시 처음 질문 "왜 우리는 타자의 인정에 목을 매는가?"로 돌아가겠습니다. 그 답은 이제 분명합니다. 인정은 '나'를 만드는 재료이기 때문입니다. 사랑의 인정으로 자기 신뢰를, 권리의 인정으로 자기 존중을, 연대의 인정으로 자긍심을 얻습니다. 그리고 이 모든 인정은 일방적일 수 없습니다. 나는 당신을 동등한 주체로 인정하고, 당신은 나를 동등한 주체로 인정할 때, 우리는 비로소 살아 있는 자기동일성, 흔들리지 않는 자존을 얻게 됩니다.

"내가 원하는 그 인정, 먼저 내가 건네겠습니다." 그 작은 시작이 가정과 학교, 직장과 우리 사회의 분위기를 바꾸고, 서로를 '낯선 타자'가 아닌 '함께의 주체'로 세울 것입니다. 그것이 상호 인정의 힘이고, 우리가 지금 여기서 당장 시작할 수 있는 가장 현실적인 변화입니다.

인정의 투쟁

우리는 보통 '인정'을 따뜻한 말, 칭찬, 존중 같은 부드러운 장면으로 떠올리곤 합니다. 그런데 독일의 사회철학자 호네트는 한 걸음 더 나아가 말합니다. 사회 안의 수많은 갈등과 충돌의 밑바닥에는 사실 '인정을 둘러싼 도덕적 싸움'이 숨어 있다고요. 호네트는 헤겔의 인정이론을 현대 심리학과 사회이론으로 새롭게 엮어내면서, 추상 이론에서 시작하지 않습니다. 오히려 우리 각자의 '상처 경험', 그가 도덕적 손상이라 부르는 지점에서 출발합니다. 왜일까요? 우리가 "부당하다"고 느낀 그 순간이, 도덕·자기관계·인정 사이의 연결을 가장 선명하게 드러내기 때문입니다.

간단한 예를 들어 보겠습니다. 누군가가 내 뺨을 때렸다고 가정해 봅시다. 만약 내가 그 행동을 '나를 깎아내리려는 의도'로 받아들인다면, 그것은 단순한 상해가 아니라 도덕적 모욕입니다. 억울함과 분노가 일어납니다. 반대로 상대가 체조를 하다 실수로 부딪친 우연한 사고였다고 이해하면, 저는 그날 운이 없었다고 넘길 수도 있겠습니다. 육체적 고통은 비슷할지 몰라도, 도덕적 손상으로 받아들이는 순간은 전혀 다릅니다. 호네트가 강조하듯 핵심은 '고통 그 자체'가 아니라 '내가 인정받지 못했다는 의식'입니다. 사기나 모욕을 도덕적 사건으로 보는 까닭도, 그것이 권리의 주체이자 인격으로서의 나에 대한 긍정적 자기 관계를 훼손하기 때문입니다.

이 지점에서 호네트는 세 가지 전제를 끄집어냅니다. 첫째, 인간은 자기 관계와 삶의 질에 스스로 관심을 갖고 반성하는 존재입니다. 둘째, 긍정적 자기 관계를 유지하려면 타인의 동의와 긍정이 필요합니다. 셋째, 도덕적 손상은 결국 행위능력의 전제, 즉 긍정적 자기 관계를 무너뜨리는 인격 훼손입니다. 이 전제를 우리 사회에 대입해 보십시오. 사회는 타인과의 도구적 관계가 일상적으로 일어나는 곳입니다. 그래서 우리는 자주 인격적 인정을 요구하게 됩니다. 그 인정이 부재할 때, 우리의 자기신뢰·자기존중·자긍심은 놀랄 만큼 빠르게 무너질 수 있습니다.

호네트는 헤겔의 '세 가지 자기의식'을 현대 심리학·인격이론으로 재구성하여 세 가지 자기 관계로 정리합니다. 그리고 각각이 손상될 때 서로 다른 도덕적 상처가 발생한다고 봅니다. 첫째, 자기신뢰입니다. 나의 신체적 욕구와 바람이 존중받을 가치가 있다는 기본 확신입니다. 안전한 애착과 돌봄이 튼튼할 때 형성되지요. 이것이 무너지면 고문·폭행 같은 신체적 학대, 또는 생존 기반을 흔드는 상황이 일어나게 됩니다. 둘째, 자기존중입니다. 내가 도덕적 사려 능력을 지닌 존재라는 의식입니다. 여기에 상처를 내는 것은 사기·속임수·차별처럼 나를 권리 주체로 대하지 않는 행위들입니다. 셋째, 자긍심입니다. 공동체 속에서 내 능력과 기여가 가치 있다는 감각입니다. 이를 훼손하는 것은 멸시·천대·명예훼손, 그리고 일상의 무시입니다. '쓸모없는 사람'이라는 낙인은 자긍심을 한순간에 붕괴시킵니다.

현대 사회, 특히 도시는 이 세 가지 상처가 집중적으로 발생하는 장소입니다. 장기 실업은 자기 신뢰를 갉아먹습니다. 디지털 사기·보이스피싱은 자기 존중을 훼손합니다. 성소수자·이주민을 향한 혐오와 조롱은 자긍심을 무너뜨립니다. '성과'만 보는 조직 문화는 사람을 부속품으로 만들고, 가치를 기능으로만 평가합니다. 결국 우리는 "이 자기 훼손을 멈추게 할 규범은 무엇인가?"라고 묻습니다. 호네트는 이를 윤리적 규범이라 부릅니다. 이 규범이야말로 개인의 인격적 정체성의 조건을 보호하는 태도를 갖게 합니다.

호네트는 세 가지 상처를 회복시키는 세 가지 인정 형식을 제시합니다. 정서적 배려로서 사랑을 말합니다. 사랑은 타인의 욕구·바람을 유일무이한 것으로 받아들이는 애정의 관계입니다. 여기서 자기신뢰가 회복됩니다. 가정·학교·지역사회의 돌봄이 이 층위를 떠받칩니다. 인지적 존중으로서 권리를 듭니다. 서로를 동등한 도덕 주체로 대하는 권리 존중입니다. 차별금지, 절차적 공정, 이유가 분명한 결정과 이의제기 절차가 자기 존중을 되살립니다. 사회적 가치 부여로서 연대의 인정 형식이 있습니다. 이는 공동체가 구성원의 능력과 기여를 보이게 하고, 가치 있게 인정하는 것입니다. 직장·미디어·도시 정책애서 인정이 보이지 않게 기능할 때 자긍심이 자라게 됩니다. 여기까지가 호네트 식의 핵심 처방입니다. 우리 사회 구성원의 긍정적 자기관계를 지키려면 결국 돌봄의 언어, 권리의 제도, 연대의 문화를 함께 세워야 합니다.

이제 한 가지 비판적 질문을 덧붙이고자 합니다. 호네트의 인정 윤리는 자칫 '동일성의 폭력' 모두를 같은 기준으로 맞추는 힘을 띨 위험이 있습니다. 그래서 정작 서로의 다름에 귀 기울이는 일이 어려워질 수 있습니다. 왜 그럴까요? 정서적 배려의 층위에서 호네트는 위니콧의 애착이론을 따라 '사랑이 뒷받침하는 독립성'에 방점을 찍습니다. 중요한 통찰이지만, 그 과정에서 관계 내부의 구체적 욕망의 이질성, 가령 연애에서의 거절·배신처럼 섬세한 상호 응답의 윤리는 상대적으로 배경으로 밀려납니다. 정서적 손상의 예시 역시 신체적 불가침성 같은 보편 규범에 기대어 설명되는 경우가 많아, 결과적으로 권리의 언어와 닮아가게 됩니다.

권리 존중의 층위는 필수입니다. 다만 권리의 언어는 '모두가 동일하게 차이를 표현할 권리'를 보장할 뿐, 어떤 차이가 여기-지금의 맥락에서 어떻게 들려야 하는지까지는 말해 주지 못합니다. 연대/가치부여의 층위는 개인의 기여를 집단적 정체성에 엮어 드러냅니다. 이 또한 중요하지만, 그 순간 개인의 특이성이 집단에 기여하는 기능적 차이로 환원될 위험이 있습니다. 공동체는 단단해지되 예측 불가능한 단일성이라 할 수 있는 타자성은 가려질 수 있습니다.

결론적으로, 호네트의 인정윤리는 함께 작동하게 만드는 데 매우 유능하지만, 때로는 서로 다르게 울리는 목소리의 결을 끝까지 듣는 데는 서툴 수 있습니다. 그래서 우리에겐 두 개의 안목이 동시에 필요합니다. 첫째, 동일성의 안목입니다. 이는 서로를 동등한 주체로 묶어 주는 권리·절차·공통 규칙입니다. 둘째, 타자성의 안목입니다. 이는 특정한 타자가 지금 여기서 건네는 단 한 번의 목소리를 끝까지 듣는 경청의 윤리입니다.

호네트는 "사회적 투쟁은 인정의 투쟁이다." 라고 말합니다. 거칠어 보이지만 실은 매우 인간적인 선언입니다. 우리가 노동 현장에서, 광장에서, 온라인에서 싸우는 이유는 결국 "나는 존중받을 가치가 있다"는 가장 기본적인 요청을 삶으로 증명하려는 몸부림이기 때문입니다. 이 싸움은 두 손으로 치러야 합니다. 한 손은 사랑·권리·연대라는 공통의 틀을 단단히 붙들고, 다른 한 손은 내 앞의 타자가 들려주는 단 한 번의 목소리를 끝까지 붙잡아야 합니다.

동일성의 윤리와 타자성의 윤리가 동시에 작동할 때, 인정은 누군가를 똑같이 만들려는 힘이 아니라, 각자가 자기 자신이 되도록 여는 힘으로 거듭납니다. "당신이 원하는 그 인정, 먼저 당신이 건네주십시오." 그 작은 시작이 우리 사회를 변화시키고, 나와 너 우리의 상처를 봉합하며, 인정의 투쟁을 존엄의 회복으로 이끌 것입니다.

자기 한계의 자각

"인정의 윤리는 나의 확신을 두껍게 만드는 일이 아니라 나의 한계를 자각하게 하는 일이어야 한다." 왜 이렇게 말하는지, 그리고 왜 이 논지가 현대 사회에서 더 절실한지 이야기하도록 하겠습니다. 호네트의 인정 이론이 지닌 장점, 즉 사람이 긍정적 자기관계를 이루려면 사랑·권리·연대라는 세 층위의 인정이 필요하다는 통찰을 높이 평가합니다. 동시에, 그 이론이 실제 현장에서 타자를 나와 '같은 기준'으로 맞추는 힘, 곧 동일화의 압력을 낳을 수 있다는 비판 또한 정당하다고 봅니다.

이 의문을 더 굳건히 하기 위해 필자는 주디스 버틀러의 '윤리적 폭력' 비판을 살펴보고, 그 과정을 통해 헤겔의 상호인정을 새롭게 읽어 보려 합니다. 상호인정은 '나의 자기 확신'이 아니라 '나의 자기 한계'의 인정을 토대로 할 때 비로소 타자성을 배제하지 않는 규범이 될 수 있습니다. 이것이 필자가 제안하는 인정의 윤리입니다. 그리고 바로 이 윤리가 동일화의 폭력 없이 서로 얽히는 현대 사회가 만들어 낸 도시의 상호작용을 유지할 수 있다고 믿습니다.

왜 하필 '도시'일까요? 도시란 이방인들이 만나 상호작용하는 공간입니다. 아이리스 마리온 영의 말을 빌리면, 도시의 삶은 "이 방인들과 함께함으로 정의되는 사회적 관계 형식"입니다. 더 나아가 도시는 나 자신조차 끊임없이 이방인처럼 변형되는 곳입니다. 우리는 늘 뜻밖의 만남 속에서, 작업장과 골목과 플랫폼에서, 나의 욕망과 요구가 무엇인지조차 새롭게 배우며 살아갑니다. 그렇다면 나와 타자의 '타자성'을 충분히 고려하지 않는 인정 이론은 도시의 실제 삶을 놓치게 됩니다. 이 문제의식 위에서, 버틀러는 헤겔과 호네트 이론을 비판의 대상으로 둡니다.

버틀러가 비판하는 첫 대목은 공동체 윤리의 '가짜 통일성'입니다. 집단의 에토스가 한때는 유효했을지 몰라도, 시대착오적 보편성을 내세우는 순간 개별 인간의 권리를 압도하고, 윤리적 폭력으로 바뀐다는 것입니다. 이 지점에서 버틀러는 중요한 질문을 던집니다. 우리가 흔히 말하는 상호인정 '각자가 타자에게 자신이 요구하는 것을 해주는 것'이 정말 안전한가? 그 요구가 나의 규범을 타자에게 강요하는 동일화의 메커니즘으로 작동할 위험은 없는가? 만약 그렇다면, '다르게 요구하는' 타자, 곧 타자성은 제도적으로 밀려나게 됩니다. 버틀러는 묻습니다. "인정이란 타자가 '나와 동일한 구조'를 갖고 있음을 내가 승인하는 상호행위인가?" 이 질문은 이번 이야기의 핵심입니다.

이제 버틀러가 겨냥하는 철학적 토대로서 헤겔 해석의 '전유 모델(appropriation model)'을 보겠습니다. 이 모델에 따르면 주체는 처음부터 자기투명적으로 주어진 존재이고, 타자는 밖에 있다가 인식의 진행 속에서 내부로 전유됩니다. 이런 서사에서는 타자를 만나는 순간조차, 결국 나의 도식과 나의 이해 방식으로 상대를 포섭하는 결과가 됩니다. 그렇게 되면 '인정'은 이름만 다를 뿐, 사실상 전유·동일화의 다른 표현이 되고 맙니다. 두 당사자가 서로를 인정한다고 하면서, 실제로는 누가 누구를 자기 기준으로 더 많이 끌어당길 것인가를 다투는 권력투쟁이 되어 버리는 것이죠.

버틀러는 여기서 헤겔을 '탈아적으로' 읽자는 제안을 합니다. 한마디로 타자를 향해 방향을 튼 것입니다. 요지는 간단하지만 파격적입니다. 자아가 먼저가 아니라 타자와 만나는 것이 급선무였습니다. "나는 반복적으로 자기 밖에서 나를 발견한다." 그래서 순수한 내적 자기반성은 처음부터 불가능합니다. 우리는 언제나 나에게조차도 타자이고, 나의 귀환은 완결되지 않습니다. 타자를 만나는 사건은 나를 변형시키고, 인정을 수행하는 행위는 나를 노출시키며, 나의 자기이해의 한계를 드러냅니다. 버틀러는 이 과정을 '구성적 상실(constitutive loss)'이라 부릅니다. 인정을 통해 나는 과거의 나를 확인하는 것이 아니라, 일부를 잃고 새로운 나를 얻게 됩니다. 그러니 인정은 자기 확인의 성공담이 아니라, 자기 확인의 실패를 통하여 새로 구성되는 이야기입니다.

이렇게 보면 인정의 윤리는 '나'에게로부터 '너'를 향해 무게 중심이 이동됩니다. 우리는 더 이상 '나의 권리와 확신'을 전면에 놓기보다, 나를 구성하면서도 나를 다치게 할 수 있는 타자, 곧 '너'의 목소리에 먼저 귀 기울여야 합니다. 여기서 버틀러가 말하는 타자성은 둘로 나눠 볼 수 있습니다. 첫째, 단수성으로서의 타자성입니다. 예측 불가능하고 개념으로 포섭되지 않는, 한 번뿐인 타자. 이 단수성 때문에 우리는 서로에게 노출되어 있고, 필연적으로 취약합니다. 그래서 타자와의 만남은 언제나 상처의 가능성을 동반합니다. 둘째, 사회적으로 보편화된 타자성입니다. 언어·규범·관습처럼 나보다 먼저 존재하던 타자의 질서. 나는 이것을 습득하며 자신을 표현하고 소통합니다. 하지만 이 보편 규범은 언제든 시대착오적 폭력이 될 수 있고, 나를 '탈취(dispossession)'할 수 있습니다. 나라고 호명되는 주체는 늘 이미 만들어진 타자의 언어로 자신을 말하는 한계 속에 있습니다.

이 두 층위의 타자성을 함께 인정할 때, 우리는 비로소 이렇게 말할 수 있습니다. "우리는 동일성으로 묶인 존재가 아니라 타자성으로 얽힌 존재다."라고 말입니다. 따라서 상호인정은 서로에게 동일한 것을 요구하는 절차가 아니라, 나와 다른 사람인 '너'를 욕망하고, 그 관계 속에서 '나의 한계'를 인정하는 윤리여야 합니다. 말하자면, 상호인정의 핵심은 타자의 타자성에 귀 기울이는 능력입니다.

윤리적 책임의 의미

버틀러는 영어 표현 "to give an account of oneself" 즉 "자신을 책임진다", "자신을 서술한다"에 주목합니다. 책임이란 곧 자기 서술이고, 자기 서술은 타자를 경유해야만 가능합니다. 따라서 스스로 책임을 진다는 것은 타자로 인해 상처받을 수밖에 없는 나의 한계를 시인하고, 그 한계를 드러내는 너의 목소리에 귀 기울이는 일입니다. 이때 이성의 한계는 인간성의 신호가 됩니다. 지워야 할 것이 아니라, 주목하고 돌봐야 할 흔적이 되는 것이죠.

그렇다면 실천은 무엇일까요? 버틀러가 제안하는 중요한 태도는 판단의 중지입니다. 확신으로 밀어붙이는 심판의 언어를 잠시 거두는 일, 바로 이 심판은 대개 타자를 재빨리 나에게서 몰아내는 기술이 됩니다. 반대로, 판단중지는 타자성에 귀 기울일 수 있는 시간과 여지를 열어 줍니다. 다원적인 현대 사회에서 우리는 매일 이 여지를 필요로 합니다. 낯선 발화, 낯선 몸짓, 낯선 신념 앞에서 먼저 멈추어 듣는 습관, 이것이말로 동일화의 폭력을 피해 가는 가장 현실적인 인정의 기술입니다.

버틀러의 틀을 따라갈 때, 호네트가 말한 자신감·자존감·자부심은 어떻게 다시 이해되어야 할까요? 이 셋을 포기하자는 말이 아닙니다. 오히려 탈-인간중심적 관점에서, 한계의 인식 위에서 새롭게 구성될 수 있다는 가능성을 더 토론해야 합니다. 또 하나, 상대가 자신의 한계를 인정하지 않을 때—그 폭력이 노골적으로 내게 들이닥칠 때—우리는 어디서 어떻게 비례적이고 정당한 선을 그어야 하는가? 이 조건 설정 또한 전략적으로 더 세밀해져야 합니다.

현대 사회에서 동일화의 폭력을 피하려면, '자기 확신을 증폭하는 인정'이 아니라 '자기 한계를 자각하게 하는 인정'이 필요합니다. 이 인정은 나의 목소리를 지우라는 말이 아닙니다. 오히려 너의 목소리를 들을 수 있는 '나'가 되자는 요청입니다. 타자성을 위협으로만 보지 않고, 윤리의 출발 신호로 받아들이자는 제안입니다. 판단을 잠시 멈추고, 이해의 언어를 늦추며, 경청의 시간을 확보하는 것. 그때 비로소 상호인정은 누구를 닮게 만드는 힘이 아니라, 각자가 자기 자신이 될 수 있도록 여는 힘이 됩니다. "확신보다 한계를, 동일성보다 타자성을 먼저 떠올립시다." 그 순간, 우리의 말과 제도와 일상이 달라질 것입니다. 우리 사회의 분위기가 달라질 것입니다. 그리고 인정의 윤리는, 폭력이 아니라 공존의 기술로 살아 움직이게 될 것입니다.

인정은 칭찬과 호의의 문제가 아니라, 누가 인간으로 보이는가, 누구의 삶이 공적으로 보호받고 애도될 자격이 있는가를 둘러싼 규범의 정치입니다. 버틀러의 출발점은 불편합니다. 우리는 먼저 자유로운 '나'로 존재한 뒤 사회가 그 '나'를 인정해 준다고 생각하기 쉽습니다. 하지만, "우리는 규범에 의해 먼저 불려지고, 그 부름을 반복 수행하면서 '누구'가 된다."고 합니다. 이를테면, "여성/남성", "정상/비정상", "내국인/외국인" 같은 인정의 분류 체계가 사회의 언어를 통해 호명됩니다. 이 호명은 이중적입니다. 한편으로는 말할 자리를 주지만(생성적), 다른 한편으로는 침묵시킵니다(억압적). 버틀러가 '수행성(performativity)'이라 부른 것은 바로 이 반복의 힘입니다. 이는 사람들이 규범을 따라 말하고 행동할 때마다 규범이 다시 굳어지는 메커니즘입니다. 하지만 역설적으로, 반복은 다르게 반복될 여지도 있습니다. 인정은 그래서 굳어지는 규범이자, 새로 쓰일 규범의 장입니다.

버틀러는 전쟁·재난·혐오의 장면을 비춥니다. 어떤 죽음은 뉴스의 첫머리를 장식하고, 어떤 죽음은 통계에조차 잡히지 않습니다. 그는 "누구의 삶이 애도될 수 있는가?" "어떤 신체가 공적 보호의 가치가 있다고 보이는가?"라고 묻습니다. 여기서 핵심은 취약성입니다. 인간은 누구나 상처받을 수 있는 존재라는 보편의 진실을 붙들되, 그 취약성이 어떤 프레임에서 가시화되는지 추적해야 합니다. 불법체류자, 트랜스젠더, 장애인의 취약성은 종종 프레임 밖으로 밀려납니다. 따라서 인정 정치는 권리의 문장을 넓히는 일만이 아니라, 보이지 않던 삶을 보이게 하는 '재틀 짓기(reframing)', 그리고 타인의 상처에 정동적으로 응답하는 연대를 포함해야 합니다. '살 만한 삶'은 법률 조항에만 있지 않고,

'보이는가-애도되는가'의 문화적 장치 속에서 매일 새로이 결정됩니다.

법적 인정과 열린 규범성 사이

버틀러는 젠더정치 영역에서 자주 오해받습니다. 그는 '법적 인정(성별정정, 차별금지)'을 반대하지 않습니다. 다만 경고합니다. 법의 카테고리가 사람을 보호하는 동시에 정체성을 재경직화할 수 있다고요. 그러니 규범은 닫힌 정의가 아니라, 살아 있는 삶의 수행에 비추어 열린 규범으로 갱신되어야 합니다.

실제로 필요한 것은 두 축입니다. 첫째, 제도적 보호입니다. 이를테면, 자기결정에 기반한 법제, 의료 접근성, 교육·고용에서의 차별금지 등이 이에 속합니다. 둘째, 자기서술(self-description)의 권리입니다. 이는 사람들이 스스로를 설명할 언어와 표기를 가질 권리를 의미합니다. 인정은 "증명하라"는 심문이 아니라 "스스로 말하라"는 초대에 가까워야 합니다.

주디스 버틀러의 급진성은 공중에 떠 있는 구호가 아닙니다. 이미 헤겔은 "자유는 상호인정으로만 성립한다"고 말했고, 악셀 호네트는 그 통찰을 현대적으로 계승하여 사랑·권리·연대라는 세 층의 인정이 자기신뢰·자기존중·자긍심을 떠받친다고 했습니다. 버틀러는 여기에 더해, 규범이 누구를 보이게 하고 누구를 지우는지를 묻습니다. 필자는 이 세 갈래 논의를 묶어서 생활세계에서 작동할 수 있는 통합 규범으로 이야기하려고 합니다.

무엇보다 먼저 세 사상가가 공명하는 지점부터 확인하겠습니다. 주체는 홀로 서지 않습니다. 타자와의 관계 속에서만 서고, 그 관계의 질이 곧 나의 자유의 질을 결정합니다. 인정은 책상 위에서 완성되는 개념이 아니라, 경험과 갈등, 저항의 현장에서 다시 쓰이고 고쳐집니다. 그리고 인정이 지속되려면 제도가 뒤에서 받쳐야 합니다. 다만 그 제도는 자신이 행사하는 권력과 숨어 있는 규범의 폭력을 끊임없이 성찰하고 바로잡을 수 있어야 합니다. 한마디로 말해, 관계가 나를 만들고, 현장이 교과서가 되며, 제도는 작동하되 스스로를 고칠 수 있어야 한다는 뜻입니다.

동시에 우리는 세 관점 사이의 긴장도 직시해야 합니다. 헤겔과 호네트는 제도의 합리성을 비교적 신뢰하지만, 버틀러는 그 제도가 낳는 불가시화를 폭로합니다. 호네트의 연대는 사회적 가치 질서의 안정에 기대는 반면, 버틀러는 그 질서 자체가 어떤 이들을 바깥으로 밀어낼 수 있다고 의심합니다. 호네트가 모욕과 모멸이라는 도덕 경험을 전면에 놓는다면, 버틀러는 가시화의 프레임과 정동이 인정의 전장을 바꾼다고 봅니다. 이 긴장은 피하는 대상이 아니라, 서로의 장점을 살리고 허점을 보완하도록 엮어야 할 과제입니다.

필자는 실천가능한 통합 제안을 하겠습니다. 권리-연대-취약성으로 이루어진 삼원적 인정규범이 바로 그것입니다. 먼저 권리는 법적 평등의 토대이자 인정의 최저선입니다. 차별금지, 평등권, 절차적 정의 같은 원칙을 통해 누구도 이 선 아래로 떨어지지 않도록 안전망을 구성합니다. 다음으로 연대는 인정의 중층입니다. 그동안 보이지 않던 기여와 노동, 삶의 서사를 공동체의 가치 질서 속으로 다시 배치하여 삶을 두텁게 합니다. 또한 취약성은 인정의 최고선입니다. 어떤 생명이 공적으로 애도될 수 있는지, 돌봄을 누구의 책임으로 삼을 것인지 묻고, 애도가능성을 회복하며 돌봄을 공적 책임으로 끌어올려 가장 바깥에 선 생명을 잃지 않게 합니다. 요약하면, 권리는 최소를 보장하고, 연대는 삶을 두텁게 하며, 취약성의 윤리는 가장 바깥을 지킵니다.

 이 삼원적 틀이 제대로 작동하려면 몇 가지 설계 원칙이 따라야 합니다. 보호와 제한을 하기위한 사유는 모두가 수용가능한 언어로 투명하게 설명되어야 합니다. 심사와 제재는 목적에 비례하면서도 최소 침해의 방식으로 단계적으로 설계되어야 합니다. 모든 결정 과정에는 이유 고지와 이의제기, 독립적인 심사와 심리적 안전이 보장되어야 하며, 가족과 시장에 과도하게 집중된 돌봄은 국가와 지역사회로 분산해야 합니다. 또한 교육과 미디어를 통해 지워진 삶과 서사를 다시 보이게 해야 합니다. 이렇게 해야 버틀러가 말한 가시화의 정치를 제도의 언어로 번역할 수 있습니다.

이제 이 틀을 구체적 장면에 대입해 보겠습니다. 먼저 젠더와 성별정체성의 인정 정치입니다. 헤겔의 통찰대로 자유는 제도를 통해 서로에게 상호보증됩니다. 트랜스젠더 당사자의 법적 성별정정, 의료 접근성, 차별금지는 자유의 제도적 조건입니다. 호네트의 관점에서 보면, 사랑·권리·연대가 결핍될 때 자기신뢰·자기존중·자긍심이 무너집니다. 따라서 학교와 직장의 가치 질서를 바꾸어야 합니다.

버틀러는 법적 분류는 필요하지만, 그 자체가 정체성을 다시 굳게 만드는 위험이 있다고 합니다. 그래서 당사자의 자기서술권을 보장하고, 비이분법적 표기 같은 열린 인정의 장치를 마련해야 합니다. 정책적으로는 자기결정에 기반한 성별정정 법제, 해악 기준이 분명한 혐오표현 규제, 교육과 미디어에서의 가시화 촉진, 그리고 심리·보건·고용을 한데 잇는 원스톱 지원체계가 필요합니다.

다음은 플랫폼 노동과 사회적 자유의 문제입니다. 헤겔과 호네트가 강조하듯 노동은 자기형성의 매개입니다. 그러나 평점과 유령노동, 끝없는 하청화는 연대를 붕괴시키고, 인정의 토대를 무너뜨립니다. 따라서 공정한 보상, 결사의 자유, 집단교섭권은 인정의 필수 조건입니다. 버틀러의 시선을 더하면, 플랫폼의 가시화 프레임, 이를테면 평점과 노출 알고리즘은 노동자의 생계와 존엄을 좌우합니다. 알고리즘에 대한 책임성과 설명 가능성, 정동적 존중의 문화가 함께 필요합니다. 이를 위해 설명권과 데이터 이의제기를 보장하고, 평점의 정정 절차를 제도화하며, 노동자 대표성과 집단교섭을 실질화해야 합니다. 특히 배달과 돌봄처럼 위험이 높은 직종에는 안전과 사회적 부조를 두텁게 확충해야 합니다.

이주, 돌봄, 애도가능성의 장면에서도 같은 틀이 적용됩니다. 호네트의 관점에서 법적 지위의 부재는 권리 인정을 결핍시키고, 언어와 문화를 폄하하는 태도는 연대의 인정을 붕괴시킵니다. 버틀러는 한 걸음 더 나아가, 어떤 죽음은 애도되지 않는 현실을 바꾸어야 공적 인정이 시작된다고 말합니다. 기억과 애도는 정치의 문제입니다. 헤겔의 언어로 정리하면, 시민권의 확장과 윤리적 삶의 포섭이 필요합니다. 구체적으로는 체류자격과 기본서비스를 보장하는 최저 권리선을 설정하고, 다언어·문화중개를 확대하며, 국가 기념과 언론의 장에서 포용적 애도를 실천해야 합니다. 더불어 돌봄노동을 권리화하고, 정당한 임금과 휴식을 보장해야 합니다.

여기서 다시 한 번 버틀러를 중심에 놓고 세 가지를 각인하겠습니다. 규범은 호명과 수행을 통해 우리를 주체로 만들기도 하고 지우기도 합니다. 그래서 인정은 생성적이면서 동시에 억압적일 수 있습니다. 전쟁과 재난, 혐오의 상황에서 어떤 생명이 애도될 수 있는지, 어떤 신체가 공적 보호의 가치가 있다고 간주되는지 묻는 일은 취약성의 정치를 열어젖힙니다. 인정정치는 권리 확장만이 아니라 프레임의 재편과 정동적 연대를 포함해야 합니다. 또한 법적 인정은 필요하지만, 정체성을 다시 굳게 만드는 재경직화를 경계해야 합니다. 규범은 살아 있는 삶의 수행에 따라 갱신되어야 합니다. 이때 앞서 제시한 권리·연대·취약성의 삼원틀은 버틀러의 급진성을 제도 언어로 번역하는 실용적 경로가 됩니다.

문제가 표현의 수준인지, 관행의 습속인지, 제도의 구조인지 먼저 가늠하셔야 합니다. 해악과 존엄에의 위험이 구체적이고 임박한지, 아니면 불쾌감 수준에 머무는지 구분해야 합니다. 개인과 집단, 그리고 그 집단 안의 더 약한 소수의 권리 충돌이 어디에서 발생하는지도 파악해야 합니다. 전면 금지 이전에 시간·장소·방식의 조정이나 반박과 교육 같은 덜 침해적인 대안이 있는지 검토하시고, 결정의 이유가 공적 언어로 설명 가능한지 점검하셔야 합니다. 마지막으로, 사후 평가와 재조정의 계획을 함께 세워야 제도가 신뢰를 얻습니다. 이 일련의 기준은 권리의 최저선, 연대의 중층, 취약성의 최고선을 동시에 작동시키는 도구가 될 것입니다.

헤겔은 자유의 상호인정과 제도화의 경로를 열어 주었습니다. 호네트는 모욕과 모멸이라는 도덕경험을 통해 사랑·권리·연대의 윤리를 세웠습니다. 버틀러는 규범 권력이 빚는 가시화와 비가시화의 정치를 드러내고, 취약성과 애도가능성으로 '살 만한 삶'의 지평을 넓혔습니다. 세 줄기를 합치면 한 문장이 됩니다. "인정은 미덕이 아니라, 작동하는 제도이자, 스스로를 비판할 줄 아는 규범정치다." 우리는 권리로 최저선을 보장하고, 연대로 삶을 두텁게 하며, 취약성의 윤리로 가장 바깥의 생명을 잃지 않습니다. 그때 비로소 민주주의는 분열이 아니라 다름의 공존을 배우는 능력이 됩니다. 공존은 인정을 전제로 합니다. 인정은 '너를 나처럼 만들기'가 아니라, '네가 너일 수 있도록 공간을 여는 일'입니다. 그 공간을 법으로, 제도로, 문화로 함께 만들어 가도록 합시다.

별자리 08
돌봄_인간 존재에 대한 진지한 응답

돌봄의 역설

돌봄이라는 말은 익숙하지만 동시에 낯선 말입니다. 우리는 일상에서 타인을 돌보기도 하고, 돌봄을 받기도 합니다. 병든 가족을 간호하거나, 친구의 고민을 들어주거나, 아이를 키우는 일, 또는 공동체를 유지하기 위해 하는 모든 행동 속에 돌봄이 있습니다. 그러나 철학은 이 일상적인 행위를 단지 개인적 도덕행위로 보지 않습니다. 철학은 돌봄을 인간 존재의 조건, 도덕의 토대, 사회 정의의 핵심, 나아가 윤리의 기초 언어로 바라봅니다. 서양철학에서 돌봄은 고대부터 현대에 이르기까지 다양한 방식으로 사유되어 왔습니다. 여기서는 하이데거의 실존철학, 페미니즘 윤리학, 에마뉘엘 레비나스의 타자 철학에서 나타난 돌봄의 의미를 탐색하고자 합니다.

마르틴 하이데거는 『존재와 시간』에서 인간 존재를 '현존재(Dasein)'라 부르며, 인간은 본질적으로 세상 속에서 '배려하고 돌보는 존재'라고 보았습니다. 그의 유명한 말 중 하나는 바로 이것입니다. "인간 존재는 자기 존재를 걱정하는 존재이다." 하이데거에게 돌봄은 단지 누군가를 도와주는 윤리적 행동을 의미하지 않습니다. 그것은 존재 자체의 구조입니다. 인간은 항상 어떤 것을 향해 있고, 어떤 관계에 놓여 있으며, 무언가를 염려하고 걱정하며 살아갑니다. 돌봄은 그렇게 존재의 방식으로 스며 있습니다. 특히 하이데거는 죽음의 가능성을 인식하는 존재로서 인간이 스스로의 유한함을 자각하고, 그것을 염려하는 과정을 통해 진정성 있는 삶을 살아갈 수 있다고 보았습니다. 그러므로 돌봄은 존재를 향한 책임감이기도 합니다. 하지만 하이데거의 돌봄은 철학적으로 깊이 있지만, 여전히 추상적이고 개인주의적인 측면이 강합니다. 이러한 한계를 비판하며 등장한 것이 페미니즘 윤리학의 돌봄 윤리(Ethics of Care)입니다.

1970~80년대, 캐롤 길리건은 『다른 목소리로』라는 저서를 통해 기존의 도덕철학이 남성 중심의 '정의의 윤리'에 치우쳐 있음을 지적했습니다. 그녀는 여성의 도덕적 판단은 정의보다는 관계와 책임, 배려와 돌봄을 중심으로 이루어진다고 주장했습니다. 여기서 돌봄은 약함, 의존, 불완전함이라는 인간의 조건을 직시하고, 그에 응답하려는 윤리적 태도로 정의됩니다. 이후 네리 넌, 조앤 트론토 등 많은 사상가들이 돌봄 윤리를 확장시켰습니다. 트론토는 『돌봄의 경계들』에서 돌봄을 도덕뿐 아니라 정치의 문제로 확장합니다. 그는 "돌봄은 인간 조건의 일부이며, 정치는 돌봄을 조직화하는 방식이어야 한다"고 말했습니다.

트론토에 따르면, 우리는 모두 돌봄을 필요로 하며, 돌봄을 통해 서로 연결되어 있습니다. 돌봄은 사적 영역의 일이 아니라, 사회 시스템과 정책의 중심이 되어야 한다는 주장입니다. 코로나19 팬데믹 시기, 우리는 이 철학의 절박함을 현실에서 경험했습니다. 보건

의료 노동자, 요양시설, 돌봄 공백 등은 단순한 사회 이슈가 아니라 인간의 존엄과 연대, 책임의 문제였던 것입니다. 또한 우리는 에마뉘엘 레비나스를 통해 타자에 대한 돌봄의 윤리적 뿌리를 살펴볼 수 있습니다. 그는 철학의 출발점을 존재가 아니라 타자의 얼굴에서 시작해야 한다고 말했습니다. 내가 타인의 얼굴을 마주할 때, 나는 그 존재의 고통과 취약함, 죽을 수밖에 없는 조건을 보게 됩니다. 그 순간, 타인은 나에게 윤리적 요청으로 다가옵니다.

레비나스의 철학에서 돌봄은 선택이 아니라, 책임의 발생입니다. 나는 타자에게 응답할 수밖에 없는 존재이며, 타자의 고통 앞에서 중립일 수 없습니다. 그는 "나는 타자에게서 벗어날 수 없다. 타자의 고통은 나의 책임이다."라고 했습니다. 이 철학은 단지 감정적 공감이나 동정심의 문제가 아닙니다. 존재론 이전의 윤리, 타자 앞에서 자동적으로 작동하는 인간의 도덕 감응성을 말하고 있습니다. 오늘날 사회적 약자, 난민, 질병 환자, 노인, 어린이 등 '돌봄을 필요로 하는 존재들' 앞에서 우리는 레비나스가 말한 윤리적 응답성을 각성하고자 합니다.

이제 우리는 돌봄을 단지 '좋은 행동'이 아니라, 철학적이고 구조적인 사유의 대상으로 받아들여야 합니다. 돌봄은 인간의 조건입니다. 누구나 태어나면서부터 돌봄 없이는 존재할 수 없습니다. 그리고 누구나 언젠가는 돌봄을 필요로 하는 존재가 됩니다.

우리는 오랜 시간 동안 인간을 '이성적 존재', '자율적 주체'로 정의해왔습니다. 하지만 돌봄 철학은 말합니다. "인간은 서로에게 의존하고, 돌봄 없이는 존엄하게 살아갈 수 없는 존재다."라고 말입니다.

이제는 돌봄을 주변의 일이 아니라, 철학의 중심, 사회 시스템의 기초, 정의의 구성요소로 재정립해야 할 때입니다. 돌봄은 단지 타인을 위한 일이 아닙니다. 그것은 나의 삶이 어떤 방식으로 인간다운지를 시험하는 거울이며, 공동체가 얼마나 정의롭고 지속가능한지를 가늠하는 기준입니다. 돌봄을 외면하는 사회는 결국 자기 자신을 돌보지 못하는 사회이며, 돌봄을 중심에 둔 사회만이 진정으로 윤리적인 사회일 것입니다.

철학은 돌봄을 '약한 자의 감정'이 아니라, 인간 존재에 대한 진지한 응답으로 끌어올려 왔습니다. 하이데거의 실존, 레비나스의 윤리, 페미니즘의 배려, 트론토의 정치학 등, 이 모든 사유는 돌봄을 단지 사소한 일이 아닌, 가장 중대한 철학적 실천으로 만들어내고 있습니다. 이제 우리가 이 돌봄의 철학을 삶 속에서, 관계 속에서, 사회 속에서 어떻게 실현할 것인가. 그것이 남겨진 과제입니다.

돌봄의 권리

돌봄은 오랫동안 가정 안에서의 여성 역할, 혹은 비공식적 지원 행위로 간주되어 왔습니다. 하지만 오늘날 사회복지학은 돌봄을 단지 선의의 행위나 가족 내 책임으로만 보지 않습니다. 오히려 돌봄은 인권의 문제이며, 공공의 책임이고, 사회 정의의 핵심이라고 말합니다.

사회복지학에서 말하는 돌봄은 다음과 같은 일련의 질문에 답을 하는 학문입니다. "누가 돌보고, 누가 돌봄을 받고 있는가?", "누가 돌봄으로부터 배제되고 있는가?", "돌봄은 사회적으로 어떻게 구성되고, 정책은 그 요구에 어떻게 응답하고 있는가? 이러한 질문은 단순한 감정적 호소가 아니라, 구조적 분석과 제도적 응답을 요구하는 사회복지의 핵심 과제입니다.

돌봄이 중요한 이유는 단순합니다. 인간은 누구나 의존합니다. 누구나 태어나면서부터 돌봄을 받지 않고서는 존재할 수 없고, 삶의 어느 시점에서는 반드시 누군가의 도움이 필요해지는 취약한 존재입니다. 사회복지학은 바로 그 취약성과 의존성을 수치가 아닌 존엄의 조건으로 바라봅니다. '완전한 자율적 주체'라는 신화를 넘어서, '의존성과 관계성 속에 놓인 인간'을 전제하는 것입니다.

이러한 철학은 돌봄을 공공정책으로 끌어올리는 데 중요한 기반이 되어왔습니다. 특히 핀란드, 스웨덴, 노르웨이와 같은 북유럽 복지국가들은 돌봄을 사회 전체가 책임져야 할 의무로 인식하고, 보육, 요양, 장애인 지원, 재가복지 서비스 등을 국가 수준에서 제도화해 왔습니다. 이것은 단지 복지 확대가 아니라, 돌봄을 '권리'로 인정하는 관점의 전환을 의미합니다.

사회복지학자 토론토는 "돌봄은 인간 조건 그 자체이며, 사회는 그 조건을 어떻게 조직하고 응답할 것인지 끊임없이 묻고 재구성해야 한다."고 말합니다. 그는 돌봄을 '인식하기', '책임지기', '실제로 돌보기', '응답받기', '책임 평가하기' 이렇게 5단계로 구분했습니다. 이는 오늘날 사회복지서비스 설계와 윤리의 중요한 틀을 제공하고 있습니다.

우리는 여전히 돌봄의 많은 부분을 여성, 가족, 저임금 노동자의 책임으로 떠넘기고 있습니다. 특히 요양보호사, 장애인 활동지원사, 보육교사, 간병인 등 수많은 돌봄 노동자들은 낮은 임금, 불안정한 고용, 열악한 근무환경 속에서 보이지 않는 희생을 감당하고 있습니다.

여기서 사회복지학은 다시 물어야 합니다. "돌봄은 왜 공적 가치임에도 불구하고 민간과 개인에게 전가되어 있는가?" "이 돌봄의 불평등은 성별, 계급, 지역, 장애, 이주 등의 요소와 어떻게 교차하는가?". 우리가 알아야할 것은 돌봄은 단지 누군가를 '도와주는 것'이 아니라, '삶을 가능하게 하는 조건'을 만들어내는 사회적 실천이라는 점입니다. 그러므로 돌봄의 질은 삶의 질과 직결되며, 돌봄의 권리는 삶을 살 권리 그 자체와 연결됩니다.

그렇다면 사회복지학은 오늘 어떤 방향을 제시해야 할까요? 첫째, 돌봄을 권리로 재정의해야 합니다. 모든 사람은 나이에 상관없이, 장애 여부와 무관하게, 일정 수준의 돌봄을 공정하게 보장받을 권리가 있습니다. 돌봄은 시혜가 아닌 사회적 정의의 문제입니다. 둘째, 돌봄노동을 재평가하고 보장해야 합니다. 지금까지 돌봄노동은 감정노동, 비가시화된 노동으로 취급되어 왔습니다. 사회복지학은 이를 '진짜 노동'으로 정당화하고, 적절한 보상, 노동권 보장, 전문성 인정을 제도화해야 한다고 주장합니다. 셋째, 지역 중심의 커뮤니티 케어를 강화해야 합니다.

노인 돌봄, 재가복지, 발달장애인 지원 등에서 기관 중심에서 벗어나 삶의 현장과 연결된 분산형 돌봄체계가 필요합니다. 이는 곧 사회복지 실천의 방향을 '복지 전달'에서 '돌봄 기반의 삶의 설계'로 이동시키는 작업입니다. 넷째, 교차적 불평등을 고려한 통합적 돌봄정책이 필요합니다. 돌봄은 단일한 문제가 아닙니다. 여성노동, 이주노동, 고령화, 장애, 빈곤, 주거 문제와 밀접히 얽혀 있습니다. 사회복지학은 이를 통합적으로 분석하고, 현장에 맞는 다층적 서비스 모델로 전환하는 데 집중해야 합니다. 다섯째, 돌봄의 민주화를 위한 시민교육이 필요합니다. 돌봄은 전문가만의 일이 아닙니다. 모두가 돌보는 사회, 돌봄을 존중하는 문화가 자리잡을 때, 우리는 비로소 '복지국가'라는 이름을 정당하게 쓸 수 있습니다.

사회복지학은 더 이상 물질적 지원만을 다루지 않습니다. 그 핵심에는 늘 인간의 존엄이 있으며, 그 존엄을 일상에서 지탱해

주는 가장 본질적인 요소가 바로 돌봄입니다. 우리가 아이를 키우고, 노인을 부축하며, 이웃의 병을 살피는 일은 단지 '선한 일'이 아니라, 사회를 구성하는 방식 그 자체입니다. 따라서 우리는 묻지 않을 수 없습니다. "누가 돌보고 있는가?", "그 돌봄은 존중받고 있는가?", "그 돌봄은 충분한가?"라는 질문에 답을 하는 것이 곧 사회복지학이 해야 할 일입니다.

동양의 돌봄 사상

돌봄은 단순한 행위가 아닙니다. 그것은 관계이고, 책임이며, 존재에 대한 응답입니다. 서양에서는 돌봄을 주로 윤리학, 실존철학, 또는 정치이론의 주제로 다루어왔지만, 동양의 사유는 훨씬 더 오래 전부터, 삶과 죽음, 자연과 인간, 나와 너의 관계 속에서 돌봄을 근본적인 삶의 태도로 이해해왔습니다.

먼저 유가(儒家), 즉 유교의 사상에서 돌봄을 살펴보겠습니다. 공자는 인간을 도덕적으로 완성된 존재가 아니라, 관계 속에서 끊임없이 수양해야 하는 존재로 보셨습니다. 『논어』에서 공자는 이렇게 말합니다. "효제야말로 인을 행하는 근본이다." 효(孝)는 단순히 부모에게 공경을 표하는 것만이 아닙니다. 부모의 늙음을 살피고, 건강을 걱정하고, 죽은 후에도 제사를 모시며 그 삶을 기억하는 일련의 모든 과정이 '살핌', 곧 돌봄입니다. 유가는 인간을 타자를 향한 책임의 주체로 보고, 그 책임은 가장 가까운 관계에서부터 시작해 점차 사회와 국가로 확장된다고 봅니다. 즉, 유교적 돌봄은 '가족 중심적'일 수 있지만, 그 출발은 사람 사이의 도리를 지키고, 정성을 다해 살아가는 태도에 있습니다. 이 점에서 돌봄은 '누구를 도와주는 행동'이 아니라 "사람으로서 마땅히 지켜야 할 마음씀"이 됩니다.

다음으로 우리는 불교의 돌봄 철학을 살펴볼 수 있습니다. 불교에서의 핵심 사유는 연기(緣起)입니다. 세상 모든 존재는 독립적으로 존재하지 않으며, 모두가 서로 연결되어 있습니다. 불교는 돌봄을 '타인의 고통에 함께 참여하는 자비심'으로 이해합니다. 특히 자비(慈悲)는 돌봄의 가장 핵심적인 실천입니다. 자(慈)는 '즐거움을 주는 마음', 비(悲)는 '고통을 함께 짊어지는 마음'입니다. 불교의 돌봄은 여기에서 출발합니다. 누군가의 괴로움은 나의 괴로움과 다르지 않으며, 타인의 아픔에 무관심하지 않고 응답하는 마음이 바로 돌봄입니다. 『유마경』에는 "중생이 아프면, 보살도 아프다."라는 말이 나옵니다. 돌봄은 고통을 없애주는 것이 아니라, 그 고통과 함께 있어주는 것, 함께 머물 수 있는 용기를 갖는 것, 그것이 불교적 돌봄의 본질입니다.

또한 도가(道家)의 시선도 간과할 수 없습니다. 노자와 장자는 자연과 인간을 분리하지 않고, 삶의 흐름에 따라 조화를 이루는 삶을 강조했습니다. 도가는 돌봄을 억지로 무엇을 해주는 행위보다는, 존재 그 자체를 받아들이고 있는 그대로 머무는 것으로 이해했습니다. 장자는 "큰 사랑은 소리 내지 않는다. 큰 돌봄은 간섭하지 않는다."라고 말합니다. 돌봄이란 상대를 내 방식으로 바꾸는 것이 아니라, 그 사람의 리듬과 존재를 인정하며 옆에 있어주는 것입니다. 도가의 돌봄은 비움의 미학, 무위의 지혜와 연결됩니다.

이제 한국적 철학과 사상 속에서의 돌봄으로 시선을 옮겨보겠습니다. 한국 철학은 유가와 불가, 도가의 영향을 받았지만, 삶의 구체성과 정서 중심의 문화 속에서 돌봄의 개념을 더욱 독특하게 발전시켜 왔습니다. 한국 사회에서 돌봄은 단지 '도움'이 아니라 '정(情)'의 실천으로 나타납니다. 정이란 무엇입니까? 정은 계산되지 않으며, 계약되지 않습니다. 그것은 같이 밥을 먹고, 마음을 주고, 몸을 움직여 같이 있어주는 일입니다. 한국인의 돌봄은 그래서 공동체적인 정서 기반 위에서 이루어져 왔습니다. 이웃이 아프면 음식을 나누고, 상을 당하면 함께 장례를 치르고, 농사철이면 품앗이를 하며 상호 돌봄을 행합니다.

또한 한(恨)과 한풀이의 문화도 한국적인 돌봄 개념에 연결되어 있습니다. 억울한 이의 죽음, 억눌린 고통을 '애도하고 기억하는 것'은 단순한 추모가 아니라, 그 존재를 다시 삶 속에 복원하려는 집단적 돌봄 행위입니다. 한국의 민속에서 굿, 제례, 공동체의례 등은 모두 죽은 이, 아픈 이, 소외된 이를 향한 집단적 돌봄의 형식이었습니다. 돌봄은 단지 살아 있는 사람들 사이에서만 오가는 것이 아니라, 죽은 이, 신령, 자연, 공동체 전체와 맺는 관계 속에서도 수행되는 윤리였던 것입니다.

현대 사회로 오면서 우리는 가족 해체, 고령화, 복지 공백 등의 문제 속에서 돌봄을 다시금 '서비스'와 '정책'의 문제로만 보고 있는지도 모릅니다. 그러나 동양과 한국 철학은 우리에게 말합니다. "돌봄은 기술이 아니라 태도이며, 제도가 아니라 관계이며, 시혜가 아니라 책임이다." 그 책임은 부모에게, 자식에게, 이웃에게, 자연에게, 심지어 기억해야 할 존재에게까지 확장됩니다. 우리는 그 돌봄의 전통을 잊지 말아야 합니다. 그것은 단지 과거의 문화가 아니라, 미래를 지속 가능하게 하는 삶의 기술이며, 존재를 지탱하는 윤리입니다.

돌봄은 동정이 아닙니다. 돌봄은 서로를 잊지 않고, 기억하며, 함께 살아가는 실천입니다. 돌봄은 거창한 일이 아닙니다. 누군가를 위해 음식을 만들고, 안부를 묻고, 이야기를 들어주는 것, 그 모든 사소한 일이 돌봄이며, 그것이 바로 인간됨의 실천입니다.

동양과 한국 철학은 돌봄에 대해 "돌봄은 나와 타자가 함께 사는 길이다."라고 말합니다. 그 길을 잃지 않고 함께 살아가도록 합시다. 그것이 현대를 살아가는 우리 모두의 과제가 아닐까요?

자기돌봄

우리는 끊임없이 '누군가를 돌보라'는 요구 속에서 살아갑니다. 가족을 돌보고, 동료를 챙기고, 사회적 책임을 지며 살아가다 보면 정작 자기 자신을 돌보는 일은 맨 마지막 순서로 밀려나곤 합니다. 하지만 이제 우리는 물어야 합니다. "타인을 돌보기 전에, 나는 나를 돌보고 있는가?"를 말입니다.

자기돌봄은 단지 건강을 챙기고, 휴식을 취하고, 취미를 갖는 일이 아닙니다. 그것은 삶을 유지하고, 자기를 존중하며, 인간으로서 존엄을 지켜내는 가장 근본적인 행위입니다. 필자는 자기돌봄의 개념을 철학적·심리학적·사회적 관점에서 살펴보고, 현대사회에서 왜 이것이 필수적 윤리 실천인지 함께 생각해보고자 합니다.

먼저, 자기돌봄의 철학적 의미를 들여다보겠습니다. 고대 그리스 철학자 소크라테스는 우리에게 "너 자신을 알라"고 말했습니다. 그 말은 단순히 지식을 추구하라는 의미를 넘어, 자신의 내면을 살피고, 자기를 배려하라는 윤리적 명령이었습니다. 플라톤과 스토아 철학자들은 '자기 배려(epimeleia heautou)', 즉 자기 자신에 대한 지속적인 성찰과 관리가 진정한 자유의 전제라고 보았습니다. 로마 시대의 철학자 에픽테토스와 마르쿠스 아우렐리우스도 외부의 혼란 속에서 자기를 보존하고 가꾸는 능력을 최고의 덕목으로 여겼습니다.

즉, 자기돌봄은 철학에서 오랜 전통을 갖고 있으며, 자기 자신을 하나의 관계적 존재이자 도덕적 주체로 가꾸는 일로 이해되어 왔습니다. 이후 미셸 푸코는 자기돌봄의 개념을 현대적으로 되살렸습니다. 그는 "자기 배려는 자기를 통제하는 것이 아니라, 자기를 자유롭게 만드는 기술이다."라고 말합니다. 푸코에게 자기돌봄은 자유로운 주체가 되기 위한 실천 기술이며, 이는 교육, 수행, 습관, 사유, 관계 안에서 끊임없이 형성되는 것이라고 봤습니다. 이처럼 자기돌봄은 철학적으로 자기 성찰, 자기 규율, 자기 해석의 윤리적 태도와 깊이 연결되어 있습니다.

이제 심리학적 시선으로 넘어가 보겠습니다. 현대 심리학에서 자기돌봄은 스트레스 관리, 정서 회복, 심리적 안정의 핵심 전략으로 간주됩니다. 정신분석학의 창시자인 프로이트는 인간이 내면의 욕망과 현실의 갈등 속에서 균형을 잡기 위해 자기 보호 메커니즘을 발달시킨다고 보았습니다. 이후 긍정심리학은 회복탄력성(resilience), 자기연민(self-compassion), 마음챙김(mindfulness) 같은 개념들을 통해 자기돌봄의 중요성을 강조해왔습니다.

특히 크리스틴 네프는 자기연민을 다음 세 가지로 설명합니다. 자기 자신에 대한 친절함 (자책이 아닌 이해), 인간 보편성의 인식 (나만 고통받는 게 아니라는 이해), 현재의 감정을 있는 그대로 바라보는 마음챙김이 바로 그것입니다. 이 세 가지 요소는 자기돌봄의 핵심입니다. 즉, 자기돌봄은 자기중심적 이기주의가 아니라, 자기를 있는 그대로 수용하고, 건강하게 회복할 수 있도록 자신을 지지하는 태도입니다.

하지만 문제는, 현대사회가 자기돌봄을 실천하기 어려운 구조를 만들어낸다는 데 있습니다. 경쟁 중심의 자본주의 사회, 24시간 돌아가는 노동 환경, SNS로 과도하게 연결된 인간관계, 성과 중심의 교육 시스템, 이 모두는 개인이 스스로를 돌볼 시간과 공간을 빼앗아갑니다. 여기서 우리는 자기돌봄을 개인의 책무로만 둘 것이 아니라, 사회적 권리이자 문화적 환경으로 재정의해야 합니다. 예를 들어, 노동 시간의 제한, 심리상담의 공공지원, 휴식 공간의 도시 설계, 복지제도 안의 정서적 지원은 모두 자기돌봄을 가능하게 만드는 사회적 조건들입니다.

자기돌봄은 타자와의 관계에서 살펴봐야 하는 데, 결국 자기돌봄은 타자에 대한 돌봄을 가능하게 하는 전제조건으로 귀결할 수 있습니다. 이 말은 곧, 자기돌봄 없이는 진정한 돌봄도, 윤리도, 연대도 불가능하다는 뜻입니다. 또한 자기돌봄은 영적인 차원에서도 깊은 의미를 지닙니다. 불교의 연기 사상은 나와 타자를 분리하지 않습니다. 따라서 나를 돌보는 행위는 타자를 해치지 않는 삶, 타자와 함께 공존하는 삶으로 연결됩니다. 동양의 유교도 '수기치인(修己治人)'이라는 표현에서 보듯, 자기 수양과 타자 책임은 분리되지 않는 윤리적 실천으로 이해해왔습니다. 그러므로 자기돌봄은 단순한 자기 만족이 아닙니다. 그것은 타자에 대한 성실함을 갖추기 위한 최소한의 준비이자 책임입니다.

우리는 남을 돌보는 데 익숙해져 있습니다. 그러나 이제는 그 질문을 나에게도 돌려야 합니다. 나는 나에게 충분히 친절한가? 나는 내 감정을 존중하고 있는가? 나는 내 삶의 고통에 대해 정직하게 응답하고 있는가? 자기돌봄은 나약함의 표시가 아니라, 지혜로운 자기 보존이며, 자기 회복은 이기적인 행위가 아니라, 더 나은 관계와 더 나은 사회를 위한 출발점입니다.

자기연민

우리 삶의 균형을 회복하고, 마음의 회복탄력성을 키우는 데 있어서 꼭 필요한 주제가 바로 '자기연민(Self-Compassion)'입니다. 이 개념을 철학적으로, 심리학적으로, 그리고 삶의 실천으로 체계화한 인물이 있습니다. 바로 크리스틴 네프입니다. 그녀는 심리학자이자, 자기연민 분야의 선구자로, 단지 학문적으로만이 아니라 누구나 일상에서 실천할 수 있는 자기연민의 구조와 원리를 제시해왔습니다.

크리스틴 네프는 다음과 같은 질문으로 자기연민론을 시작합니다. "왜 자신에게는 자비롭지 않은가?" 우리는 종종 자신에게 가혹합니다. 실수하면 자책하고, 아프면 부끄러워하고, 실패하면 나약하다고 느낍니다. 그러나 우리는 남에게는 너그럽습니다. 친구가 슬퍼하면 위로하고, 누군가 실수하면 이해해주죠. 그런데 왜 자신에게는 그렇게 하지 못할까요?

크리스틴 네프는 자기연민이란 단순한 자기 위로나 자기애가 아니라고 말합니다. 자기연민은 자기 자신을 인간답게 대하는 태도, 고통을 있는 그대로 인식하고, 그 고통에 친절하게 반응하는 능력입니다.

그녀는 자기연민을 세 가지 핵심 요소로 정리합니다. 첫째, 자기 친절입니다. 이것은 실수했을 때, 실패했을 때, 고통을 겪을 때 자신에게 "왜 그랬니?"라고 몰아붙이는 대신, "그럴 수도 있지, 괜찮아"라고 말해주는 마음의 태도입니다. 자기 친절은 연약함을 인정하는 것이며, 완벽하려는 강박에서 벗어나 나를 사람답게 이해하는 용기입니다.

둘째, 공통 인간성입니다. 우리는 아픔을 겪을 때 자주 이렇게 생각합니다. "왜 나만 이래?", "나는 왜 이렇게 부족할까?" 그러나 자기연민은 말합니다. "당신만 그런 것이 아닙니다. 모두가 그렇습니다." 실패하고 상처받고 고통스러운 경험은 인간이기 때문에 피할 수 없는 일이며, 그것을 공통된 인간 경험으로 받아들이는 인식이 바로 공통 인간성입니다.

셋째, 마음챙김입니다. 이는 지금 이 순간의 감정과 경험을 억누르지 않고, 과장하지도 않고, 있는 그대로 바라보는 태도입니다. 마음이 괴로울 때, 그것을 회피하거나 억누르지 않고, "아, 지금 내가 괴롭구나" 하고 그대로 알아차리는 것입니다. 이러한 마음챙김은 자기연민의 토대가 됩니다. 고통을 제대로 알아차리지 못하면, 거기에 따뜻하게 반응할 수도 없기 때문입니다. 이 세 가지 요소, 자기 친절, 공통 인간성, 마음챙김은 자기연민의 세축이며, 이들 간 상호작용을 통해 우리 마음의 면역체계를 만들어냅니다.

크리스틴 네프는 수많은 연구를 통해 자기연민이 스트레스 감소, 우울 예방, 정서 안정, 자존감 향상에 기여한다는 것을 보여주었습니다. 놀라운 사실은, 자기연민은 누구나 배울 수 있고, 연습할 수 있다는 점입니다. 그녀는 '자기연민 명상'과 같은 실천을 통해 우리 마음의 습관을 바꾸는 방법을 제시합니다. 예를 들어, '자신에게 편지를 쓰는 연습', '실수한 자신을 상상 속에서 따뜻하게 안아주는 연습', "너는 충분하다"는 말을 매일 자신에게 해주는 연습'―이런 작은 행동들이 쌓여 자기연민의 내면 근육을 키우는 것입니다.

우리는 모두 불완전한 존재입니다. 그 불완전함은 부끄러운 것이 아니라 공감의 조건이며, 인간됨의 증거입니다. 자기연민은 자신을 특별하게 여기는 것이 아니라, 자신을 인간으로 받아들이는 것입니다. 자기연민은 고통을 외면하지 않고 마주할 수 있는 힘이며, 비판이 아닌 이해를 바탕으로 변화할 수 있는 동력입니다.

무너졌을 때 스스로를 다시 일으켜 세울 수 있는 가장 근본적인 자원입니다. 우리는 그동안 너무 오래 자신에게 냉정했습니다. 이제는 자신에게도 따뜻할 권리를 회복해야 합니다. 자기연민은 단지 자기 위로가 아니라, 스스로를 다독이고, 다시 살아갈 수 있게 만드는 용기입니다.

크리스틴 네프가 보여준 자기연민의 기술은 오늘날 지친 우리 모두에게 반드시 필요한 마음의 기술이며, 우리 사회가 더 건강하고, 더 따뜻하게 되기 위한 출발점이 될 수 있습니다. 필자는 독자분들께 제안합니다. 오늘 하루 중 단 10분이라도 여러분 자신에게 이렇게 말해 보시길 바랍니다. "너는 충분해", "괜찮아", "사랑받을 자격이 있어." 그 한마디가 누군가의 삶을 바꿀 수 있습니다. 오늘 그 '누군가'가 바로 여러분 자신일 수 있습니다.

우주론적 자기돌봄

왕양명은 자기수양을 본래의 마음을 되찾는 길로 개념화하였습니다. "도(道)는 멀리 있지 않고, 바로 우리 마음 안에 있다"고 말했습니다. 그는 성리학에서 강조하던 격물치지(格物致知), 즉 사물 하나하나를 깊이 연구해야 한다는 방법을 비판했습니다. 왜냐하면 옳고 그름을 아는 기준은 이미 우리의 마음속, '양지(良知)'라는 보편적 도덕의식으로 주어져 있기 때문입니다.

자기수양이란 어려운 경전을 수십 권 외우는 것이 아닙니다. 그것은 바로 자기 마음을 들여다보는 것입니다. 욕심과 사사로운 생각을 내려놓을 때, 본래의 밝은 양지가 드러나게 됩니다. 우리가 흔히 말하는 양심, 그 순수한 빛이 바로 왕양명이 말한 양지인 것이지요.

하지만 자기 마음의 양지를 깨닫는 것만으로는 충분하지 않습니다. 그것을 생활 속에서 지켜내는 힘이 필요합니다. 왕양명이 강조한 것이 바로 지기치유(持氣致柔)입니다. 먼저 지기(持氣)란, 마음과 몸을 지탱하는 기운을 바르게 지니는 것을 뜻합니다. 쉽게 흔들리지 않고, 상황에 휘둘리지 않는 중심을 세우는 것이지요. 그러나 여기에는 또 하나의 조건이 있습니다. 그것은 바로 치유(致柔), 곧 부드러움입니다.

강하되 지나치게 완고하지 않고, 단단하되 조화를 잃지 않는 것. 이것이 진정한 지기치유입니다. 다시 말해, 자기 기운을 붙잡되 그것을 온화하게 다스려야 한다는 것입니다. 그래야만 사람과 사람 사이에 벽이 생기지 않고, 세상과 어울려 살아갈 수 있는 도덕적 힘이 길러집니다.

이 가르침은 오늘 우리 삶에도 깊은 울림을 줍니다. 자기수양이란 나만을 위한 닫힌 수련이 아닙니다. 그것은 세상 속에서 나의 마음을 바르게 하고, 동시에 타인과 함께 조화를 이루려는 실천입니다. 지기치유 역시 마찬가지입니다. 강한 마음으로 원칙을 지키되, 부드러운 태도로 타인을 품을 수 있을 때 비로소 인간다운 품격이 드러납니다. 우리 사회가 지금 필요로 하는 것이 바로 이러한 강건함과 온화함의 균형이 아닐까요?

왕양명은 "마음이 곧 이치다(心卽理)"라고 했습니다. 우리 각자의 마음을 잘 살피고, 그 안에 깃든 양지를 실천하는 것이 곧 도덕의 길이며, 세상과 더불어 살아가는 길입니다. 우리도 자기 마음의 양지를 다시금 발견하시고, 지기치유의 덕목으로 세상과 어울려 살아가는 힘을 기길러야 합니다.

동양철학과 한국사상 속에서도 자기수양은 자기돌봄과 연결됩니다. 왜냐하면 단지 개인의 감정 조절이나 휴식 차원을 넘어, 인간됨과 도덕성, 타자 관계, 자연과의 조화에 이르는 전인적 개념으로 자리잡아 왔기 때문입니다. 먼저, 유교적 전통 속에서 자기돌봄은 '수기(修己)'라는 말로 표현됩니다. 『논어』에서 공자는 이렇게 말합니다. "군자는 수기이후치인(修己以後治人)이라." 즉, 타인을 돌보거나 사회를 바르게 이끌기 전에, 먼저 자신을 닦고 돌보는 것이 선행되어야 한다는 뜻입니다.

이 '수기'는 단순한 도덕적 완성을 뜻하지 않습니다. 그것은 자기 마음을 다스리고, 감정을 성찰하며, 몸과 마음의 조화를 이루는 수양의 실천입니다. 이 수양은 곧 자기돌봄이며, 자기를 가꾸는 일은 곧 세상을 향한 책임의 출발점입니다. 또한 『대학』에는 '정심(正心)'과 '성의(誠意)'의 개념이 나옵니다. 자기돌봄은 이와 같이 마음을 바로잡고, 자신의 의도를 진실되게 유지하는 과정으로서, 내면의 평화를 이루기 위한 정신적 자기관리로 해석할 수 있습니다.

불교에서의 자기돌봄은 자비(慈悲)에서 비롯됩니다. 자비는 타인에게 향하는 마음이지만, 불교는 자비의 대상에 자기 자신도 포함시킵니다. 『법구경』에는 이런 말이 나옵니다. "자기를 사랑하되, 지혜롭게 사랑하라."라고 말합니다. 불교는 인간의 괴로움이 어디서 비롯되는지를 천착합니다. 그리고 그 괴로움을 없애기 위한 첫걸음이 바로 '마음챙김', 즉 지금 이 순간의 자신을 있는 그대로 알아차리는 것입니다. 그것이 바로 정념(正念)의 실천이며, 자기돌봄의 첫 번째 행위입니다.

자기돌봄은 불교적 수행 안에서는 자신의 고통을 알아차리고 그것을 억압하거나 회피하지 않는 것입니다. 오히려 그 고통 속에서 자기 자신에게 자비를 베푸는 마음을 통해, 타자에 대한 연민으로 확장해 나가는 것입니다. 즉, 불교는 자기돌봄을 윤리적 토대이자 수행의 출발점으로 보고 있으며, 자기연민을 바탕으로 타자를 이해하는 실천윤리로 발전시킵니다.

또한 도가의 철학에서 자기돌봄은 무위(無爲)와 자연(自然)의 원리에 따라 실현됩니다. 노자는 말합니다. "자기를 아는 자는 밝고, 자기를 이기는 자는 강하다." 도가는 세상의 질서를 억지로 조정하려 하지 않고, 있는 그대로의 흐름에 자신을 맡기는 삶의 태도를 강조합니다. 자기돌봄은 이 흐름을 거스르지 않고, 욕망으로부터 벗어나 본래의 자기 모습을 회복하는 실천입니다. 노자에게 있어 진정한 자기돌봄이란 과도한 성취 욕구나 외부 평가에 매몰되지 않고, 자연스러운 자기 리듬을 회복하는 삶을 살아가는 것입니다. 그것은 비움으로서 얻는 충만이며, 내면의 고요함을 통해 세상과 조화롭게 사는 길입니다.

이제 우리는 한국 전통사상 속에서 자기돌봄의 의미를 되짚어 볼 수 있습니다. 한국의 유교 전통은 공자의 수기치인의 사상을 계승하면서도, 정(情)이라는 감정적 깊이를 더욱 강조해 왔습니다. 조선의 성리학자들은 인간의 심성을 탐구하며, '성(性)'과 '정(情)'의 조화를 어떻게 이룰 것인가를 중심 문제로 삼았습니다. 예컨대 퇴계 이황은 감정을 억누르는 것이 아니라, 예(禮)를 통해 바르게 다스리는 길을 강조했습니다. 자기돌봄은 곧 내 마음속의 욕망과 감정을 스스로 조절하고 성찰하는 능력이며, 이것이 인간됨의 핵심이라 보았습니다.

또한 동학사상은 '인내천(人乃天)', 즉 사람은 곧 하늘이라는 명제를 통해, 인간 개개인의 존엄성과 자율성, 그리고 자기 안에 신성과 우주적 질서를 품고 있다는 사유를 전개했습니다. 이 관점에서 본 자기돌봄은 단순한 자아 중심주의가 아니라, 인간 존재의 숭고함에 대한 자각과 실천입니다. 내가 나를 소중히 여기는 것은 곧 하늘을 공경하는 것이며, 나를 파괴하거나 함부로 대하는 것은 곧 질서를 해치는 것입니다.

한국의 민속사상에서도 자기돌봄은 몸과 마음을 돌보는 조화로운 삶의 리듬으로 나타납니다. 절기, 풍속, 한방, 명상, 한옥의 구조까지—우리 삶의 모든 부분은 휴식과 회복, 자연과의 연결을 전제로 설계되어 있습니다. 현대 사회는 속도와 효율을 강요합니다. 우리는 성공을 위해 자신을 무리하게 소모하고, 타인을 돌보기 위해 자신을 혹사시키기도 합니다. 그러나 동양과 한국 철학은 분명하게 말합니다. "자기를 돌보는 일은 나를 위한 일이자, 타자와의 조화를 위한 일이요, 더 나아가 사회와 자연을 온전히 가꾸기 위한 출발점이다."라고 말입니다. 자기돌봄은 결국 존엄의 실천, 윤리의 출발, 자기 수양의 과정, 그리고 전체 생명과의 관계 회복입니다.

우리는 이 오래된 지혜들을 다시 불러내어야 할 때입니다. 지금 이 순간, 나의 감정, 나의 몸, 나의 마음에 진심으로 귀를 기울이는 그 사소한 행위, 이것이야말로 우리가 오래도록 잊고 살아온, 가장 깊은 철학적 자기돌봄의 시작입니다.

별자리 09
정의_불완전한 인간의 윤리적 기준

정의롭다는 것의 의미

'정의'와 '공정'. 이 두 단어는 우리가 뉴스에서, 강의에서, 직장에서, 그리고 일상에서 자주 마주하는 말입니다. 그러나 정작 우리는 정의가 무엇인지, 공정이 왜 중요한지, 어떤 기준으로 판단할 수 있는지를 분명히 알지 못한 채, 때로는 분노하고, 때로는 침묵하며 살아갑니다.

먼저 정의라는 말은 어디서부터 시작되었을까요? 고대 그리스 철학자 플라톤은 『국가』에서 정의를 각자가 제 역할을 다하는 조화로운 상태라고 주장합니다. 그는 인간의 영혼이 이성과 기개, 욕망으로 구성되어 있듯이, 사회도 통치자, 수호자, 생산자라는 세 계층이 제 역할을 하게 된다면 정의롭다고 보았습니다.

그러나 아리스토텔레스는 정의를 '각자에게 각자의 몫을 주는 것'이라 말하며, 분배의 정의를 강조합니다. 그는 단지 평등하게 나누는 것이 아니라, 그 사람의 능력, 공헌, 필요에 따라 몫이 다를 수 있다고 말합니다. 이후 근대의 존 로크는 자연권을 기반으로 한 자유주의적 정의를 주장했고, 홉스는 사회계약을 통해 질서를 유지하는 정의 개념을 말합니다.

20세기 들어, 존 롤스는 『정의론』에서 '공정으로서의 정의'라는 개념을 내놓습니다. 그는 사람들이 무지의 베일 뒤에 놓여 있다고 가정해 보라고 말합니다. 즉, 자신의 출신, 계급, 능력, 성별

등을 알 수 없는 상태에서 사회 규칙을 만든다면, 누구나 가장 불리한 사람의 입장에서도 수용가능한 규칙을 선택할 것이라는 것입니다. 이것이 바로 롤스의 '차등의 원칙'입니다.

그는 정의를 두 가지 원칙으로 설명합니다. 하나는 최대한의 자유 보장 원칙입니다. 이는 모든 사람에게 동등한 기본적 자유를 보장해야 한다는 것입니다. 여기서 말하는 자유란 단순히 선택의 폭을 넓히는 자유가 아니라, 인간으로서 살아가는 데 반드시 필요한 권리들입니다. 양심의 자유, 사상의 자유, 언론과 집회의 자유, 정치적 자유, 신체적 자유… 이러한 자유는 누구에게도 빼앗길 수 없는, 그리고 사회적 이익을 이유로 줄여서는 안 되는 권리입니다.

롤스는 자유가 우선한다고 말합니다. 경제적 효율성, 다수의 행복, 국가의 이익 같은 이유로 기본적 자유를 침해한다면, 그것은 이미 정의롭지 못한 사회입니다. 따라서 정의로운 사회는 모든 시민이 동일한 자유를 누릴 수 있도록 보장해야 합니다.

하지만 현실의 사회에서는 불평등이 존재합니다. 그렇다면 롤스는 불평등을 어떻게 다루었을까요? 그는 불평등이 정당화될 수 있는 두 가지 조건을 제시했습니다. 첫째, 공정한 기회균등입니다. 사회적 지위나 직업, 교육의 기회는 누구에게나 열려 있어야 합니다. 가난한 집에서 태어났다는 이유로, 혹은 성별이나 인종 때문에 기회를 잃어서는 안 됩니다. 둘째, 차등의 원칙입니다. 불평등이 존재하더라도 그것이 사회에서 가장 불리한 사람들에게 이익이 되어야만 정당화될 수 있습니다. 예를 들어, 의사가 다른 직업보다 더 많은 보수를 받는다고 합시다. 그 불평등은 허용될 수 있습니다. 왜냐하면 그 보수가 더 많은 사람들이 의사가 되도록 동기를 부여하고, 그 결과 사회 전체가 더 건강해지고, 가장 약한 사람들까지 혜택을 누리기 때문입니다.

여기서 중요한 점이 있습니다. 롤스는 두 번째 원칙보다 첫 번째 원칙이 우선한다고 강조했습니다. 아무리 불평등이 약자의 삶을 개선한다 해도, 그것이 자유를 침해한다면 정의롭지 못합니다. 따라서 정의로운 사회란, 먼저 자유를 평등하게 보장하고, 그 위에서 불평등을 다루어야 하는 사회입니다

반면, 로버트 노직은 『아나키, 국가, 유토피아』에서 자유지상주의(리버터리어니즘) 입장에서 롤스를 비판하며, 정의는 분배가 아니라 소유의 정당성에 달려 있다고 주장합니다. 정당하게 취득한 재산은 어떤 방식으로 분배되든 간섭받아서는 안 된다는 입장입니다. 여기서 우리는 질문을 던질 수 있습니다. 정의란 평등한 분배인가, 정당한 절차인가, 아니면 자유의 보장인가?

공정은 정의와 밀접하지만, 더 일상적이고 정서적인 감각에 가까운 개념입니다. 공정에 대한 감각은 아주 어린 시절부터 발달합니다. 심리학자들은 네 살 아이도 쿠키를 불공평하게 나누면 화를 내고, 친구가 규칙을 어기면 거부감을 느낀다고 말합니다. 공정성은 인간의 본능적 도덕 감각 중 하나입니다.

조너선 하이트는 『바른 마음』에서 도덕을 여섯 가지 본능을 기반으로 분류하며, 그중 하나가 공정성과 상호성이라고 말합니다. 우리는 보상과 벌을 기대하며 공정함을 느끼고, 그것이 어겨질 때 강한 감정적 반응, 이를테면 분노나 좌절을 경험합니다. 이러한 공정성은 단지 분배에 그치지 않고, 절차적 공정에도 연결됩니다. 예를 들어, 채용, 시험, 재판 등에서 결과뿐 아니라 그 과정이 공정했는지에 따라 사람들은 판단합니다.

한국 사회에서 많은 갈등은 바로 '공정성'의 감정적 결핍에서 비롯됩니다. 20대 청년층이 겪는 상대적 박탈감, 공무원 시험과 학벌 중심 사회, 특권층의 부정행위, 이 모든 이슈는 "내가 노력한 만큼 결과를 얻지 못한다"는 감정의 분출로 이어집니다. 우리는 이 감정을 단순한 질투나 불만으로 치부해서는 안 됩니다. 그것은 정의에 대한 기대가 좌절되었을 때 나타나는 사회적 분노의 신호이기 때문입니다. 그러므로 공정성은 시스템적 설계의 문제이자, 공동체 신뢰의 기초입니다. 공정하지 않다고 느끼는 사회에서는 시민의 신뢰도, 도덕적 책임도, 연대의식도 모두 무너집니다.

한국 사회와 정의의 과제

한국 사회의 맥락에서 정의와 공정이 어떻게 적용되고, 또 어떤 방향으로 나아가야 하는지를 알아보기 위해 다음 질문을 제기합니다. 우리는 어떤 사회를 공정하다고 느낍니까? 능력주의가 지배하는 사회인가? 기회가 균등한 사회인가? 결과가 평등한 사회인가? 이 질문에 대해 한국 사회는 아직 답을 내놓기 어려울 것입니다. '기회의 평등'은 명분으로 존재하나, 실제로는 출발선부터 기울어진 운동장에 놓여 있는 이들이 많습니다. 이를테면, 서울과 지방의 교육 격차, 정규직과 비정규직의 고용 격차, 성별 임금 격차, 상속과 부의 세습 등이 그 예들입니다. 이러한 구조적 불평등은 아무리 "공정하게 경쟁하라"고 말해도 그 자체가 불공정함을 드러냅니다.

우리는 정의를 단지 추상적 원칙이 아닌 정책의 우선순위, 제도의 설계, 시민의 감정까지 아우르는 실천적 가치로 삼아야 합니다. 여기서 중요한 질문이 생깁니다. 우리는 누구를 위해 정의를 말하는가? 정의는 때때로 다수의 질서 유지를 위한다는 이름으로 소수의 권리를 침해하는 도구가 되기도 합니다. '공정한 경쟁'이라는 이름 아래 장애인, 이주민, 여성, 청년, 노인이 소외된다면, 그것은 진정한 정의가 아닙니다.

존 롤스의 차등의 원칙은 이런 점에서 시사점을 줍니다. 사회 제도는 항상 가장 불리한 사람의 입장에서 재설계되어야 하며, 그 기준에서 정의로움을 평가해야 한다는 것입니다. 또한 정의는 단지 법과 정책의 차원에서만 완성되지 않습니다. 우리는 일상에서 어떤 언어를 쓰고, 어떤 행동을 선택하며, 어떤 구조에 참여하는지를 통해 정의의 문화, 공정의 감각을 함께 만들어나가야 합니다. 공정과 정의는 시스템의 일이자, 인간의 태도이며, 사회적 기억과 책임의 축적입니다.

정의는 책 속에만 존재하지 않습니다. 공정은 법전의 문구만으로 이뤄지지 않습니다. 우리는 정의와 공정을 현실에서 구현하고 실천할 책임을 가진 존재들입니다. 우리는 때때로 불완전한 정의 속에서도 최선의 방향으로 나아갈 용기를 갖고, 모두가 존중받고 존엄하게 살아갈 수 있는 사회를 향해 꾸준히 질문하고 행동해야 합니다.

정의는 멀리 있지 않습니다. 그것은 오늘 내가 타인과 나누는 말 속에, 내가 만드는 규칙 속에, 내가 침묵하지 않는 그 순간 속에 있습니다. 정의는 '있는 그대로 두는 것'이 아니라, '마땅히 그렇게 되도록 하는 것'입니다. 공정은 '모두에게 똑같이'가 아니라, '누구도 소외받지 않도록' 세심하게 배려하는 것입니다.

지금 이 시대에 우리가 할 수 있는 정의는 무엇입니까? 지금 이 사회에서 우리가 함께 실현할 공정은 어디에 있습니까? 이 질문을 함께 생각할 수 있었음 합니다.

내면의 질서로서 정의

우리는 '정의'라는 단어를 당연한 것처럼 사용하지만, 과연 정의란 무엇인지, 왜 그것이 중요한지, 또 어떻게 구현될 수 있는지를 분명하게 설명하기란 쉽지 않습니다. 플라톤은 이러한 질문을 정면으로 다룬 최초의 철학자 중 한 사람입니다. 『국가』는 단순히 이상 국가를 설계한 책이 아니라, 그 모든 탐색의 중심에 "정의란 무엇인가?"라는 철학적 질문을 품고 있습니다.

『국가』는 철학자 소크라테스가 젊은이들과 나누는 대화 형식으로 진행됩니다. 대화의 첫 부분에서 그는 다음과 같은 다양한 주장들과 마주합니다. 케팔로스는 정의란 '진실을 말하고, 빚을 갚는 것'이라고 말합니다. 폴레마르코스는 '정의란 친구에게 선을 베풀고, 적에게 해를 입히는 것'이라 주장합니다. 트라쉬마코스는 한 걸음 더 나아가, '정의는 강자의 이익일 뿐'이라며, 정의는 결국 권력을 가진 자가 자기에게 유리하도록 만든 규칙이라고 냉소적으로 말합니다.

이 지점에서 우리는 플라톤이 정의를 어떤 방식으로 접근하려 했는지를 엿볼 수 있습니다. 그는 정의를 단순한 도덕적 규범이나 법적 정의로 제한하지 않았습니다. 그는 정의의 본질을, 즉 영혼의 질서와 국가의 구조 속에서 정의가 어떻게 구현될 수 있는지를 통합적으로 사유하고자 했습니다.

플라톤은 "정의란 각자가 자신의 역할을 수행하고, 타인의 역할을 침범하지 않는 것"이라는 결론에 도달합니다. 그는 국가를 세 계층으로 나눕니다. 첫째, 통치자 계층입니다. 이들은 지혜를 가진 이들, 국가를 이끄는 자들입니다. 둘째, 수호자 계층입니다. 이들은 용기와 의지를 가진 이들, 외부의 위협으로부터 국가를 보호하는 이들입니다. 마지막으로 생산자 계층입니다. 이들은 욕망과 필요에 따라 생활하는 이들, 즉 농부, 상인, 장인 등입니다.

각 계층은 지혜, 용기, 절제와 같은 고유한 덕을 지닙니다. 그리고 이 세 계층이 조화를 이루어 서로의 역할을 넘지 않을 때, 국가 전체는 정의로운 상태가 된다는 것입니다. 이 정의의 개념은 단지 국가의 이야기만이 아닙니다. 플라톤은 이 세 계층 구조를 개인 영혼의 세 가지 요소에도 비유합니다. 이성(Reason)은 진리를 추구하는 지혜의 중심이며, 기개(Spirit)는 명예와 용기를 담당하는 감정의 중심이고, 욕망(Appetite)은 생존과 쾌락을 추구하는 욕구의 중심이라고 말했습니다.

정의로운 인간이란 바로 이 세 가지가 조화를 이룰 때, 즉 이성이 욕망을 다스리고, 기개가 이를 도와 이성의 명령을 따를 때 실현됩니다. 여기서 정의는 외부의 규칙에 복종하는 것이 아니라, 내면의 질서를 바로 세우는 것입니다. 즉, 플라톤에게 있어서 정의는 자기 통제, 자기 인식, 그리고 조화로운 상태입니다. 타인과의 관계 이전에, 나 자신 안에서 먼저 정의가 이루어져야 한다는 것이죠.

이러한 정의관은 오늘날 우리에게도 중요한 시사점을 줍니다. 정의란 단지 법과 규칙을 따르는 것이 아닙니다. 정의는 사회 속 각자의 책임을 존중하고, 공동체 안에서 자신이 맡은 역할을 성실히 수행하는 태도이며, 무엇보다도 자기 내부의 혼란을 다스리는 내면 윤리의 실천입니다. 플라톤의 『국가』가 위대한 이유는 단지 이론적 체계를 제시했기 때문이 아니라, 정의라는 개념을 '사회와 인간' 모두에 적용하려는 철학적 용기와 통찰에 있습니다.

한 가지 질문을 던지고자 싶습니다. "우리 자신의 영혼 안에서 정의를 어떻게 실현하고 계십니까?" 정의는 거창한 구호가 아닙니다. 그것은 나 자신을 바로 세우는 일이며, 나와 타인의 자리를 인정하고, 사회 속 질서를 존중하며 살아가는 태도입니다.

정의로운 사회는 정의로운 개인들에 의해 만들어집니다. 그리고 정의로운 개인은 자기 안의 욕망을 넘어서, 이성과 용기를 바탕으로 자신을 조화롭게 이끄는 사람입니다. 이 철학적 통찰을 삶의 방식으로 실현하는 것, 그것이 플라톤이 『국가』를 통해 우리에게 전하고자 한 정의의 길입니다.

정의론과 시민사회

우리가 정의를 논할 때 흔히 평등, 공정, 질서, 복지 등을 떠올리지만, 로크는 이에 앞서 한 가지 근본적인 질문을 던졌습니다. "인간은 왜 권리를 갖는가?" 그리고 "그 권리를 보호하기 위한 정의란 무엇인가?" 로크에 따르면 정의란 무엇보다도 먼저 인간이 태어날 때부터 갖는 자연권에 근거하며, 이는 그 어떤 권력도 침해할 수 없는 불가침의 권리입니다.

로크는 인간이 본래 '자연 상태(state of nature)'에서 태어난다고 봤습니다. 이 자연 상태란 무정부의 혼란 상태가 아니라, 이성과 도덕의 법칙이 지배하는 상태입니다. 모든 인간은 태어날 때부터 생명(Life), 자유(Liberty), 재산(Property)을 지닌 존재로 간주되며, 이 권리는 인간이 단순히 사회에 속해 있기 때문에 주어지는 것이 아니라, 그 자체로 인간의 본성에 속한다고 주장합니다. 이러한 자연권이야말로 로크가 생각하는 정의의 출발점입니다. 정의란 어떤 체제에 순응하는 것을 넘어, 이 세 가지 자연권이 온전히 존중되고 보호되는 상태를 의미합니다. 다시 말해, 정의는 질서의 결과가 아니라 권리의 전제입니다.

하지만 인간이 살아가는 현실 속에서는 이러한 자연권이 종종 위협받습니다. 재산을 침해당하고, 생명이 위협받으며, 자유가 억압당할 수 있습니다. 그래서 로크는 사람들이 사회계약을 맺고, 일정한 권리를 서로에게 위임하여 정부를 수립하게 된다고 말합니다. 이것이 바로 로크의 사회계약론입니다.

사회계약은 각 개인이 자신의 권리를 스스로 보호하기보다는, 공통된 규칙과 중립적인 재판 기구를 통해 정의를 더 효과적으로 실현하고자 하는 집단적 합의입니다. 정부는 이 계약을 통해 정당성을 부여받으며, 그 존재 이유는 오직 시민의 권리를 보호하는 데에 있습니다. 이 정의의 원칙은 몇 가지로 구체화됩니다. 모든 사람은 법 앞에 평등해야 하며, 어떤 권력자도 법 위에 존재해서는 안 됩니다. 그리고 정부는 국민의 동의에 의해 운영되어야 하며, 만약 정부가 자연권을 침해하거나 공공선을 배반한다면, 시민은 저항하고 정권을 교체할 수 있는 권리, 즉 저항권을 갖게 됩니다.

로크의 정의론에서 가장 특징적인 요소는 바로 재산권의 중요성입니다. 그는 인간이 자신의 노동을 투입함으로써 자연물에 새로운 가치를 부여하고, 이를 통해 소유권을 정당하게 획득한다고 주장했습니다. 예컨대, 들판에 자라는 사과는 누구의 것도 아니지만, 어떤 사람이 그것을 따서 저장했다면, 그 사과는 그의 것이 됩니다. 노동이 결합된 자연물은 개인의 정당한 소유가 되며, 이 재산권은 정의로운 사회의 핵심 기둥이 됩니다.

그렇다면 로크가 말하는 정의란 결국, 모든 개인이 자신의 생명, 자유, 재산을 침해받지 않고 안전하게 지켜나갈 수 있도록 법과 제도가 뒷받침되는 상태를 말합니다. 여기서 정의는 결과의 평등이 아니라 절차의 정당성, 분배의 강제성보다는 소유의 정당성에 초점을 둡니다.

이러한 정의 개념은 오늘날 우리가 사는 민주주의 사회의 핵심 원리로 자리잡았습니다. 헌법이 보장하는 기본권, 시장경제 질서를 규율하는 재산권, 시민의 자유로운 의사표현과 정치참여, 그리고 권력에 대한 비판과 저항의 자유는 모두 로크의 철학에서 그 뿌리를 찾을 수 있습니다.

하지만 우리는 동시에 이런 질문을 던져야 합니다. "오늘날 로크의 정의론은 충분히 실현되고 있는가?" "모든 인간이 실제로 자유롭고 평등하게 태어나는가?" "재산은 공정하게 축적되고 있는가?" 로크의 철학은 분명 위대한 전환점을 이뤘지만, 그것이 지금 우리의 삶 속에서 어떤 식으로 작동하고 있는지에 대해서는 늘 비판적으로 성찰해야 할 필요가 있습니다.

현대 사회에서 로크의 정의론은 자유와 권리를 수호하는 토대이자, 동시에 불평등을 정당화하는 수단으로도 사용될 수 있습니다. 따라서 우리는 그의 철학을 무비판적으로 수용하는 것이 아니라, 오늘의 맥락에서 새롭게 해석하고 재구성해야 할 과제를 안고 있습니다.

존 로크는 정의를 이렇게 말합니다. 인간의 자유를 지키고, 권리를 보호하며, 그 누구도 타인의 생명과 재산을 침해하지 못하게 만드는 상태라고 말입니다. 정의는 단지 법의 조항에 있지 않습니다. 그것은 각 개인이 타인의 권리를 어디까지 인정하고, 자신의 권리를 어디까지 절제할 수 있는지에 대한 문제입니다.

우리가 자유롭게 말하고, 생각하고, 일하고, 재산을 지킬 수 있는 것은 그 자체로 정의의 실현이며, 이를 가능하게 하는 제도와 문화를 지키는 것 또한 시민의 책임입니다. 정의는 고정된 상태가 아닙니다. 그것은 자유와 책임의 균형 속에서 끊임없이 재구성되는 과정이며, 그 과정의 중심에는 늘 '인간'이 있습니다.

공정으로서의 정의

존 롤스는 1971년 『정의론』에서 당시까지의 자유주의 정의 개념을 근본적으로 재정비하며, 정의를 단지 절차적 중립이나 형식적 자유가 아닌, 실질적 공정성과 사회적 연대의 관점에서 다시 사유했습니다. 그가 정의를 사유한 가장 독창적인 방식은 바로 '무지의 베일(veil of ignorance)'이라는 가상적 사고 실험에서 비롯됩니다. 그는 우리 각자가 사회계약을 맺기 전, 자신이 어떤 성별, 계층, 재능, 출신을 가졌는지를 모르는 상태에서 사회 규칙을 정한다고 가정합니다. 이 조건 아래에서는 누구든 자신의 입장이 가장 불리할 수 있기 때문에, 모두가 불이익을 최소화하는 정의로운 원칙을 선택할 것이라는 것이죠.

이 '무지의 베일' 뒤에서 선택되는 정의 원칙이 바로 '공정으로서의 정의'입니다. 롤스는 이를 두 가지 원칙으로 공식화합니다. 첫째, 평등한 자유의 원칙입니다. 이는 모든 사람이 기본적 자유, 예컨대 표현의 자유, 양심의 자유, 집회·결사의 자유, 인격으로서의 자율성에 대해 동등한 권리를 가져야 한다는 원칙입니다. 둘째, 차등의 원칙입니다. 이는 사회·경제적 불평등은 허용될 수 있지만, 단 한 가지 조건 아래에서만 정당화됩니다. 그 불평등이 가장 불리한 위치에 있는 사람들에게도 최대한의 이익이 될 때에만 허용될 수 있다는 것입니다. 또한 그는 기회균등의 원칙을 강조합니다. 사회적 직위와 직책은 모두에게 개방되어야 하며, 누구든 공정한 기회를 통해 경쟁할 수 있어야 한다는 것입니다.

여기서 중요한 점은, 롤스가 단순한 형식적 평등을 말하는 것이 아니라는 것입니다. 그는 실질적인 공정, 즉 결과의 평등이 아니라 기회의 평등과 불이익 최소화의 정의를 강조합니다. 이와 같은 정의론은 사회 전체의 복지를 위해 소수의 권리를 희생하는 공리주의 정의관을 비판하고, 개인의 권리와 자유를 최우선시하는 자유주의와 연대의 윤리를 조화롭게 결합하려는 시도였습니다. 그는 "정의는 진리에 버금가는 사회 제도의 제1덕목이다."라고 말합니다.

우리는 롤스의 정의론을 오늘의 시선으로 바라볼 필요가 있습니다. 그의 이론은 단순한 이상론이 아닙니다. 오늘 우리가 겪고 있는 불평등, 세대 갈등, 지역 격차, 기회의 왜곡과 같은 현실 문제들을 해석하는 강력한 틀을 제공합니다. 현대 사회, 특히 한국 사회는 '공정'이라는 단어에 매우 민감합니다. '공정사회'는 많은 정치인의 구호가 되었고, 청년층은 스펙, 입시, 채용 등에서 불공정성을 크게 체감하고 있습니다. 그러나 그들이 말하는 공정은 '기회의 평등'일까요? 아니면 '결과의 평등'일까요? 또는 '절차적 정의'일까요?

롤스의 이론은 여기에 분명한 가이드를 제시합니다. 그는 말합니다. "단순히 모든 사람에게 똑같은 출발선을 주는 것으로는 충분하지 않다." 가난한 집 아이와 부유한 집 아이가 같은 시험을 본다고 해서 그것이 공정한 것은 아니라는 것입니다. 진정한 공정은 출발선 자체가 기울어 있음을 인정하고, 그 불균형을 수정하려는 구조적 배려와 재분배를 통해 비로소 완성된다는 것입니다.

이런 맥락에서 우리는 한국 사회에서 논의되고 있는 기본소득, 누진세, 교육 기회의 균형, 지역균형 발전 같은 정책들을 단지 복지의 문제로 보지 않고, 정의의 문제, 더 정확히 말하면 '공정으로서의 정의'의 실현 여부로 판단해야 합니다. 또한 롤스의 정의론은 다문화사회, 노동권의 확대, 소수자 권리, 기후정의, 디지털 격차 등의 문제에도 응용될 수 있습니다. 롤스는 복잡한 현대사회의 다양한 가치들을 어떻게 조화롭게 조정할 것인가를 고민하며, 정의를 하나의 절대적 가치가 아닌 사회 전체의 합의와 협의 속에서 다듬어 나가야 할 지속적 기준으로 제시합니다.

그의 사상은 이상주의에 머무르지 않고, 우리가 지금 무엇을 우선으로 두고, 누구의 입장에서 사회를 설계할 것인가라는 실천적 질문을 던지게 합니다. 존 롤스는 불완전한 현실 속에서도 우리가 끊임없이 더 나은 정의를 추구할 수 있다고 믿었습니다. 그의 정의론은 단지 철학적 체계가 아니라, 정치적 비전이며 윤리적 선택의 방향입니다. 그는 우리에게 이렇게 말합니다. "정의로운 사회란, 그 사회에서 가장 불리한 사람조차도 그 사회의 구조를 받아들일 수 있는 사회이다." 이 말은 우리 모두에게 물음을 던집니다. 우리 사회의 최약자들은 이 사회의 규칙을 받아들일 수 있는가? 우리는 누군가를 배제한 공정, 누군가에게만 유리한 정의를 말하고 있지는 않은가? 우리는 지금, 누구를 위한 질서를 만들고 있는가? 이 질문들 앞에서 우리는 여전히, 그리고 끊임없이 롤스를 읽어야 합니다. 정의는 정답이 아니라 과정입니다. 정의는 완성이 아니라, 불완전한 인간들이 함께 나아가는 윤리적 기준입니다.

소유의 정의론

노직은 1974년 출간한 저서 『아나키, 국가, 유토피아』를 통해 당시 지배적인 정치철학 이론이었던 롤스의 『정의론』에 정면으로 반박합니다. 그가 제시한 핵심 사상은 바로 '소유의 정의(Entitlement Theory of Justice)'이며, 이는 자유지상주의(Libertarianism)라는 철학적 입장을 바탕으로 하고 있습니다.

노직의 기본 입장은 소유권과 최소국가(minimal state)를 지향하고 있습니다. 노직은 국가의 역할이 가능한 한 축소되어야 하며, 개인의 자유와 소유권은 도덕적으로 절대적인 권리라고 주장합니다. 그는 롤스처럼 재분배를 정당화하려 하지 않고, 오히려 정의란 개인의 정당한 소유를 침해하지 않는 것이라고 말합니다. 그가 말하는 정의로운 사회란, 결과의 평등이 아니라 획득과 이전의 과정이 정당한 사회입니다. 누군가가 어떤 재산을 어떻게 소유하게 되었는가가 중요하지, 그 결과가 불평등하다는 이유로 그것을 다시 나누는 것은 도덕적으로 정당하지 않다는 것입니다.

노직이 주장한 소유의 정의 이론은 세 가지 핵심 원칙을 가지고 있습니다. 첫째, 획득의 원칙(Principle of Justice in Acquisition)입니다. 이는 자원이 무주물이었을 때, 그것을 최초로 정당하게 획득했다면 소유권이 발생합니다. 둘째, 전환의 원칙(Principle of Justice in Transfer)입니다. 이는 개인 간의 자발적인 교환이나 증여를 통해 소유권이 이전된다면, 그 역시 정당합니다. 셋째, 시정의 원칙(Principle of Rectification of Injustice)입니다. 이는 이전이나 획득이 강제나 사기로 이루어졌다면, 그것은 바로잡아야 합니다. 이 세 가지 원칙이 충족되면, 어떤 불평등도 정당하다는 것이 노직의 입장입니다. 예를 들어, 어떤 사람이 자신의 노력과 자산을 투자해 사업을 일으켜 부자가 되었다면, 설령 그 결과로 다른 사람들과의 소득 격차가 벌어지더라도, 그 과정이 정당했다면 그 격차는 도덕적으로 문제가 되지 않는다는 것입니다.

노직은 롤스의 '차등의 원칙', 즉 불평등이 가장 불리한 사람에게도 이익이 될 경우에만 정당하다는 원칙을 정면으로 비판합니다. 그는 다음과 같은 이유를 제시합니다. 첫째, 롤스는 개인의 소유권과 자유를 침해한다고 봅니다. 롤스식 재분배는 사회가 어떤 '정의로운 패턴'에 따라 자산을 강제로 이동시키는 구조입니다. 그러나 노직은 "개인의 자유와 소유권은 절대적인 것이며, 국가가 이를 강제로 조정하는 것은 마치 사람을 강제로 일하게 만드는 것과 다름없다"고 말합니다. 이는 곧 자유에 대한 침해라는 것입니다. 둘째, '패턴형 정의관'은 역사적 정당성을 무시한다고 봅니다. 롤스는 정의를 어떤 패턴, 즉 결과의 분포 상태로 정의하려 하지만, 노직은 정의란 그 결과가 아니라 그 이전의 과정을 통해 판단해야 한다고 주장합니다. 어떤 분배 상태가 정의로운지는 그것이 어떤 방식으로 이루어졌는지를 따져야 한다는 것입니다. 이것이 바로 노직의 정의론이 '과정 중심(process-based)'이라는 특징을 갖습니다. 셋째, 재분배는 자유로운 거래를 억압하게 됩니다. 노직은 유명한 농구선수 윌트 체임벌린의 예를 듭니다. 체임벌린을 보기 위해 많은 사람들이 자발적으로 티켓 값을 지불했을 때, 그는 다른 사람보다 훨씬 많은 소득을 얻습니다. 그런데 이것이 불평등하다고 해서 다시 분배한다면, 그들의 자유로운 선택이 무시되고, 정의로운 거래의 결과가 침해된다는 것이죠.

롤스는 정의를 사회 전체의 구조와 공공선의 관점에서 접근합니다. 그는 사회의 가장 불리한 사람에게도 수용 가능한 질서를 구축하려 했습니다. 반면 노직은 개인의 절대적 자유와 선택권을 정의의 핵심으로 보며, 어떤 국가 개입도 가능한 한 최소화해야 한다고 봅니다. 롤스는 정의를 사회 정의로 이해한 반면, 노직은 절차적 정의에 관심을 둡니다. 롤스가 재분배의 정의를 옹호한 반면, 노직은 분배 자체보다 분배에 이르는 경로의 정당성을 중시합니다. 결과적으로 노직은 롤스의 이론을 '강요된 이타주의'로 보며, 정부가 시민의 소유를 강제로 이전시키는 행위를 정당화하려는 시도로 비판합니다.

하지만 노직의 이론에도 분명한 한계가 존재합니다. 첫째, 현실에서 '정당한 획득'이나 '공정한 이전'이 정말 가능한가 하는 문제입니다. 역사적으로 부의 축적은 폭력, 사기, 식민지 수탈, 노예제도 등의 불의한 방식으로 이루어진 경우가 많았습니다. 이럴 때 노직의 절차적 정의는 현실의 불평등을 방치하거나 정당화하는 결과를 낳을 수 있습니다. 둘째, 사회적 약자를 보호하거나 기회의 격차를 해소하기 위한 최소한의 재분배조차 거부하는 것은 정의의 공동체적 감각을 무시하는 위험이 있습니다. 셋째, 소유권을 절대시하면 공동 선, 연대, 책임과 같은 가치들은 후순위로 밀려날 수 있습니다. 이로 인해 사회적 연대의 기반이 약화되고, 공동체는 개인주의적 이해에 의해 분열될 위험에 처할 수 있습니다. 그러나 동시에 노직의 사상은 국가 권력의 한계를 지적하고, 개인의 자유에 대한 철학적 엄밀성을 강조한다는 점에서 오늘날 자유민주주의 사회의 중요한 경계 역할을 합니다. 우리가 정책을 설계하고 사회제도를 만들 때, 얼마만큼의 자유를 보호할 것인가, 어디까지 개입이 정당화되는가에 대한 질문을 던지게 합니다.

롤스는 평등과 공정, 연대의 정의를 말했고, 노직은 자유와 소유, 절차의 정의를 말했습니다. 우리 사회는 언제나 이 두 가지 가치 사이에서 끊임없이 줄타기를 합니다. 개인의 자유를 지키면서도, 사회적 불평등을 어떻게 완화할 수 있을 것인가? 이 질문은 어느 시대나 여전히 유효합니다. 우리가 노직을 읽는 이유는, 그가 정의를 깊이 사랑했기 때문입니다. 그리고 그 사랑이 다르게 표현되었을 뿐이기 때문입니다. 정의란 무엇입니까? 우리는 어디서 그 기준을 찾고, 누구의 입장에서 사회를 바라볼 것입니까? 이런 물음들이 우리 사회의 공존을 위한 더 나은 철학과 정책, 그리고 실천의 시작이 되기를 바랍니다.

동양학적 정의

우리는 정의와 공정이라는 개념을 자주 서구 철학—특히 롤스, 노직과 같은 정치철학자들의 틀 안에서 이해하지만, 동양에도 수천 년 동안 정의롭고 공정한 사회를 만들기 위한 사상적 노력들이 깊고 넓게 전개되어 왔습니다.

유교에서 정의는 단순히 법적 판단이 아니라, 도덕적 인간됨과 사회 질서의 조화를 중심으로 구성됩니다. 공자는 『논어』에서 정의라는 말을 자주 직접적으로 쓰지는 않았지만, '인의예지(仁義禮智)'를 통해 인간이 마땅히 갖추어야 할 도덕적 기준과 사회적 책임을 설명했습니다. 여기서 '의(義)'는 정의에 가장 가까운 개념입니다. 의는 '옳음'을 뜻하며, 단순한 이익이 아니라 도리에 맞는 선택, 자기 욕심을 넘은 선택을 말합니다. 맹자는 더 나아가 인간의 본성 안에 '측은지심(惻隱之心)'과 '수오지심(羞惡之心)' 같은 도덕 감정이 내재되어 있으며, 이를 통해 정의롭지 못한 상황에 저항할 수 있는 윤리적 용기를 강조합니다. 즉, 유교적 정의는 형식적 공정함을 넘어 인간 사이의 도리와 책임을 중시하는 정의이며, 이 정의는 공동체 안에서의 역할과 위치를 고려한 관계적 정의라고 할 수 있습니다.

불교에서는 정의라는 개념이 '업(業)'과 '인연(因緣)'의 구조로 이해됩니다. 모든 결과는 원인에 의해 일어난다는 인과론은 곧 모든 행위에는 반드시 그에 상응하는 결과가 따른다는 '업보(業報)'의 개념으로 이어집니다. 이 관점에서 정의란 우주적 차원에서의 공정함이며, 세속의 법과 상벌보다도 더 근원적인 '진리의 법칙'입니다. 즉, 누군가가 부당한 행위를 하면, 언젠가는 반드시 그 대가를 치르게 된다는 것이며, 이는 외부의 법적 장치 없이도 존재하는 도덕적 질서입니다. 또한 불교는 '자비심(慈悲心)'을 강조합니다. 자비는 남의 고통을 덜어주고, 행복을 나누려는 실천적 태도입니다. 이 자비는 공정함을 넘어선 정의의 감각, 즉 고통받는 자의 자리에서 세계를 바라보는 정의입니다.

도가사상, 특히 노자와 장자의 사유에서는 서구식의 규범적 정의 개념보다는 억지스러움 없는 조화, 자연스러움, 그리고 비간섭적 질서가 강조됩니다. 노자는 『도덕경』에서 말합니다. "큰 도가 있으면 정의가 사라진다." 이 말은 아이러니처럼 보일 수 있지만, 노자는 진정한 정의는 인위적으로 만들어지는 것이 아니라, 도(道)에 따라 각 존재가 자기 본성에 맞게 조화를 이루는 상태라고 보았습니다. 이 조화 상태는 억지로 만들어지는 것이 아니라, 각자의 자리가 존중될 때 자연스럽게 생겨나는 것입니다. 즉, 도가에서 정의란 개입을 최소화하고, 자연의 흐름을 거스르지 않는 방식으로 살아가는 것이며, 이는 우리가 말하는 '공정한 배분'이나 '형벌로서의 정의'와는 매우 다른 관점입니다.

우리 전통사상에서도 정의와 공정은 공동체의 유대와 조화로운 삶을 위한 실천적 가치로 자리해왔습니다. 조선 시대 성리학자들은 '수기치인(修己治人)', 자기를 닦아 세상을 다스린다는 원칙을 통해 정의를 내면의 윤리와 외면의 질서를 동시에 갖춘 상태로 보았습니다. 또한 동학(東學) 사상은 '사람이 곧 하늘'이라는 인내천(人乃天)의 개념을 통해 인간의 존엄성과 평등한 권리를 주장했고, 이는 단지 추상적 평등이 아니라 사회 구조 속에서 누구도 배제되지 않아야 한다는 윤리적 정의의 감각으로 발전했습니다.

우리 민속에서는 정(情)이라는 독특한 관계 중심 감정이 있습니다. 정은 공정함이나 정의 그 자체보다 서로 배려하고, 이해하고, 연대하는 관계적 삶의 자세입니다. 이 속에는 형식적 정의가 미치지 못하는 관계 기반의 공정함이 자리하고 있습니다.

지금까지 살펴본 바와 같이, 동양사상에서의 정의와 공정은 다음과 같은 특징을 가집니다. 첫째, 관계성과 조화를 중시합니다. 이는 개인보다 공동체 속의 위치와 역할을 고려함을 의미합니다. 절대적 법보다 내면의 윤리를 강조합니다. 법적 처벌보다 자기성찰과 도덕 실천이 중심입니다. 둘째, 형식보다 실질을 중시합니다. 이는 외형적 평등보다 실제 고통과 상황을 이해하는 '정의 감각'이 강조됩니다. 셋째, 억지보다 자연스러운 흐름을 따릅니다. 인위적 재편보다는 스스로 조화를 찾는 삶을 지향합니다.

오늘날 우리는 서구의 제도와 동양의 관계적 윤리 사이에서 균형을 모색해야 하는 시대를 살고 있습니다. 법과 제도는 필요하지만, 그 안에서 인간다움과 공동체성, 내면의 도리를 잊지 않는 정의의 감각과 실천이야말로 진정한 공정사회, 공존사회를 위한 철학적 기반이 될 것입니다.

별자리 10

공산_공존과 공생의 실천적 연결

공존과 조화의 공산

공산은 현대 경영학과 사회이론에서 '공동 창조'로 자주 설명됩니다. 하지만 이 개념은 사실 동양사상에서 오래전부터 삶과 세계를 바라보는 핵심 원리로 존재해 왔습니다. 동양철학은 관계의 철학입니다. 서양이 '존재(being)' 중심의 사고라면, 동양은 '생성(becoming)'과 '관계'를 중심으로 사고합니다. 그 속에서 우리는 공산을 단지 '창조적 생산의 과정'이 아닌, 함께 존재하고, 함께 조화를 이루는 삶의 방식으로 재해석할 수 있습니다.

노자는 『도덕경』에서 "도는 만물을 낳고, 만물은 도에 기대어 존재한다"고 말했습니다. 여기서 '도(道)'는 절대적 주체가 아닙니다. 모든 존재가 스스로를 낳고, 서로를 낳는 자연의 흐름이자 원리입니다. 그는 "공이 있어도 그 공을 주장하지 않는다(功成而弗居)"고 했습니다. 이는 창조의 결과를 독점하지 않고, 생성의 과정에 머무르라는 뜻입니다. 이는 현대 공산 개념의 핵심, 즉 창작의 소유권을 넘어서 창조 과정의 공동 참여와 의미 공유로 확장될 수 있습니다. 따라서 노자의 사상은 우리에게 '비지배적 창조', '함께 흘러가는 창조', 바로 공산의 태도를 가르쳐 줍니다.

장자는 『장자』 내편에서 자주 등장하는 '물아일체(物我一體)'의 사유를 통해 자기와 타자의 경계가 허물어지는 존재론을 보여줍니다. 그는 "나는 나비인가, 나비가 나인가"라는 질문을 던지며,

모든 존재가 서로에 의해 형성되고 있다는 사실을 강조합니다. 이처럼 장자의 철학은 공산을 자기 혼자 만드는 것이 아니라, 관계 속에서 공동으로 만들어지는 것, 나와 너의 경계가 흐려지는 창조의 장으로 이끕니다. 공산은 여기서 단순한 협력의 기술이 아니라, 존재 자체가 서로에 의해 만들어지는 방식이 됩니다.

공자의 『논어』에서 가장 중요한 덕목인 '인(仁)'은 사람과 사람 사이의 관계성에서 출발합니다. 공자는 "사람과 함께 기뻐할 줄 아는 자가 인자다(與人同樂者仁也)"라고 말했습니다. 이는 곧 기쁨도, 창조도, 의미도 혼자 만들어낼 수 없다는 철학입니다. 『중용』에서는 "조화는 만물의 생성의 길이다(和爲貴)"라고 강조합니다. 조화는 타인을 억누르는 것이 아니라, 차이를 인정하고 어울리는 창조를 뜻합니다. 공산은 유교의 이러한 사유 위에서 도덕적 관계성과 공동체적 책임을 포함하는 창조 행위가 됩니다.

불교의 핵심 개념인 연기(緣起)는 '모든 존재는 관계 속에서만 존재한다'는 진리를 말합니다. 어떤 것도 고립된 채로 존재할 수 없으며, 모든 것은 조건이 만나야 생겨납니다. 이는 오늘날 우리가 말하는 공산—서로 다른 존재들이 모여 하나의 가치를 창조하는 것—의 철학적 전제가 됩니다. 불교는 창조란 고정된 주체가 무엇을 만드는 것이 아니라, 관계 속에서 일어나는 사건임을 가르쳐줍니다. 또한 공(空)은 '없음'이 아니라, 고정되지 않음, 계속 변화하는 생성을 위한 여백입니다. 이 여백이 있기에 우리는 서로를 받아들이고, 새로움을 함께 만들어 갈 수 있습니다.

오늘날 우리는 공산을 기술적 협업 도구로 많이 이해합니다. 그러나 동양철학은 우리에게 이렇게 말합니다. "공산은 단지 함께 무언가를 만드는 것이 아니라, 함께 존재하고, 함께 흐르고, 함께 조화롭게 살아가는 방식이다."라고 말입니다. 공산은 생산의 도구가 아니라, 관계의 예술이고, 존재의 자세입니다. 노자는 말합니다. "일을 하되 주장하지 말라." 장자는 말합니다. "너와 나를 나누지 마라." 공자는 말합니다, "함께 기뻐하라." 붓다는 말합니다. "모든 것은 연기로 되어있다." 이 모든 말은 한 가지를 향합니다. "너 혼자 만드는 것은 아무것도 아니다." "진짜 창조는 함께할 때만 가능하다." 그렇습니다. 동양학적 공산 개념은 도구적이라기 보다 관계적으로 규정됩니다.

공산, 협동, 공생의 관계

공산(Co-creation), 협동(Collaboration), 그리고 공생(Symbiosis) 이 세 가지 개념은 단순히 일시적인 유행이 아니라, 우리가 직면한 복잡한 사회적, 경제적, 생태적 문제를 해결하는 데 있어 중요한 이론적 기반이 되고 있습니다. 이들은 서로 연관되며, 지속 가능하고 창의적인 사회를 구현하기 위한 핵심 축이라 할 수 있습니다.

먼저 협동의 개념을 간단히 살펴보겠습니다. 협동이란 두 명 이상의 주체가 공동의 목표를 달성하기 위해 자발적으로 협력하는 과정입니다. 이 과정은 단순히 일의 분업이나 역할 분담을 의미하는 것이 아니라, 상호 간의 신뢰와 소통, 공동 책임 하에서 이루어지는 동등한 참여를 말합니다. 협동은 구성원 간의 상호작용을 통해 시너지를 창출하며, 복잡한 문제를 다양한 관점에서 접근하고 해결할 수 있게 합니다.

이와 관련된 이론적 배경으로는 사회심리학자인 모튼 도이치의 협동 이론이 대표적입니다. 그는 경쟁과 협동을 대조하며, 협동이 신뢰를 증진시키고 공동의 성과를 향한 책임감을 높인다고 설명했습니다. 또한 피터 셍게는 『학습하는 조직』에서 협동적 학습을 조직의 혁신과 지속 성장의 핵심으로 제시하며, 개인이 아닌 집단의 지혜를 통해 복잡한 문제를 해결할 수 있다고 주장했습니다.

현대 사회에서 협동은 다양한 형태로 발전해왔습니다. 오픈소스 개발, 커뮤니티 기반 디자인, 협동조합, 다자간 프로젝트 등이 그 예입니다. 디지털 플랫폼은 지리적 한계를 넘어선 협동을 가능하게 만들며, 다양한 이해관계자가 동시에 참여하는 집단 지성 기반의 혁신을 이끌어내고 있습니다.

이제 공산의 개념으로 넘어가 보겠습니다. 공산은 협동의 진화된 형태라 할 수 있습니다. 협동이 공동의 목적을 위한 역할 공유와 협력이라면, 공산은 창의적인 산출물의 창출 과정에서 참여자들 간의 경계가 허물어지고, 창조적 권한과 책임이 공유되는 관계입니다. 공산에서는 모든 참여자가 단순한 수행자가 아니라, 창작의 주체로서 자신의 아이디어와 역량을 발휘합니다.

공산을 이론적으로 정립한 대표적인 학자는 프라할라드와 크라마스와미입니다. 이들은 『경쟁의 미래(The Future of Competition)』에서 가치는 더 이상 기업이 일방적으로 창출하는 것이 아니라, 고객과 함께 만들어가는 것임을 강조했습니다. 고객은 더 이상 수동적인 수용자가 아니라, 경험 기반 창조의 파트너로 기능합니다. 이러한 가치 창출 모델은 고객 경험, 참여, 자율성의 중요성을 전제로 합니다. 이들의 후속 연구에서는 공산이 작동하기 위한 조건으로 네 가지, 즉 공동의 목적, 상호 존중, 열린 대화, 실행 중심의 문화를 강조합니다. 이러한 원칙은 기업뿐만 아니라, 시민사회, 교육, 공공 정책 등 다양한 분야에 적용될 수 있습니다.

에릭 폰 히펠은 사용자 혁신(User Innovation)의 관점에서 공산을 분석하며, 소비자 또는 최종 사용자가 제품 개발 과정에서 직접 참여하고 혁신을 주도하는 방식이 중요하다고 주장했습니다. 이러한 공산은 오픈소스 소프트웨어 개발이나 3D 프린팅, DIY 문화에서 자주 나타납니다.

팀 브라운은 디자인 씽킹 접근을 통해 다양한 이해관계자의 참여와 공산을 강조했습니다. 그는 『디자인 변화』에서 인간 중심적 문제 해결을 위해서는 다학제 간 협력이 필수이며, 이 과정에서 공산은 문제 정의부터 해결안 창출까지 전 과정에 참여자가 공동으로 기여하는 방식이라 설명합니다.

한편, 문화연구자인 헨리 젠킨스는 공산을 문화적 참여와 연결 지었습니다. 그는 디지털 콘텐츠 창작의 영역에서 팬덤, 커뮤니티 기반 창작, 리믹스 문화 등이 공산의 한 형태라 주장하며, 참여자들은 단순한 소비자가 아니라 공동 창작자로 기능한다고 말합니다.

이제 공생의 개념으로 넘어가 보겠습니다. 공생은 본래 생물학에서 유래된 개념으로, 서로 다른 종이 상호 의존하며 함께 살아가는 관계를 뜻합니다. 사회과학에서는 이 개념을 조직 간 상호작용, 생태계적 사고, 지속 가능한 발전 모델로 확장시켜 해석하고 있습니다.

린 마굴리스는 공생이 생물 진화의 핵심이라고 보며, 미생물 간의 협력적 공생이 진핵세포의 탄생을 가능하게 했다는 점을 제시했습니다. 이 주장은 협력과 공생이 생명의 본질적 속성이라는 강력한 근거가 되며, 인간 사회의 협력과 협동, 공산을 바라보는 또 다른 관점을 제공합니다.

사회 체계 이론가 루만은 각기 다른 사회 시스템 간의 공생적 관계를 통해 사회 전체의 안정성과 발전이 가능하다고 보았습니다. 그는 정치, 경제, 교육, 예술 등 각 시스템이 상호작용을 하지만 자율성을 유지할 때 가장 효율적인 공생이 이루어진다고 주장합니다. 환경경제학의 존 엘킹턴은 트리플 바텀 라인을 통해, 경제적 이윤뿐 아니라 사회적 책임, 환경적 지속 가능성을 동시에 추구해야 함을 강조하며, 이는 기업이 사회 및 환경과 공생하는 방향으로 나아가야 함을 의미합니다.

공생은 공산과 협동을 지지하는 생태적 철학이자 방향성을 제공합니다. 협동이 공동 목적을 위한 참여, 공산이 창조적 공동 생산이라면, 공생은 이러한 관계가 지속 가능하고 상호 긍정적인 영향을 주는 형태로 진화하는 것입니다. 우리가 살펴본 협동, 공산, 공생의 이론들은 각각 독립적인 개념이지만, 현대 사회에서 실천되고 있는 방식은 이 세 가지가 긴밀히 연결되어 있다는 점을 보여줍니다. 협동은 공산의 기반이며, 공산은 협동의 창조적 확장이고, 공생은 이 모든 관계가 지속되고 진화하기 위한 생태적 원리입니다.

미래는 경쟁보다 협력이, 독점보다 공유가, 폐쇄보다 개방이 더 큰 가치를 만들어내는 시대가 될 것입니다. 이제는 함께 일하고, 함께 만들고, 함께 살아가는 사회를 준비해야 합니다. 우리 모두 이 가치들을 삶 속에서 실천하며, 지속 가능하고 창의적인 공동체를 함께 만들어 가기를 희망합니다.

진화와 협력, 공생 이론

생명의 진화와 협력에 대해 새로운 시각을 제시한 학자, 린 마굴리스의 공생 이론에 대해 말씀드리고자 합니다. 이 이론은 단순히 생물학적 주제를 넘어, 우리가 사회와 조직을 이해하고 설계하는 방식에도 깊은 울림을 주고 있습니다.

우리는 흔히 진화하면 '적자생존', '강한 자의 생존', '치열한 경쟁'을 떠올립니다. 찰스 다윈의 이론이 오랫동안 그렇게 가르쳐 왔기 때문입니다. 하지만 린 마굴리스는 다르게 생각했습니다. 그녀는 "생명은 경쟁만으로 진화하지 않았다. 진정한 진화는 공생, 곧 협력에서 시작되었다"고 주장했습니다.

마굴리스는 '세포 내 공생설(Endosymbiotic Theory)'이라는 혁신적인 이론을 제시하였습니다. 그녀의 이론에 따르면, 오늘날 우리 인류를 비롯한 모든 고등 생물이 가진 '진핵세포(eukaryotic cell)'는 서로 다른 미생물들이 공생을 통해 하나로 통합되며 진화한 결과입니다. 즉, 약 20~30억 년 전, 산소를 사용할 수 있는 박테리아가 다른 세포 안으로 들어갔고, 이들이 경쟁하거나 파괴되지 않고 서로 협력하며 살아남은 것입니다. 그 결과, 이 박테리아는 오늘날 우리 세포 속 미토콘드리아가 되었고, 광합성을 하던 남세균은 식물 세포의 엽록체로 진화하게 되었습니다.

이 얼마나 놀라운 이야기입니까? 과거에는 이러한 설명이 받아들여지지 않았습니다. 당시 과학계는 경쟁 중심의 진화론에 익숙해 있었기 때문에, '협력'을 진화의 핵심 동력으로 본다는 것은 파격적인 주장이었습니다. 하지만 시간이 흐르고, 유전체 분석과 분자생물학의 발전 덕분에 마굴리스의 이론은 점차 입증되었습니다. 결국, 오늘날 생물학 교과서에는 그녀의 공생 이론이 정설로 자리잡게 되었습니다.

린 마굴리스가 주장한 공생은 단순히 이익을 주고받는 생태적 관계를 의미하는 것이 아닙니다. 그것은 서로 다른 존재들이 완전히 새로운 존재로 진화해가는 과정이며, 상호 의존적 관계 속에서 창의적 결합이 일어난다는 사실을 보여줍니다. 그녀는 공생을 이렇게 나눕니다. 첫째, 상리공생(Mutualism)입니다. 이는 서로에게 이익이 되는 관계를 의미합니다. 둘째, 편리공생(Commensalism)입니다. 이는 한쪽만 이익을 얻고 다른 쪽은 영향 없는 관계를 말합니다. 셋째, 기생(Parasitism)입니다. 이는 한쪽이 이익을 얻고 다른 쪽은 피해를 입는 관계입니다. 넷째, 내부공생(Endosymbiosis)입니다. 이는 한 생물이 다른 생물 안에 들어가 공존하는 형태입니다.

그녀의 가장 위대한 통찰은 바로 이 내부공생을 통해 진핵세포라는 고등 생명체의 토대가 만들어졌다는 데 있습니다. 이 이론은 생명에 대한 우리의 근본적인 이해를 바꾸었고, 생물학을 넘어 사회, 경제, 조직 운영, 생태계 설계에까지 영향을 주었습니다. 이 이론은 오늘날 우리가 살아가는 방식과도 깊이 연결됩니다. 우리는 지금, 기업과 기업이, 사람과 사람이, 나아가 인류와 자연이 함께 공생하지 않고는 살아갈 수 없는 시대에 살고 있습니다. 린 마굴리스의 이론은 우리에게 이렇게 말합니다. "함께 살아가는 것이야말로 가장 진화된 생존 방식이다."라고 말입니다. 공생은 이상적인 윤리적 개념이 아닙니다. 그것은 진화의 전략, 생명의 본질, 그리고 지속 가능한 미래의 실천 모델입니다.

공생의 정신은 결국 우리 삶의 모든 영역에 적용될 수 있습니다. 학교에서는 교사와 학생이, 직장에서는 관리자와 직원이, 사회에서는 세대와 다른 세대가 정치에서는 국민과 정부가 공생할 수 있을 때, 진정한 발전과 혁신이 이루어질 수 있습니다. 린 마굴리스는 과학자로서 생명의 기원을 밝혔을 뿐만 아니라, 경쟁보다 협력, 지배보다 상호의존을 강조하는 철학적 유산을 우리에게 남겨주었습니다. 이제는 우리 각자가 이 공생의 원리를 자신의 삶과 공동체 안에서 실천할 차례입니다.

우리는 더 이상 혼자 살아갈 수 없습니다. 서로 기대어, 서로 도우며, 함께 새로운 것을 만들어야 할 시대입니다. 생명은 그렇게 진화해 왔고, 우리의 미래 역시 그 원리를 따를 때 지속 가능해질 것입니다.

공생적 관계

우리가 살아가는 사회는 수많은 제도와 기능, 사람과 조직이 얽히고설켜 움직이는 거대한 생태계와도 같습니다. 이 복잡한 사회 속에서 우리는 종종 갈등과 충돌, 혹은 단절을 경험합니다. 그런데 루만은 이러한 사회를 혼돈의 총합으로 보지 않았습니다. 오히려 그는, 복잡함 속에서도 자기조직적 질서를 갖춘 하나의 체계로 사회를 바라보았습니다.

루만의 출발점은 매우 분명합니다. 그는 사회를 단일한 전체로 보지 않고, 기능적으로 분화된 하위 체계들의 모임으로 이해하였습니다. 다시 말해, 사회는 정치, 경제, 교육, 법, 예술, 과학, 종교와 같은 다양한 기능 체계(functional systems)들로 구성되어 있으며, 각 체계는 자기 고유의 논리와 언어로 작동한다는 것입니다. 예를 들어, 정치 체계는 '권력'을 중심으로, 경제는 '화폐'를 중심으로, 과학은 '참/거짓'을 중심으로 움직입니다. 그리고 중요한 점은, 이 체계들은 서로를 지배하거나 흡수하려 하지 않는다는 것입니다. 루만은 이것을 '운영적 자율성(operational autonomy)'이라고 표현했습니다. 그렇다면, 이처럼 서로 다른 논리와 목적을 가진 체계들이 어떻게 하나의 사회 안에서 공존할 수 있을까요?

여기에서 루만은 공생적 상호작용(Symbiotic Interaction)의 개념을 꺼내듭니다. 그는 체계 간에 직접적인 통제나 일방적 영향이 아닌, 상호 간접적 적응과 조율을 통해 공생이 가능하다고 봅니다. 이것이 루만이 말하는 '구조적 결합(Structural Coupling)'의 개념입니다. 각 체계는 고유한 작동 원리를 유지하면서도, 다른 체계와 경계면에서 정보와 자극을 주고받으며 서로 영향을 주는 방식으로 연결되어 있습니다. 이러한 구조적 결합은 마치 서로 다른 생물종이 한 생태계 안에서 공존하는 생물학적 공생관계와도 유사합니다.

예를 들어보겠습니다. 교육과 경제는 서로 다른 체계입니다. 그러나 학교 교육은 경제가 요구하는 인재를 양성하고, 경제는 교육에 자원을 제공합니다. 이때 교육은 '지식의 전달'이라는 자기 논리를 유지하면서도, 경제와 구조적으로 결합해 있습니다. 정치와 법 역시 그렇습니다. 법은 정치적 결정을 정당화하고 구체화하는 기능을 하며, 동시에 정치적 영향에 무조건 굴복하지 않고 독자적인 기준으로 판단합니다. 이 또한 공생적 결합의 예라 할 수 있습니다. 이러한 구조적 결합은 체계 간에 완전한 통합도, 완전한 분리도 아닌 제3의 관계, 즉 공생적 자율성을 가능하게 합니다. 각 체계는 서로를 필요로 하되, 자기다움을 잃지 않고, 자기 방식으로 세상에 기여하는 것입니다.

루만의 이론이 우리에게 주는 통찰은 분명합니다. 다름은 단절이 아닙니다. 오히려 차이가 있기에 공생이 가능하며, 그 공생은 사회 전체의 창의성과 복잡성을 유지하는 원동력이 됩니다.

오늘날 우리는 매우 다양한 체계와 가치가 얽혀 있는 사회에 살고 있습니다. 정치적 갈등, 경제적 양극화, 교육의 위기, 문화적 충돌이 끊임없이 발생하고 있습니다. 이때 루만의 공생적 체계 개념은 우리에게 이렇게 말해줍니다. "통합은 동일함에서 오는 것이 아니라, 다름을 인정하는 데서 비롯된다."라고 말입니다. 루만은 우리에게 획일화가 아닌 조화, 지배가 아닌 구조적 상호작용, 강제적 통합이 아닌 공생적 공존의 길을 제시한 것입니다.

오늘날의 사회는 단순한 연결이 아니라, 서로 다른 체계들이 자신의 논리를 유지하면서도 함께 살아가는 법을 배워야 하는 시대입니다. 루만의 이론은 우리에게 그러한 사회적 공생의 가능성을 보여줍니다. 그리고 그 공생은 다름을 존중하는 데서 시작된다는 사실을, 우리는 잊지 말아야 합니다.

앞으로 우리가 만들어갈 사회는, 루만이 말한 것처럼 '전체로서 통제할 수 없는 사회'일지도 모릅니다. 하지만 우리는 그 안에서 다양한 체계들이 공생적으로 상호작용하는 구조를 설계하고 실천할 수 있습니다. 그것이야말로 지속가능한 사회로 가는 길일 것입니다.

참여문화와 공산

우리는 지금, 디지털 기술과 네트워크가 일상화된 세상을 살아가고 있습니다. 정보의 흐름은 더 빨라지고, 콘텐츠는 쏟아지며, 누구나 미디어의 소비자일 뿐 아니라 창작자(Producer)가 될 수 있는 시대가 되었습니다. 이러한 변화의 중심에서 헨리 젠킨스는 중요한 질문을 던졌습니다. "오늘날의 대중은 여전히 수동적인 소비자인가? 아니면, 콘텐츠 생산에 참여하는 창조적 주체인가?" 그는 그 대답을 이렇게 정리했습니다. "현대 대중은 '참여자(Participant)'이며, 그들은 새로운 문화의 공동 창작자(Co-creator)이다."라고 말입니다.

젠킨스는 그의 대표 저서 『융합문화』에서 기존의 대중문화론을 전면적으로 재해석했습니다. 그는 콘텐츠의 생산과 소비, 전파 과정이 더 이상 분리되지 않으며, 다수의 참여자들이 경계를 넘나들며 함께 만들어가는 '공산의 문화'가 도래했다고 선언하였습니다. 그는 이러한 공산적 문화를 참여문화(Participatory Culture)라고 불렀습니다. 참여문화란 무엇일까요?

첫째, 장벽이 낮고 접근성이 높습니다. 누구나 디지털 도구를 활용해 콘텐츠를 만들고 공유할 수 있는 환경이 마련되어 있습니다. 유튜브, 틱톡, 블로그, 팬카페 등이 그 대표적인 예입니다. 둘째, 창작이 장려되고 지식이 공유됩니다. 참여자들은 단순히 따라 하지 않고, 자신만의 아이디어를 덧붙이고 재해석하며 콘텐츠를 창조합니다. 팬픽션, 밈, 리믹스 영상 등은 모두 이러한 공산의 사례입니다. 셋째, 사회적 연결망을 기반으로 합니다. 참여는 고립된 행위가 아닙니다. 커뮤니티 속에서 함께 배우고, 피드백을 주고받으며 이루어집니다. 넷째, 비형식적 교육의 장으로 기능합니다. 참여문화는 공식 교육보다 더 효과적인 학습 공간이 될 수 있습니다. 스스로 실험하고, 실패하고, 협력하는 과정을 통해 창의성과 문제해결 능력이 길러집니다.

여기서 중요한 것은, 참여자들이 단지 소비하는 데서 멈추지 않고, 기존 콘텐츠를 확장하고 재구성하며, 새로운 서사를 공동으로 만들어 간다는 점입니다. 이 지점에서 젠킨스는 '공산(Co-creation)'이라는 개념을 이론화합니다. 그는 말합니다. "미디어 생산자와 소비자는 이제 분리된 존재가 아니다. 그들은 하나의 이야기 세계를 함께 구축하는 공저자(Co-authors)다."라고 말입니다. 그의 이론을 통해 우리는 현대 사회의 콘텐츠 흐름이 단순한 상업적 생산을 넘어서, 집단 창의성(Collective Creativity)의 장으로 변하고 있음을 확인할 수 있습니다.

대표적인 예로는 해리포터 팬덤을 들 수 있습니다. J.K. 롤링이 창조한 세계는 팬들에 의해 확장되었고, 수많은 2차 창작물, 즉 팬픽션, 애니메이션, 게임, 토론장들이 등장하면서 원작 이상의 문화적 확산력을 갖게 되었습니다. 또 다른 예로는 위키백과

(Wikipedia)를 들 수 있습니다. 누구나 편집에 참여할 수 있는 이 백과사전은 수백만 명의 자발적 참여로 유지되며, 그 자체가 공산의 살아 있는 사례라 할 수 있습니다.

이러한 젠킨스의 관점은 공산의 개념을 단순한 협업 이상으로 확장합니다. 그것은 창작의 권력이 분산되고, 문화 생산의 주체가 다원화되며, 참여자 모두가 의미를 구성하는 공동 제작자가 된다는 사실을 보여줍니다. 하지만 젠킨스는 단지 낙관론자만은 아닙니다. 그는 이렇게도 경고합니다. "참여문화는 모든 사람에게 동일한 기회를 주지 않는다. 디지털 격차, 참여 역량의 차이, 정치적 제약은 여전히 존재한다." 그래서 그는 미디어 교육, 디지털 리터러시, 그리고 시민 참여의 조건 개선을 끊임없이 강조하였습니다.

젠킨스가 우리에게 전한 가장 강력한 메시지는 이것입니다. "문화는 혼자 만들 수 없다. 문화는 함께 만드는 것이다." 오늘날 우리가 이야기하는 공산, 그것은 단순한 협력의 확장이 아닙니다. 그것은 자율적 참여, 집단 지성, 수평적 창작 구조를 토대로 이루어지는 새로운 창작 방식이며, 그 안에서 우리는 모두 아름다운 사회를 만드는 작가이고 제작자이며 디자이너입니다.

우리 사회도 이제 이런 참여문화를 어떻게 수용하고 확장할 것인지 고민해야 할 시점에 와 있습니다. 교육 현장에서, 기업에서, 공공기관에서 공산적 사고와 실천을 뿌리내리는 일이 매우

주요합니다. 젠킨스가 말했듯이, 참여는 곧 권한이며, 창작은 곧 민주주의입니다. 우리 각자가 자신만의 목소리로 콘텐츠를 만들고, 사회에 기여하고, 서로의 이야기를 연결해나가는 그 순간이 바로 공산의 힘이며, 우리가 함께 살아가는 디지털 시대의 진정한 가능성입니다.

공존, 공생 그리고 공산

우리 사회를 지속가능하게 하는 것 중 '더불어 함께'를 토대로 한 공존, 공생, 공산이라는 세 가지 개념이 있습니다. 얼핏 보면 비슷해 보이지만, 이 세 가지는 서로 다른 층위를 지니면서도 깊이 연결되어 있습니다.

우선, 공존입니다. 공존은 단순히 같은 공간에 있다는 뜻을 넘어서, 다른 존재와 더불어 함께 살아간다는 사실 자체를 말합니다. 철학자 레비나스는 타자의 얼굴이 나에게 책임을 요구한다고 말했습니다. 이 말은 우리가 타자와 단순히 나란히 존재하는 것이 아니라, 서로에게 윤리적으로 얽혀 있다는 것을 보여줍니다. 하이데거 또한 인간을 '세계-내-존재'라고 부르며, 우리는 언제나 다른 사람들과 함께-있음 속에 있다고 설명했습니다. 공존은 이렇게 다름을 부정하지 않고, 다름을 인정하면서 더불어 살아가는 첫 번째 조건입니다.

다음은 공생입니다. 공존이 단순히 '함께 있음'이라면, 공생은 '함께 살아내는 방식'을 뜻합니다. 생태철학에서는 인간과 자연이 분리될 수 없는 관계라고 말합니다. 우리는 나무가 내뿜는 산소로 살아가고, 바다와 흙이 길러낸 음식으로 생존합니다. 서로가 서로에게 조건이 되는 것입니다. 사회학자 뒤르켐은 이를 '유기적 연대'라고 표현했습니다. 현대 사회는 분업을 통해 서로에게 의존하며, 그 관계 속에서 유지됩니다. 공생은 결국 "네가 있어 내가 있다"는 진리를 드러내는 개념입니다.

마지막으로 공산(共産)입니다. 여기서 공산은 흔히 떠올리는 정치적 의미가 아니라, Co-creation, 즉 공동 창조를 뜻합니다. 부버가 말한 '나-너'의 만남처럼, 사람과 사람이 진실하게 마주할 때 새로운 세계가 만들어집니다. 하버마스는 의사소통 행위 이론을 통해, 서로의 언어와 이해 속에서 새로운 규범과 질서가 탄생한다고 말했습니다. 즉, 공산은 공존과 공생 위에서 가능한 창조의 결과입니다. 함께 있음에서 출발해, 서로 의존하는 관계를 거쳐, 마침내 우리는 공동으로 새로운 가치를 만들어낼 수 있습니다.

정리하자면 이렇습니다. 공존은 조건입니다. 함께 있다는 사실입니다. 공생은 방식입니다. 서로 기대고 살아가는 관계를 말합니다. 공산은 결과입니다. 그 속에서 함께 만들어내는 창조를 의미합니다. 즉, 공존 → 공생 → 공산은 하나의 순환 구조입니다. 우리가 함께 있다는 사실이 공존이고, 그 안에서 서로 의지하는 방식이 공생이며, 그 관계 속에서 공동의 미래를 빚어내는 것이 공산입니다.

공존은 다양성과 차이를 존중하는 윤리적 기반입니다. 이런 점에서 필자는 상기 여러 학자들이 정의한 공존, 공생, 공산의 개념 설명에 대해 공존을 공생과 공산을 포괄하는 개념으로 이해하고 있습니다. "함께 존재한다"는 공존의 의미가 "같은 생활세계에서 삶을 나눈다."라는 것을 내포합니다. 삶이란 살아내는 방식이고, 생산하는 과정을 포괄합니다. 필자는 『공존의 사회학』에서 인간 자체의 영육혼 공존, 인간 대 인간의 공존, 인간 대 자연의 공존, 인간 대 AI의 공존 관계를 갈등, 경쟁, 협동, 교환의 상호관계를 들어 설명했습니다. 이런 맥락에서 공존의 개념은 인간과 자연, 사회가 지속 가능한 관계를 맺는 통찰로서 공생을 포함합니다. 아울러 공존은 공생의 기반 위에서 새로운 가치를 만들어내는 실천인 공산도 포괄합니다.

공존, 공생, 공산 세 가지 개념은 결코 추상적인 개념이 아닙니다. 우리가 서로의 생각을 나누며 배우는 것이 공생이며, 새로운 희망과 비전을 함께 만드는 것이 바로 공산입니다. 이 모두는 우리가 함께 삶을 만들어가기에 가능합니다. 이것이 필자가 생각하는 공존의 실천적 개념입니다. 우리가 맞이할 미래는 혼자 만들어낼 수 없습니다. 다름 속에서 공존하고, 서로를 조건으로 삼아 공생하며, 함께 새로운 세계를 공산할 때, 우리는 비로소 더 나은 사회, 더 나은 세계를 열어 갈 수 있을 것입니다.

별자리 11
연대_여럿이 함께 정의를 위한 대오

우주론적 연대

'연대'라는 말은 근대 사회학에서 많이 다루어졌지만, 사실 그 뿌리는 훨씬 더 오래전부터 동양의 사유 속에 깊이 새겨져 있습니다. 동양사상은 인간이 홀로 존재하는 것이 아니라, 언제나 타인과 더불어, 자연과 더불어, 우주와 더불어 존재한다는 통찰을 강조해왔습니다. 이러한 사유는 곧 연대의 철학적 기반이라 할 수 있습니다.

먼저 유교를 살펴보겠습니다. 공자는 인간됨의 본질을 인(仁)에서 찾았습니다. 인은 단순히 친절이나 자비가 아니라, 인간이 인간답게 되는 근본 덕목이자, 타인과의 관계 속에서만 실현되는 가치입니다. "기소불욕 물시어인(己所不欲 勿施於人)"이라는 말처럼, 내가 원치 않는 것을 남에게 강요하지 않는 태도는 타자와의 상호 존중 속에서 연대를 이끄는 지혜입니다.

맹자는 한 걸음 더 나아가, 인간은 본래 측은지심을 가진 존재라 보았습니다. 굶주린 아이를 보면 누구나 불쌍히 여겨 도우려는 마음이 이는 것, 이것이 바로 연대의 씨앗입니다. 개인의 도덕적 감수성이 사회적 연대로 확장될 때, 비로소 공동체는 유지될 수 있습니다.

특히 유교의 대동사상은 연대의 이상적 형태라 할 수 있습니다. 『예기(禮記)』에 나타나는 대동사회는 모든 사람이 서로를 가족처럼 여기며, 늙은이와 어린이, 병든 이와 약한 이가 모두 돌봄을 받는 사회입니다. 사익보다 공익을 우선시하고, 모두가 함께 잘 사는 사회적 이상은 오늘날 복지국가나 공동체적 연대 이념과도 통합니다.

불교는 연대를 가장 철저하게 사유한 전통이라 할 수 있습니다. 불교의 핵심 교리는 연기(緣起)입니다. 모든 존재는 독립적으로 존재하지 않고, 서로 의존하며 조건 지어져 있습니다. 내가 존재할 수 있는 것은 수많은 인연과 조건 덕분이며, 따라서 나와 타자를 분리하는 경계는 허상에 불과합니다. 이러한 연기 사상에서 파생되는 것이 바로 자비(慈悲)입니다. 자는 즐거움을 나누는 것이고, 비는 고통을 덜어주는 것입니다. 불교에서 이상적 존재인 보살은 자기 해탈에 머물지 않고, 중생과 더불어 고통을 넘어서는 길을 선택합니다. 이는 곧 연대의 극치라 할 수 있습니다. 나 혼자 깨닫는 것이 아니라, 모두와 함께 깨닫는 길이 불교의 이상이기 때문입니다. 오늘날 불교의 자비와 연대 정신은 사회적 실천으로 이어집니다. 빈민구제, 생명존중, 환경보호와 같은 현대적 과제 속에서도 불교의 연대 정신은 강하게 작동하고 있습니다. "모든 중생이 함께 행복하기 전에는 나 혼자 행복할 수 없다"는 불교의 가르침은 연대의 윤리적 근거를 잘 보여줍니다.

도가 사상은 또 다른 차원의 연대를 가르칩니다. 노자는 무위자연(無爲自然)을 강조하며, 억지로 지배하거나 통제하지 않고, 만물이 저마다의 도(道)를 따라 살아가도록 두는 것을 이상으로 삼았습니다. 여기서 연대는 강제된 것이 아니라, 자연스러운 조화와 균형 속에서 드러납니다. 장자는 이를 한층 더 발전시켜, 인간과 자연, 나와 타자의 경계가 절대적이지 않다고 보았습니다. 그는 제물론(齊物論)에서 만물이 동등하며, 서로 다른 존재가 궁극적으로는 하나의 도 속에 귀속된다고 말했습니다. 이 사유는 연대를 단지 인간 사회 내부의 문제가 아니라, 자연과의 공존, 생태적 연대의 문제로 확장합니다. 오늘날 환경 위기 속에서 장자의 사유는 더 큰 울림을 줍니다.

이처럼 유교, 불교, 도가는 서로 다른 길을 걸었지만, 공통적으로 관계 속에서 존재하는 인간, 그리고 서로 의존하는 존재들의 세계를 강조했습니다. 유교는 도덕적 실천을 통한 사회적 연대를, 불교는 연기와 자비를 통한 보편적 연대를, 도가는 자연과 인간을 포함한 우주적 연대를 이야기합니다.

이는 서양 철학에서 주로 개인과 사회의 계약, 기능적 분업을 통해 연대를 설명한 것과 달리, 동양은 애초부터 관계적 존재론을 바탕으로 연대를 사유해 왔다는 차이를 보여줍니다. 동양사상 속 연대는 단순히 사회적 필요의 산물이 아닙니다. 그것은 인간 존재의 본질에서 비롯된 것이며, 나와 타자, 인간과 자연을 함께 아우르는 총체적 관계망 속에서 이해됩니다.

오늘 우리가 직면한 불평등, 전쟁, 환경 위기 같은 문제들은 모두 연대의 부재에서 비롯된 것입니다. 공자의 인, 불교의 자비, 노자의 무위, 장자의 제물론은 우리에게 다시금 연대의 지혜를 일깨워 줍니다. 연대는 선택적 미덕이 아니라, 함께 살아가기 위해 불가피한 삶의 조건입니다.

이제 우리의 과제는 동양사상이 남긴 이 지혜를 오늘의 현실 속에서 되살려, 서로의 차이를 존중하면서도 함께 살아가는 길을 모색하는 것입니다. 그것이 바로 동양사상이 오늘 우리에게 주는 가장 중요한 메시지일 것입니다.

연대와 규범

우리가 잘 아는 것처럼, 뒤르켐은 사회학을 도덕과 통합의 학문으로 이해했습니다. 그는 사회가 단순히 개인들의 집합이 아니라, 도덕적 질서와 규범이 개인을 연결하는 도덕 공동체임을 강조했습니다. 이때 핵심 개념이 바로 연대(solidarité)입니다.

뒤르켐은 그의 저서 『사회분업론』에서 사회의 결속을 설명하기 위해 두 가지 유형의 연대를 제시했습니다. 첫째, 기계적 연대(mechanical solidarity)입니다. 이는 전근대 사회, 즉 분업이 덜 발달한 사회에서 나타나는 연대입니다. 이 사회에서는 구성원들이 비슷한 생활양식을 가지고 있으며, 같은 신앙, 같은 전통, 같은 규범을 공유합니다. 그래서 집합의식이 강하고, 개인보다 집단이 우위에 놓입니다. 법의 형태도 억압적 법이 주를 이루며, 규범을 어긴 개인은 공동체 전체에 대한 위협으로 간주되어 가혹한 처벌을 받습니다.

둘째, 유기적 연대(organic solidarity)입니다. 이는 근대 사회, 특히 분업이 심화된 사회에서 나타나는 연대입니다. 각 개인은 서로 다른 직업과 기능을 수행하지만, 바로 그 다름 때문에 서로를 필요로 하게 됩니다. 분업이 심화될수록 사람들은 상호 의존적이 되고, 그 결과 연대는 차이와 다양성을 바탕으로 형성됩니다. 이 사회의 법은 복원적 법의 성격을 띠며, 갈등이 발생하면 관계를 회복하고 협력을 촉진하는 방향으로 작동합니다.

여기서 중요한 점은 뒤르켐이 분업을 단순히 경제적 현상으로 보지 않았다는 것입니다. 그는 분업을 도덕적 현상으로 이해했습니다. 왜냐하면 분업은 단순히 생산 효율을 높이는 것이 아니라, 사람들 사이의 도덕적 유대를 창출하기 때문입니다. 분업은 사회적 연대의 새로운 토대인 것입니다.

그러나 뒤르켐은 분업이 언제나 긍정적 효과만을 가져온다고 보지 않았습니다. 분업이 도덕적 규범과 결합하지 못할 때, 즉 사람들이 상호의존성을 도덕적으로 인정하지 못할 때, 사회는 아노미(anomie) 상태에 빠질 수 있다고 경고했습니다. 아노미란 규범이 붕괴된 상태, 곧 개인들이 무엇을 기대하고 어떻게 행동해야 하는지 알 수 없는 무질서 상태를 의미합니다. 근대 사회에서 분업이 심화될수록, 규범적 조정이 약해지면 경쟁과 불평등이 격화되고 사회적 갈등이 심화됩니다. 따라서 뒤르켐에게 연대는 단순한 구조적 사실이 아니라, 규범적·도덕적 기초 위에서만 안정적으로 작동할 수 있습니다.

여기서 우리는 뒤르켐의 연대 개념을 다른 학자들과 비교해볼 수 있습니다. 먼저, 퇴니스의 구분을 살펴봅시다. 퇴니스는 사회를 게마인샤프트(Gemeinschaft)와 게젤샤프트(Gesellschaft)로 나누었습니다. 게마인샤프트는 가족·마을과 같은 전근대적 공동체로, 기계적 연대와 유사합니다. 반대로 게젤샤프트는 도시·시장처럼 계약과 이해관계에 따라 형성된 근대 사회로, 유기적 연대와 유사한 면을 보입니다. 그러나 퇴니스가 이 변화를 다소 퇴행적으로 본 데 비해, 뒤르켐은 분업과 유기적 연대를 긍정적으로 평가했다는 차이가 있습니다.

둘째, 막스 셸러의 연대론과의 비교입니다. 셸러는 연대를 단순히 기능적 의존에서 찾지 않았습니다. 그는 연대를 인격의 차원에서 이해하며, 이를 '대체 불가능한 연대'라고 불렀습니다. 즉, 개인이 공동체 속에서 책임을 지는 것은 단순히 분업 때문이 아니라, 각 인격이 타자에게 윤리적 책임을 지기 때문이라는 것입니다. 이는 뒤르켐의 연대가 다소 구조적·기능적 설명에 치우친 것과 대비됩니다.

셋째, 하버마스의 소통이론적 연대입니다. 하버마스는 연대를 단순한 기능적 결속으로 보지 않고, 의사소통 행위를 통해 정당화되는 규범적 합의로 보았습니다. 뒤르켐이 분업과 규범을 강조했다면, 하버마스는 합리적 담론과 상호주관성을 통해 연대를 정당화했습니다.

마지막으로, 지그문트 바우먼은 후기근대 사회에서 연대가 해체되는 문제를 다루었습니다. 그는 차이와 다양성을 존중하는 사회에서 단순한 도덕적 합의나 분업만으로는 연대를 유지하기 어렵다고 보고, 타인에 대한 책임과 관용을 넘어서는 전투적 연대를 강조했습니다. 이는 뒤르켐의 전통적 연대 개념이 후기근대 사회의 도전에 맞서 보완되어야 함을 보여줍니다.

결론적으로 뒤르켐의 연대 개념은 사회가 어떻게 결속되는지를 설명하는 고전적 틀이자, 근대 사회의 도덕적 토대를 묻는 중요한 이론입니다. 기계적 연대와 유기적 연대라는 그의 구분은 오늘날에도 여전히 유효한 분석 도구로 남아 있습니다. 그러나 동시에 우리는 셸러가 강조한 인격적 책임, 하버마스가 강조한 의사소통적 합리성, 바우먼이 강조한 타자에 대한 적극적 책임을 통해, 뒤르켐의 연대론을 보완할 필요가 있습니다. 분업과 규범만으로는 충분하지 않습니다. 오늘날의 연대는 인격적 차원, 의사소통의 차원, 그리고 글로벌 위험과 타자성의 차원을 모두 포괄해야 합니다.

바로 이 지점에서 우리는 뒤르켐의 고전을 넘어, 연대를 현대 사회의 새로운 도덕적·정치적 과제로 사유할 수 있습니다. 연대는 단순한 사회학적 개념이 아니라, 오늘을 살아가는 우리가 서로에게 지닌 윤리적 의무이자, 함께 살아갈 수 있는 유일한 조건인 것입니다.

대체 불가능한 연대

연대를 '대체 불가능한 연대'로 규정한 셸러의 통찰은 우리가 서로를 교환 가능한 부품이 아니라 유일한 인격으로 대하도록 요구합니다. 인격은 단지 법적 주체가 아니라, 양심과 책임을 스스로 감당하는 존재입니다. 그러므로 연대는 참여 명부에 이름만 올리는 동원이 아니라, 내가 아니면 안 되는 책임의 응답에서 출발합니다.

셸러는 이익사회와 삶의 공동체를 각각 비판적으로 검토합니다. 이익사회는 계약이 핵심이기에 계산된 신뢰만이 작동하고, 위기 시에는 최소 비용·최대 회피의 전략이 집단을 분열시킵니다. 실제로 이해충돌이 발생하면 계약 문구의 해석 전쟁이 벌어지고, 서로를 잠재적 위반자로 의심하는 문화가 만연합니다. 반대로 삶의 공동체는 정서와 관습의 유대를 지녔지만, 책임이 대체 가능합니다. "그 일은 다른 누군가가 해도 된다"는 분위기 속에서, 특정 개인의 양심적 결단은 흐려지기 쉽습니다.

그래서 셸러는 인격공동체를 제안합니다. 이는 두 세계의 장점을 결합합니다. 개별 인격의 자립성을 존중하면서도, 그 인격들이 공동의 영적 행위 중심, 즉 가치와 공통 목적을 공유합니다. 예를 들어, 공공병원의 의료진이 파업이나 감염병 위기에서 '근무지 이탈 금지'라는 규범에만 매이지 않고, '인격적 환자'에 대한 의무를 스스로 묻고 자발적 초과근무와 교차지원을 조정하는 모습은 인격공동체적 연대의 장면입니다. 그 연대는 지시·명령 때문이 아니라, "내가 응답하지 않으면 안 된다"는 인격의 호소에서 나옵니다. 현장에서 이 연대를 제도화하려면 어떻게 할까요?

첫째, 책임의 얼굴화입니다. 정책·프로젝트 단위로 '익명 팀'이 아닌 책임 인격을 명확히 하되, 실패 책임을 일방 전가하지 않도록 학습형 책임을 설계합니다.

둘째, 가치의 서사화입니다. 조직 헌장과 평가지표를 인격적 가치(존엄, 신뢰, 돌봄)로 재구성하고, 이를 의사결정의 1차 필터로 삼습니다.

셋째, 대체 불가능성의 인정입니다. 핵심 직무에 '버디-쌍두' 구조를 도입하되, 개인의 고유 역량을 기록·공유하여, 대체가 가능하더라도 인격의 고유 기여를 보이게 합니다.

뒤르켐은 분업이 가져오는 유기적 연대를 통해 낯선 사람들 사이에도 협력이 가능하다고 보았습니다. 분업은 상호의존을 낳고, 그 의존은 도덕 규범과 결합될 때 사회통합을 이룹니다. 실제 산업도시의 쓰레기 수거·상하수도·전력망처럼, 한 부문의 실패가 전체를 흔드는 체계에서, 직업윤리와 직능별 규범은 공동체를 유지하는 유용한 장치입니다. 그러나 뒤르켐의 시선은 연대의 도덕·기능적 기반에 치우쳤고, 개인의 내면적 호소, "내가 왜, 무엇을 위해 책임지는가"는 상대적으로 약했습니다. 이와 더불어 셸러의 인격적 연대가 보완재가 됩니다. 호네트는 또 다른 축을 더합니다. 그의 인정이론에 따르면 사람은 사랑·권리·연대의 세 차원에서 인정받아야 자존감·자기존중·자기평가를 획득합니다. 직장에서 나의 기여가 사회적으로 존중받지 못하면, 임금 인상만으로는 연대가 지속되지 않습니다. 평판·서사·의미가 부족한 연대는 쉽게 소진되기 때문입니다.

여기에 퇴니스의 분류를 겹치면, 다음의 작동 지도가 나옵니다. 게마인샤프트는 혈연·지연·정서 중심으로 형성됩니다. 따뜻하지만 폐쇄적인 위험이 내재합니다. 게젤샤프트는 계약·법 등 목적합리성으로 조직됩니다. 이는 구성원을 도구적 존재로 전락시킬 수 있는 위험성을 가집니다. 우리는 인격공동체/인정공동체를 만들어야 합니다. 인격에 호소하며, 상호인정의 회로를 작동시켜 개방성과 온기를 동시에 확보해야 합니다.

합리적 선택의 관점에서 연대는 무임승차를 어떻게 제어하느

냐의 문제입니다. 헥터는 연대를 높이는 조건으로 감시·제재 능력, 집단 의존성, 관찰가능성, 소규모성을 제시합니다. 예를 들어, 공동구매 협동조합이 참여 실적 공개, 분기별 배당 연동, 탈퇴·가입의 명확한 규칙을 갖추면, 개인의 합리적 선택이 자연히 연대에 수렴합니다. 하지만 이 접근은 두 가지 단점을 가질 수 있습니다. 첫째, 규범을 외재적 통제로만 보면, 위기 때 몰입과 헌신이 나오지 않습니다. 둘째, 제재는 창의적 회피를 유발해 감시 비용만 키울 수 있습니다.

그래서 푸트남이 말한 사회자본, 즉 신뢰·규범·네트워크가 보완의 역할을 합니다. 마을 도서관의 자원봉사 네트워크가 유지되는 이유는 벌점 때문이 아니라, 이웃의 시선과 기대, 함께하는 즐거움 때문입니다. 이게 바로 결속형 사회자본입니다. 그런데 이 결속이 배타성으로 흐르지 않게 하려면, 자신의 거주지역이 아닌 다른 마을, 다른 세대와 협업하는 교량형 사회자본을 의도적으로 설계해야 합니다. 예컨대 청년 봉사단과 시니어 클럽의 합동 프로젝트를 만들고, 예산을 혼합팀에 우선 배정하는 식입니다. 우리도 타자들과 어떻게 연대할 것인가를 고민하고 연대 설계의 시간을 갖도록 합시다.

보편적 도덕 연대

하버마스에게 있어서 연대는 단순히 인간관계의 따뜻한 유대감에 머무르지 않습니다. 그것은 현대 사회가 존립하기 위한 도덕적 토대이며, 동시에 민주적 삶을 가능케 하는 조건입니다. 그는 근대 사회를 이해하면서 체계(system)와 생활세계(life world)라는 구분을 제시했습니다. 체계는 경제와 권력의 영역으로, 효율성과 합리성에 따라 움직입니다. 반면 생활세계는 언어와 문화, 전통과 도덕이 공유되는 영역입니다. 이 생활세계가 제대로 작동하지 못하면 사회는 분열되고 사람들은 고립됩니다.

하버마스에 따르면 연대는 바로 이 생활세계를 유지하는 핵심 요소입니다. 왜냐하면 생활세계는 단순히 개인들의 욕구가 충돌하는 공간이 아니라, 상호이해를 통해 공동체적 삶을 재생산하는 장이기 때문입니다. 다시 말해, 연대란 생활세계를 지탱하는 도덕적 접착제이며, 사람들을 하나의 공동체로 묶어주는 힘입니다.

하버마스의 연대론을 이해하려면 그의 의사소통 행위 이론을 살펴야 합니다. 그는 인간은 단순히 전략적으로 이익을 추구하는 존재가 아니라, 언어를 매개로 서로 이해하고 합의할 수 있는 존재라고 보았습니다. 의사소통은 단순한 정보 전달이 아니라, 타당성 주장을 포함합니다. 즉, 우리가 어떤 주장을 할 때는 "이것은 사실이다", "이것은 옳다", "이것은 진정하다"라는 타당성을 내세우게 됩니다.

연대는 바로 이 의사소통 과정에서 형성됩니다. 사람들이 언어를 통해 서로의 주장과 관점을 검토하고, 비판 가능성을 열어 두며, 합의에 도달하려 할 때, 그 과정 자체가 연대를 만들어냅니다. 따라서 연대는 외부에서 주입되는 강제가 아니라, 의사소통을 통한 상호주관적 인정의 산물입니다.

하버마스의 도덕 철학, 즉 담론윤리에서 연대는 정의와 더불어 핵심 원리로 등장합니다. 정의가 개인의 평등한 자유와 권리를 보장하는 원리라면, 연대는 공동체의 유대를 보호하고 유지하는 원리입니다. 하버마스는 모든 도덕적 규범은 두 가지 요구를 동시에 충족해야 한다고 말합니다. 하나는 정의의 요구, 즉 누구도 차별받지 않고 평등하게 존중받아야 한다는 원리입니다. 다른 하나는 연대의 요구, 즉 우리는 함께 살아가는 동료 시민들의 복지와 공동의 생활 방식을 지켜야 한다는 원리입니다. 정의가 개인의 자율성을 강조한다면, 연대는 공동체적 결속을 강조하는 것입니다.

여기서 우리는 하버마스가 자유주의자들과 공동체주의자들 사이에서 중간적 길을 제시했음을 알 수 있습니다. 그는 자유주의가 개인의 권리를 지나치게 강조한다고 보았고, 동시에 공동체주의가 공동체를 절대화하여 개인의 자유를 희생시킨다고 보았습니다. 그래서 하버마스는 정의와 연대를 동시에 추구하는 담론윤리를 제안한 것입니다.

하버마스의 연대론은 민주주의 이론과도 밀접히 연결됩니다. 그는 현대 사회에서 민주주의가 단순히 제도적 절차로만 운영된다면, 시민들의 무관심과 소외를 피할 수 없다고 보았습니다. 따라서 민주주의는 제도적 장치뿐 아니라, 시민들이 서로 논의하고 토론하는 공론장을 필요로 합니다.

공론장에서 시민들은 사회문제를 토론하고, 서로 다른 이해관계를 조율하며, 공동의 결정을 내립니다. 이 과정에서 필요한 것이 바로 연대입니다. 연대가 없다면 공론장은 단순한 이해관계의 투쟁장이 되고 맙니다. 그러나 연대가 있을 때, 시민들은 타인의 관점을 존중하고, 공동의 선을 향해 나아갈 수 있습니다. 즉, 연대는 민주적 담론의 윤리적 토대라 할 수 있습니다.

오늘날 우리는 기후 위기, 불평등, 혐오와 갈등, 전쟁과 같은 위기 속에 살아가고 있습니다. 이러한 문제들은 단순히 개인적 선택이나 계약적 합의만으로는 해결할 수 없습니다. 우리는 서로 다른 문화와 가치, 이해관계를 가진 사람들이 함께 살아가야 합니다. 바로 이 지점에서 하버마스의 연대 개념이 다시금 중요해집니다. 연대란 강제가 아니라, 대화와 토론을 통해 서로를 인정하고 책임지는 태도입니다. 연대란 정의와 분리될 수 없으며, 정의와 함께 도덕적 삶의 두 기둥을 이룹니다. 그리고 연대란 민주주의가 공허한 절차로 전락하지 않도록 지탱하는 도덕적 에너지입니다.

하버마스의 연대 개념은 생활세계의 도덕적 기반, 의사소통 행위의 상호주관적 성과, 정의와 더불어 담론윤리의 두 축, 그리고 민주주의 공론장의 토대라 할 수 있습니다. 연대는 선택적 미덕이 아니라, 우리가 언어를 사용하고 서로 이해하려는 순간 이미 발생하는 관계적 조건입니다. 따라서 우리의 과제는 이 연대를 제도화하고 확장하여, 더 많은 사람들이 대화와 공론에 참여하도록 만드는 것입니다. 그렇게 할 때 비로소 우리는 분열과 갈등을 넘어, 함께 살아갈 수 있는 민주적 공동체를 만들어갈 수 있을 것입니다.

전투적 연대와 냉담한 관용

바우먼은 관용이 무관심으로 변질될 수 있음을 경고하며, 타인의 차이를 위한 투쟁으로서의 전투적 연대를 촉구합니다. 예컨대 혐오 발화에 맞선 동맹 스피치, 접근성 개선을 위한 장애·비장애 연대 시위, 젠더폭력 피해자 보호를 위한 연대 펀드는 관용을 행동으로 바꾸는 사례입니다.

울리히 벡은 위험사회에서 연대를 재발견합니다. 기후재난·감염병·디지털 보안처럼 경계 없는 위험은 국가·계급·세대를 가로 지릅니다. 동일한 위험인식은 적응 및 복원력을 낳고, 이는 초국가적 시민연대의 무대가 됩니다. 실제로 도시 간 기후연합(C40), 대학 간 오픈사이언스 컨소시엄, 시민의료 데이터 커먼즈 등은 위험을 공적 언어로 번역하여 낯선 타자들 간에 능동적 연대를 낳습니다.

기든스는 여기에 능동적 신뢰와 대화민주주의를 더하게 됩니다. 신뢰는 더 이상 전통과 권위로 주어지지 않습니다. 정보 공개와 대화의 루틴으로 능동적으로 생산되어야 합니다. 주민참여예산, 시민의회, 공론화위원회 같은 장치가 바로 그것입니다. 합의가 항상 나오지 않더라도, 성찰의 확산 자체가 연대를 지탱합니다.

여기에 센과 누스바움의 역량접근을 결합해 볼 수 있습니다. 연대는 단지 분배의 공정이 아니라, 사람이 실제로 할 수 있고 될 수 있는 것, 이를테면 교육, 건강, 정치참여, 돌봄을 확장하는 역량의 정의로 구현됩니다. 나아가 탄소세 수입을 저소득층 주거 단열, 대중교통 활용·그린잡 훈련으로 환류하면 기후정책은 부담이 아니라 역량 확장형 연대 정책이 됩니다. 이는 곧 인격, 인정, 제도, 그리고 실천으로 엮는 연대의 로드맵을 제안하도록 하겠습니다.

첫째, 인격의 축입니다. '대체 불가능한 너'를 조직의 언어로 바꾸어 보도록 합시다. 면담·평가·보상에 개인의 관계 구축, 학습 공유, 돌봄 리더십 등을 항목화해야 합니다. 위기 때는 책임의 호출이 지시보다 먼저 올리도록, 자발적 대응 프로토콜과 권한 위임을 설계해야 합니다.

둘째, 인정의 축입니다. 호네트가 말한 상호인정은 한 번의 칭찬이 아닙니다. 인사·승진·홍보 시스템 전반을 인정의 회로로 재배치해야 합니다. 공개적인 피어 리뷰 같은 장치가 사회적 자존감을 키웁니다. 연대는 존중의 일상화에서 자랍니다.

셋째, 제도·소통의 축입니다. 하버마스의 의사소통 절차에 로티의 감수성, 리오타르의 이질성 인식을 접목합니다. 소수의견을 병기하고, 이해관계를 공개하며, 회의 전 브리핑 노트 등 쉬운 언어화는 합리성과 포용성을 동시에 제시하게 됩니다. 푸트남의 교량형 사회자본을 늘리려면, 이질 집단 간 공동 과업, 이를 테면 학교·기업·지자체의 협력적 네트워크를 만들고, 결과를 공개 성과제로 축적할 필요가 있습니다.

넷째, 실천의 축입니다. 벡의 위험공동체·기든스의 대화민주주의·센과 누스바움의 역량을 묶어, 행동 가능한 설계 시스템을 만드는 것입니다. 무임승차 억제 규칙과 함께, 참여자에게 명확한 이익·학습·네트워크 기회를 제공하도록 합시다. 투명한 데이터 제시과 시민 감사는 연대의 신뢰성을 회복시킬 것입니다.

연대는 과거의 향수가 아니라 내일을 가능케 하는 운영체계입니다. 인격의 호소에서 시작해, 인정으로 따뜻해지고, 소통으로 견고해지며, 제도와 실천으로 지속되는 연대, 바로 그 길 위에서 우리는 서로의 대체 불가능성을 보호하고, 위험의 시대에 함께 살 힘을 마련할 것입니다.

다문화사회와 연대

현대 사회는 이주와 세계화, 정보화로 인해 단일한 민족·문화 공동체를 넘어 다문화적 삶의 조건 속에 놓여 있습니다. 이러한 사회적 변화 속에서 연대는 더 이상 선택이 아니라 필수적 과제가 되었습니다.

첫 번째로, 문화적 연대를 들 수 있습니다. 레비나스는 타자의 고유성을 인정하고 무한책임을 지는 윤리적 관계를 강조했습니다. 이는 다문화사회에서 서로 다른 문화적 배경을 가진 집단을 동화시키려는 방식이 아니라, 차이를 존중하는 상호문화적 연대로 이어집니다.

예컨대, 학교에서 다문화 교육과정을 통해 다양한 문화권의 언어·역사를 함께 배우는 것은 학생들에게 문화적 상호이해의 기회를 제공합니다. 공공도서관의 다문화 프로그램 역시 이용자 간의 교류와 문화적 교감의 장을 마련합니다. 이러한 실천은 낯선 문화와의 접촉을 갈등이 아닌 학습과 성장의 기회로 전환시킵니다.

둘째, 사회적 연대는 경제적·사회적 불평등을 완화하는 과정에서 필요합니다. 뒤르켐이 제시한 기계적 연대와 유기적 연대의 구분을 빌리면, 다문화사회는 복잡한 분업과 상호의존이 강화되는 유기적 연대를 필요로 합니다. 이주민과 소수자가 노동, 교육, 주거, 복지 영역에서 구조적으로 배제된다면, 사회적 갈등은 심화될 수밖에 없습니다. 따라서 사회적 연대는 단순한 동정이나 자발적 선행에 머물지 않고, 제도적 지원과 정책적 장치를 통해 체계적으로 구현되어야 합니다. 예를 들어, 다문화 가정 자녀에 대한 언어 교육 지원, 이주민 노동자에 대한 법적 권리 보장, 복지 제도의 포괄성 강화 등이 사회적 연대의 구체적 실천 사례입니다.

셋째, 정치적 연대는 다문화사회의 갈등을 제도적으로 조정하고 해결하는 핵심 축입니다. 하버마스의 의사소통 행위 이론에 따르면, 사회 구성원은 합리적 담론과 공론장을 통해 상호 이해와 합의를 이끌어낼 수 있습니다. 이 논의는 다문화사회에서 매우 중요한 함의를 가집니다. 이주민과 소수자 집단의 정치적 권리 보장, 의사결정 과정에서의 참여 확대, 다양한 목소리를 반영할 수 있는 제도적 장치가 마련될 때, 정치적 연대가 가능해집니다. 즉, 민주주의의 질적 심화가 곧 다문화사회의 연대 강화로 이어지는 것입니다.

물론 다문화사회의 연대는 여러 장애 요인을 마주합니다. 문화적 편견과 차별, 언어 장벽, 제도적 배제는 대표적인 걸림돌입니다. 그러나 리쾨르가 말한 타자의 인정을 매개로 할 때, 우리는 이러한 장애를 극복할 수 있습니다. 문화 간 대화, 제도적 차별 해소, 지역 공동체 차원의 교류 확대는 모두 연대의 가능성을 여는 실천적 전략입니다.

다문화사회에서 연대는 문화적 차이를 존중하는 태도, 사회적 불평등을 제도적으로 해소하는 노력, 정치적 권리를 보장하는 구조를 통해 구체화됩니다. 이는 단순한 공존을 넘어, 상호 책임과 협력을 바탕으로 하는 공생과 공동창조의 사회로 나아가는 길입니다. 따라서 다문화사회에서의 연대는 윤리적 요청이자 사회적·정치적 과제이며, 그 실현은 궁극적으로 민주주의와 인권의 성숙으로 이어진다고 할 수 있습니다.

기후위기 대응으로서 연대

지금 지구는 위기에 놓여 있습니다. 여름이 점점 더 뜨거워지고, 겨울은 점점 짧아지고 있습니다. 폭우와 폭염, 산불과 태풍 같은 극단적인 기후 현상은 더 이상 먼 나라의 이야기가 아니라 우리의 일상 속에 들어와 있습니다. 이 기후위기는 특정 나라, 특정 세대만의 문제가 아닙니다. 지구에 사는 모든 존재의 문제입니다. 그렇기 때문에 이 문제를 해결하기 위해서는 '나 혼자'가 아니라, '우리 모두'가 함께해야 합니다. 이것이 바로 연대입니다.

철학자 레비나스는 우리 앞에 나타난 타자는 나에게 책임을 요구한다고 말했습니다. 기후위기 앞에서 타자는 누구일까요? 그것은 바로 아직 태어나지 않은 미래 세대이고, 또한 지금 이 순간 살아 숨 쉬는 숲과 강, 동물과 바다입니다. 우리는 이들에게 책임이 있습니다. 우리가 오늘 어떻게 살아가느냐가, 그들의 내일을 결정하기 때문입니다.

그렇다면 구체적인 연대의 모습은 어떤 것들이 있을까요? 첫째, 국제적 연대가 필요합니다. 기후위기는 국경을 넘나드는 문제입니다. 선진국과 개발도상국이 서로 책임을 나누고 협력할 때만 지속 가능한 해결이 가능합니다. 파리협정과 같은 국제 협력은 그 첫걸음입니다.

둘째, 세대 간 연대가 필요합니다. 우리의 자녀와 손주 세대는 지금보다 더 심각한 환경을 마주할 수 있습니다. 오늘 우리가 탄소를 줄이고, 생활 방식을 바꾸는 일은 단지 내 삶을 위한 것이 아니라, 미래 세대와의 약속입니다. 청소년들이 '미래를 위한 금요일(Fridays For Future)' 운동을 벌이는 것도 바로 이 약속을 지켜달라는 외침입니다. 이 운동은 스웨덴의 그레타 툰베리가 시작한 운동으로 대규모 움직임으로 발전하게 되었으며, 기후변화에 대한 즉각적인 조치 마련을 요구하는 전 세계적인 학생 기후 운동이자 네트워크입니다.

셋째, 인간과 자연의 연대입니다. 우리는 오랫동안 자연을 단순히 이용할 자원으로 여겨왔습니다. 그러나 이제는 다릅니다. 숲과 강, 바다와 동물은 단순한 자원이 아니라 우리와 함께 살아가는 동반자입니다. 이들과 함께 살아가는 방법을 배우는 것이 바로 환경보호이고, 연대의 새로운 모습입니다.

물론 현실에는 장애물이 많습니다. 국가 간 이해관계, 끝없는 경제 성장에 대한 욕망, 그리고 무관심과 기후 회의론이 우리 앞을 가로막습니다. 그러나 우리는 이 벽을 넘어야 합니다. 국제 사회는 기후 난민을 돕는 제도를 마련해야 하고, 국가 차원에서는 재생에너지 확대와 녹색 전환을 추진해야 합니다. 우리 개인 역시 생활 속에서 작은 실천을 할 수 있습니다. 전기를 아끼고, 일회용품 사용을 줄이며, 걷기와 대중교통을 선택하는 일, 이것이 곧 연대의 시작입니다.

기후위기와 환경보호의 길은 결국 연대의 길입니다. 서로 다른 나라와 세대, 인간과 자연이 함께 손을 잡는 길입니다. 우리는 이제 공존을 넘어 공생을 선택해야 합니다. 기후위기 앞에서 연대한다는 것은 단순히 지구를 지키는 일이 아닙니다. 그것은 곧 우리 자신의 미래를 지키는 일입니다. 이제 우리 여럿이 함께 연대의 발걸음을 내딛고 공존의 대오를 갖추도록 합시다.

별자리 12

환대_타자를 향한 삶의 여백

조건적 환대

낯선 이가 우리 집 문 앞에 섭니다. 우리는 어떻게 맞이해야 할까요? 내키면 들이고, 마음에 안 들면 내쫓으면 그만일까요? 임마누엘 칸트는 여기에 아주 절묘한 답을 내놓습니다. 사랑의 미덕도, 무한한 박애도 아니라, 법적 최소선으로서의 환대를 말합니다. 그가 말한 세계시민법의 핵심이 바로 조건적 환대입니다. 필자는 이 조건적 환대가 무엇인지, 왜 영구평화의 조건이 되는지를 살펴보도록 하겠습니다.

칸트는 『영구평화론』에서 인류의 공공법을 세 층으로 구분합니다. 국내법(시민법), 만국공법(국제법), 그리고 그 위에 세계시민법이 있습니다. 세계시민법은 먼 나라 사람들 사이의 '만남' 자체를 규율하는 최소한의 법입니다. 여기서 등장하는 것이 바로 환대권입니다. 하지만 이 환대는 우리가 흔히 떠올리는 푸짐한 대접이나 무조건적 수용이 아닙니다. 칸트는 환대를 "손님으로서 찾아온 타인을 적대적으로 대하지 않을 권리", 더 정확히 말해 '방문권'으로 규정합니다. 이는 '숙박권'이나 거주권과 다릅니다. 타인은 평화적으로 도착했을 때 문전박대나 적대의 대상이 되어서는 안 된다는 부정적 권리입니다. 즉 "반드시 들여야 한다"가 아니라, "이유 없이 해를 가하거나, 사람 취급하지 않거나, 적으로 대하지는 말라"는 법적 최저선입니다.

왜 이런 권리가 필요한가요? 칸트의 논증은 놀랍도록 구체적입니다. 지구는 구형이라서 인간들이 서로 끝없이 멀어질 수 없고, 결국 한 표면 위에서 조우할 수밖에 없습니다. 이 공동의 지표에 서는 이상, 타인이 평화적으로 다가왔을 때 그를 적으로 대하지 않을 권리가 모든 사람에게 보편적으로 인정되어야 한다는 겁니다. 말하자면 '문을 두드릴 권리'입니다. 문을 열어 주어야 할 의무까지는 아니지만, 문밖에서 막무가내로 밀쳐서 다치게 하거나, 말할 기회조차 주지 않는 일은 금지됩니다.

칸트의 환대는 조건을 겁니다. 조건이 없다면 박애는 숭고하지만 정치가 될 수 없습니다. 반대로 조건만 남기면 환대는 냉혹한 출입관리가 됩니다. 칸트는 이 둘 사이에서 평화가 작동하는 최소장치를 설계합니다. 핵심 조건을 정리하면 이렇습니다. 첫째, 평화적 도래입니다. 이는 방문자가 폭력적 의도를 드러내지 않을 것을 전제로 합니다. 둘째, 비적대의 의무입니다. 주인은 방문자에게 적대행위를 하지 말 것, 즉 적으로 취급하지 않을 것을 말합니다. 셋째, 제한된 청구입니다. 방문자는 머물 권리가 아니라 관계 맺기를 제안할 권리만 갖습니다. 교역, 대화, 통행 등을 정중히 제안할 권리를 포괄합니다. 넷째, 주권의 존중입니다. 체류는 주권자의 동의 안에서만 가능하며, 거부될 수 있습니다. 다만 그 거부조차 인간으로서의 존엄을 훼손하지 않는 방식이어야 합니다.

이 최소선이 왜 평화의 조건일까요? 국경을 넘는 교역·항해·여행은 오늘만의 일이 아닙니다. 만남이 규범 없이 이뤄지면 의심은 곧 적대로, 적대는 무력 충돌로 번집니다. 칸트는 국내법과 국제법만으로는 이 '첫 만남의 법'이 비어 있다고 보았습니다. 그 빈자리를 채우는 세계시민법, 그 첫 조항이 바로 조건적 환대입니다. 적대 없이 만날 수 있는 틀을 법으로 보장할 때, 평화는 우연이 아니라 제도가 됩니다.

칸트는 이 환대권을 내세워 식민지 개척과 무력 교역을 정당화하는 태도를 강하게 비판합니다. 평화로운 방문권이 영구 주권의 침탈로 둔갑하는 순간, 그것은 환대가 아니라 불환대(不歡待), 곧 적대입니다. 역사적으로 유럽 열강이 전 세계의 항구와 시장을 무력으로 '열던' 관행이 있었습니다. 칸트는 이를 '환대의 이름을 빌린 폭력'으로 규정합니다. 그의 기준은 분명합니다. 타자를 인간으로 대할 것, 교역은 동등한 동의 위에 설 것, 거주와 지배를 강요하지 말 것. 환대의 이름으로 문을 부수는 일은 영구평화의 길에서 문을 닫는 행위입니다.

공항의 심사대, 해안의 구조선, 도시의 쉼터, 온라인 비자 포털, 바로 여기가 오늘의 환대가 시험되는 자리입니다. 칸트의 조건적 환대를 실무 언어로 번역하면 다음과 같은 원칙들이 도출됩니다.

첫째, 비적대의 원칙입니다 평화적으로 도착한 사람에게 폭력과 모욕, 무연고라는 이유만의 추방을 금지합니다. 최소한의 안전·식수·의료·설명은 보장되어야 합니다. 둘째, 공적 이유와 투명성입니다. 입국 거부, 탑승 거절, 송환 결정에는 명확한 이유와 불복 절차가 따라야 합니다. 사람들이 문밖에서 이유도 못 듣고 돌아서게 하는 것은, 칸트의 기준에서 적대에 가깝습니다. 셋째. 비례성과 최소침해입니다. 보건·치안의 필요로 제한이 불가피할 때에도 목적에 비례해야 합니다. 전면 금지보다 검사·격리·기간 제한 등 덜 침해적인 대안을 우선 적용해야 합니다. 넷째. 언어의 환대입니다. 통역·다언어 고지·쉬운 언어 지침을 갖추어, 타인이 우리의 언어로만 호소해야 하는 폭력을 줄여야 합니다. 다섯째. 구조의 의무입니다. 난파선·사막·DMZ 같은 생명 위기 상황에서의 구조는 환대의 최소선입니다. 살리는 일은 정치가 아니라 법의 기본을 지키는 것입니다.

여기에 하나를 더하겠습니다. 칸트의 환대는 난민 지위와 동일하지 않습니다. 난민은 오늘 국제법에서 별도의 피난·보호 체계를 갖습니다. 그러나 그 출발점에 '평화적 도래에 대한 비적대'가 있다는 점에서, 조건적 환대는 모든 제도의 바닥을 이루는 공통 최소선입니다.

칸트의 조건적 환대를 이렇게 점검표로 운용해 볼 수 있습니다.

문제는 무엇인가? 위험의 성격이 구체적·임박한가, 아니면 막연한 불편인가? 이유를 말했는가? 상대가 이해 가능한 언어로 사유와 대안을 들었는가? 덜 침해적인 방법은 없는가? 기간 제한, 장소 조정, 검사·대기 등 단계적 조치를 검토했는가? 존엄을 지켰는가? 대우와 표현, 공간과 시간에서 인간으로서의 존엄이 훼손되지 않았는가? 사후 평가가 있는가? 결정 이후 재심·구제의 통로가 열려 있는가? 이 몇 가지 원칙만 제대로 서도, 환대는 시혜가 아니라 작동하는 법이 됩니다. 그리고 그때 비로소 영구평화는 먼 이상이 아니라, 문턱 하나를 다르게 설계한 결과가 됩니다.

칸트의 환대는 따뜻한 감성의 노래가 아닙니다. 싸늘할 만큼의 명료한 최소한의 선입니다. 그러나 바로 그 최소선이 전쟁과 적대의 악순환을 끊는 첫 장치가 됩니다. 문을 활짝 여는 용기만큼, 문턱을 설명하는 책임이 중요합니다. 왜 들어올 수 있고, 왜 지금은 안 되는지, 언제 다시 두드리면 되는지, 그 설명이 곧 인간으로 대하는 일입니다.

기억합시다. 조건적 환대는 타인을 우리처럼 만들기가 아니라, 우리와 타자가 적이 되지 않도록 최소한의 자리를 마련하는 법입니다. 그 법이 공항의 카운터에서, 해안의 구조선에서, 구청의 상담 창구에서, 그리고 우리의 일상적 말투 속에서 조용히 작동할 때, 칸트가 그린 영구평화는 한 걸음 가까워집니다. 문은 오늘도 두드려집니다. 우리는 문을 닫을 것인가, 문턱을 설계할 것인가를 결정해야 할 때입니다.

무조건적 환대

 자크 데리다의 '무조건적 환대' 혹은 '절대적 환대'입니다. 낯선 사람이 우리 문을 두드립니다. 우리는 어떻게 응답해야 할까요? 이름도 모르고 사연도 모르는 타자에게 "어서 오라"고 말하는 일 그것은 아름다운 미덕일까요, 아니면 위험한 순진함일까요? 데리다는 이 질문을 한층 더 과감하게 강조합니다. "환대는 '예의범절'의 문제가 아니라 윤리와 정치의 토대이며, 문화 그 자체다." 이 급진적 주장 속으로 들어가 개념을 이해하고, 현실에서 어떻게 작동해야 하는지까지 함께 살펴보려 합니다.

 환대는 왜 '절대'를 말하는가. 데리다는 『환대에 대하여』에서 환대를 두 층으로 나누어 설명합니다. 하나는 현실에서 적용되는 수많은 '환대의 법들', 여권, 비자, 입국 심사, 체류 요건처럼 조건과 절차를 붙여 타인을 맞아들이는 제도입니다. 다른 하나는 그 모든 제도 위를 비추는 단 한 줄의 명령, '환대의 법', 곧 무조건적 환대입니다. 이 법은 이렇게 이야기합니다. "조건을 붙이지 말고, 먼저 받아들여라. 이름을 묻기 전에, 신분을 확인하기 전에, 목적을 캐묻기 전에, 기다리지 않고 문을 열라."고 말입니다.

 여기서 눈치채셨듯이 절대적 환대는 역설입니다. 아무 조건도 묻지 않고 모두를 받아들인다고 한다면 그게 가능할까요? 그렇게 살면 공동체는 하루아침에 무너질지 모릅니다. 데리다도 이를 잘 압니다. 그래서 그는 "현실적으로 완전히 실현할 수는 없지만, 그럼에도 항상 우리 제도를 뚫고 들어와야 하는 요구"로서 무조건적 환대를 세웁니다. 그는 이것을 하나의 '과장법적 명령', 혹은 '규범적 지평'으로 봅니다. 조건적 환대가 공동체를 지키는 장치라면, 절대적 환대는 공동체가 스스로를 닫아 걸지 않도록 문턱을 낮추는 방법입니다. 둘은 서로 충돌하면서도, 서로 없이는 설 수 없습니다. 바로 여기, 데리다가 말하는 아포리아, 막다른 길 같은 난문이 놓여 있습니다.

우리는 종종 '관용'을 환대의 동의어처럼 씁니다. 데리다는 이에 수긍하지 않습니다. 관용은 주인이 내리는 '선심'입니다. "여기까지는 받아들이겠다." 문턱은 주인이 정하고, 타자는 조건을 따라야 합니다. 데리다는 이것을 '주권의 선한 얼굴'이라 부르며, 환대의 한계라고 말합니다. 반대로 환대는 적어도 이상적으로 주권의 언어를 잠깐 내려놓는 행위입니다. "이곳이 '내 집'이라는 사실을 주장하기에 앞서, 먼저 타자의 도래를 인정하는 일은 환대가 '절대'를 말하는 이유가 될 것입니다. 타자를 '우리'로 만들기 전에 '타자일 수 있게' 맞아들이는 힘, 그것이 환대의 핵심입니다.

데리다는 환대를 언어에서 시작합니다. 외국인이 우리 문을 두드릴 때, 그는 우리 말로 사정을 설명해야 하고, 우리의 규정으로 평가받습니다. 데리다는 이것을 환대의 '첫 폭력'이라 부릅니다.

"우리말로 말하라"는 요구는 국가 운영에 필요하지만, 동시에 타자의 목소리를 우리 틀에 번역하라는 압박이 됩니다. 그래서 통역, 쉬운 언어 안내, 다언어 고지는 단순한 서비스가 아니라 환대의 최소선입니다. '말을 걸 기회조차 주지 않는 사회'에서 환대는 첫걸음부터 좌절됩니다.

여기서 데리다는 단어 하나의 양면성을 통해 우리를 좀더 숙고하게 합니다. 프랑스어 l'hôte는 주인과 손님을 동시에 뜻합니다. 환대의 장면에서는 누가 주인이고 누가 손님인지가 뒤바뀔 수 있음을, 그리고 주인이 손님의 '인질'이 되기도 함을, 데리다는 강조합니다. "내 집이지만, 너를 맞아들이는 순간 나는 너에게 책임을 진다." 환대가 권력의 시혜가 아니라 관계의 전환임을 깨닫게 하는 대목입니다.

환대에는 시간의 아포리아도 있습니다. 데리다는 환대의 시간성을 '서두름과 지체'로 설명합니다. 긴급구호처럼 지체없이 문을 열어야 하는 환대가 있는가 하면, 심사와 검증, 숙려가 필요한 느림의 환대가 있습니다. 어느 쪽이 옳을까요? 데리다는 둘 다가 필요하다고 말합니다. 타자의 생명과 안전이 걸린 상황에서 어떤 지체든 폭력이 되고, 공동체의 지속 가능성이 중요할 때 서두름 또한 다른 폭력이 됩니다. 환대는 시간을 만드는 기술입니다. '먼저 살려 두고 판단할 것'과 '먼저 설명하고 기다릴 것' 사이에서 우리는 당황하고 방황할 수 있습니다. 현명한 방법은 상황별로 최소 침해와 비례성을 지키며 신중한 결정을 할 수 있어야 합니다.

환대와 적대 사이

많은 분들이 묻습니다. "그럼 이주자들을 그냥 다 받아들이라는 말인가요?" 데리다는 그렇게 말하지 않습니다. 오히려 그는 칸트의 '조건적 환대', 곧 세계시민법의 '방문권'을 인정합니다. 평화적으로 찾아온 타자를 적대하지 않을 권리, 이 최소선 없이는 국제사회가 성립하지 않습니다. 그러나 데리다는 여기에서 한 걸음 더 갑니다. 조건이 너무 단단해져서 타자가 영영 도달할 수 없는 문턱이 될 때, 절대적 환대의 요구가 그 문턱을 낮추라고 요청해야 한다는 것입니다. 요컨대 정책은 칸트의 언어로, 양심은 데리다의 언어로 작동해야 합니다. 현실의 법들을 절대의 법이 계속 흔들어 주어야, 제도는 스스로를 고칠 능력을 유지합니다.

이제 이러한 사유를 우리 일상으로 데려오겠습니다. 조난 신호를 보낸 선박이 있다고 가정합시다. 데리다의 절대적 환대는 "먼저 구조하라"고 명령합니다. 신원 확인은 그 다음입니다. 생명의 보존은 조건 이전의 조건입니다. 또 다른 예로 공항의 심사대를 생각해 봅시다. 입국 거부는 있을 수 있습니다. 그러나 이유 고지, 이의제기 절차, 통역, 필수 물·의료의 제공은 비적대의 최저선입니다. 문은 닫더라도 사람으로 대접해야 합니다. 또한 우리 도시의 쉼터와 학교에 견줘 봅시다. 무연고자, 이주 아동에게 기초 의료·교육 접근을 열어두는 일은 정치적 시혜가 아니라 환대의 몸짓입니다. "나중에 시민이 될지 아닐지" 이전에 지금의 인간으로 대하는 일입니다.

이런 맥락에서 다음과 같은 질문이 가능합니다. "무조건적이라면 무정부 아닌가요?" 그런데 데리다의 무조건은 무제한이 아닙니다. 현실에서는 항상 조건적 법들이 필요합니다. 다만 그 법들이 닫혀 굳지 않도록, 절대의 요구가 끊임없이 문턱을 낮추라고 요구하는 것입니다.

또 묻습니다. "그러다 안전이 무너지면요?" 환대는 안전과 적대 사이에서 비례성을 가르칩니다. 임박한 해악에는 과감히 선을 긋되, 막연한 불편을 이유로 타자를 배제하지 말라는 최소침해의 원칙이 환대의 언어입니다.

또 다시 이런 질문으로 귀결됩니다. "결국 다 정치적 선택 아닌가요?" 맞습니다. 데리다는 환대를 '정치 너머의 윤리'로 끌어 올리면서도, 정치 속으로 다시 내려보냅니다. 법과 제도를 바꾸지 않으면 환대는 말과 문장으로만 남습니다. 그래서 그는 제도의 자기비판 능력을 환대의 심장으로 봅니다.

현장에서 우리가 기억해야 할 것은 다음과 같은 질문과 그 답일 것입니다. 우선 "왜 차단하는가?"는 차단하는 이유를 모두가 이해 가능한 언어로 설명했는가와 연결됩니다. "덜 닫을 수 없는가?"는 시간·장소·방식의 조정 같은 덜 침해적 대안을 먼저 시도했는가와 관련을 갖습니다. "누구의 목소리인가?"는 통역의 필요성은 물론 이해를 위한 언어적 접근성을 보장했는가와 관련됩니다. "누가 가장 바깥 주변에 있는가?"는 아동·병자·조난자 등 가장 취약한 이를 먼저 고려했는가와 관련됩니다. 이런 질문들은 결국 오늘의 결정이 내일의 우리에게 무엇을 남길지 숙고했는가와 만나게 됩니다.

 이런 점들을 우리 일상생활에 충실히 적용해도 환대는 감상이 아니라 작동하는 규범이 됩니다. 데리다의 무조건적 환대는 공중에 뜬 이상주의가 아닙니다. 그것은 우리 제도의 딱딱한 가장자리를 계속 만지며, 맨 바깥의 생명을 잃지 말자고 상기시키는 근본 명령입니다. 환대는 '너를 나처럼 만들기'가 아니라 '네가 너일 수 있도록 자리를 내어 주는 일'입니다. 그 자리에는 때로 서둘러 열어야 하는 문이 있고, 때로 천천히 여는 문이 있습니다. 중요한 것은 문턱을 설명하고, 사유를 남기고, 다시 고칠 수 있게 남겨 두는 일입니다. 오늘도 문은 두드려집니다.

 우리는 문을 닫아 안심할 것인지, 문턱을 설계해 함께 사는 법을 배울 것인지, 선택해야 합니다. 데리다는 우리에게 권합니다.

"조건의 언어로 일하고, 절대의 언어로 스스로를 돌아보라." 그때 환대는 미덕을 넘어 살 만한 공동체의 기술이 됩니다.

절대 타자와 환대

한 사람의 얼굴이 우리에게 무엇을 요구할 수 있을까요? 낯선 이가 문을 두드릴 때, 우리는 먼저 누구냐고 묻고 신분을 확인해야 할까요, 아니면 잠시 질문을 미루고 자리를 내어주어야 할까요? 레비나스는 대담하게 말합니다. 윤리는 철학의 한 분야가 아니라, 모든 철학에 앞서는 '첫 번째 철학'이며, 그 출발점이 바로 타자의 얼굴과 그 얼굴이 우리에게 건네는 무한한 요청이라고요. 이 요청을 일상 언어로 바꾸면 '환대'입니다.

레비나스는 리투아니아 출신의 유대인 사상가로, 후설과 하이데거의 현상학을 깊이 수학했지만, 전쟁과 포로수용소, 가족의 학살이라는 역사적 경험 속에서 철학을 다시 묻습니다. 그가 보기에 서양철학은 너무 오래 '존재'와 '자기'를 중심으로 생각해 왔습니다. 그 결과 타자는 대개 내가 이해하고 동일화할 대상이 되었고, 세계는 '전체성'(totality)이라는 이름으로 하나의 체계 속에 포섭되었습니다. 레비나스는 이 흐름을 정면으로 비틀어 "타자에 대한 책임이 존재론보다 앞선다"고 선언합니다. 이 전복이 바로 절대 타자론입니다.

레비나스에게 '얼굴'은 단지 생물학적 얼굴이 아닙니다. 얼굴은 취약한 노출, 폭력 앞에서 무방비인 존재의 현현입니다. 그 얼굴은 언어보다 먼저, 철학적 개념보다 앞서, "죽이지 말라"(너는 나를 파괴할 수 없다)고 명령합니다. 이 명령은 계약의 산물이 아닙니다. 나는 동의한 적이 없어도 이미 '응답할 자리'에 서 있습니다. 그는 이를 "여기 있습니다"라는 말로 표현합니다. 자유 이전의 책임, 권리 이전의 응답 가능성, 이것이 레비나스 윤리의 심장입니다.

여기서 중요한 점은 비대칭입니다. 우리는 보통 도덕을 상호성으로 이해합니다. "네가 나를 존중하면 나도 너를 존중하겠다." 레비나스는 "윤리는 상호계약 이전이다."라고 말합니다. 타자의 요구 앞에서 나는 먼저 책임지는 자, 심지어 '인질'입니다. 그는 과장하려는 게 아닙니다. 타자가 상처받을 수 있는 취약한 생명이라는 사실, 그 사실이 나에게 우선적인 금지와 긍정의 의무를 부여한다고 말하는 것입니다. 이 지점에서 환대가 시작됩니다.

레비나스의 환대는 '집'의 이미지로 전개됩니다. 집은 나만의 안온한 내면이 아니라 타자를 맞아들일 수 있는 공간입니다. 그는 '빵'을 예로 듭니다. '내 입의 빵'을 떼어 나눌 수 있을 때, 집은 비로소 '거처'가 아닌 '환대의 장소'가 됩니다. 환대의 첫 말은 "어서 오십시오"이고, 첫 몸짓은 자리를 내어주는 행위입니다. 그 순간 역설이 발생합니다. 주인과 손님의 자리가 뒤바뀌고, 주인은 손님의 요구에 응답해야 하는 책임의 인질이 됩니다. 환대는 시혜가 아니라 관계의 전환입니다.

그렇다고 환대가 무한한 개방만을 뜻하진 않습니다. 레비나스는 곧 '제3자(le tiers)'의 등장을 이야기합니다. 나와 너의 관계에 또 다른 타자가 들어오는 순간, 책임은 비교와 분배, 곧 정의와 법의 문제로 넘어갑니다. 누군가에게 빵을 내어주는 동안, 다른 누군가는 방치되고 있지 않은가? 여기서 정치가 시작된다고 봅니다. 레비나스 사상의 위대함은 윤리의 우선성을 놓치지 않으면서도 법과 제도, 국가와 판결의 필요를 인정한다는 데 있습니다. 요컨대 윤리는 정치의 토대, 정치는 윤리 앞에 책임을 지는 과정과 절차의 체계가 됩니다.

환대를 연구하는 학자들은 레비나스와 데리다를 함께 소환합니다. 실제로 데리다는 레비나스에게서 많은 것을 계승했습니다. 얼굴의 명령, 타자 앞의 무한 책임, 주인-손님의 전도 같은 모티프들은 데리다의 '무조건적 환대' 개념으로 이어집니다. 둘 사이의 차이를 간단히 말하면, 레비나스는 얼굴-대면의 윤리에 방점을 찍고, 데리다는 법과 제도의 언어로 환대 아포리아, 조건과 무조건 사이의 긴장을 한층 더 심도있데 논의했습니다. 이 대화에서 우리가 얻을 메시지는 분명합니다. 법의 문턱은 필요하지만, 그 문턱은 얼굴의 요구로 끊임없이 낮아져야 한다는 것, 환대는 감상이 아니라 설계라는 것입니다.

이제 이 사유를 우리의 생활세계로 데려오겠습니다. 아침 지하철에서 우리는 서로의 얼굴을 피합니다. 자신이 사는 아파트의 엘리베이터에서도 마찬가지입니다. 하지만 한 번만 시선을 오래 머무르지 않고도 할 수 있는 일이 있습니다. 자리 양보, 엘리베이터 문 잡아주기 등 이런 작은 몸짓이 레비나스적 윤리를 감정이 아닌 습관으로 바꿉니다. 윤리는 거창한 미덕의 결심이 아니라 반사신경의 재훈련입니다.

이주와 환대

이주와 난민의 문제는 환대로 인해 해결될 수 있습니다. 레비나스의 언어로 말하면, 국경에서 먼저 작동해야 하는 것은 경계의 논리보다 얼굴의 명령입니다. 생명과 안전이 걸린 이들에게 구호는 질문보다 앞서야 합니다. 이후에 신원과 절차가 이어지되, 통역과 이유 고지, 이의제기 가능성, 기초 의료·교육 접근 같은 최저선의 비적대가 보장되어야 합니다. 이것이 제3자의 정의를 배반하지 않으면서도 얼굴의 요청에 응답하는 가장 현실적인 길입니다.

플랫폼 노동과 디지털 공론장에서도 환대는 결정적입니다. 평점·노출 알고리즘은 '가시화/비가시화'를 통해 누군가의 생계를 좌우합니다. 이 맥락에서 레비나스식 질문을 던져야 합니다. "이 설계가 가장 취약한 얼굴에게 무엇을 하고 있는가?" 설명권, 데이터 정정권, 맥락을 고려한 조정과 비례적 제한은 디지털 환대의 법입니다.

복지와 행정의 세계에서도 얼굴을 잃지 않아야 합니다. 서류 하나가 부족하다는 이유로 대면 없는 거절만 반복된다면, 행정은 윤리의 망각입니다. 심사와 절차는 필요하지만, 사람 먼저 듣는 창구, 쉬운 언어 안내, 연결과 전환의 도움은 제도화된 환대의 기본입니다.

흔한 오해와 응답은 "무한 책임은 불가능하지 않은가"와 관련이 있습니다. 첫째 오해는 이것입니다. "레비나스는 자기 소진을 미덕으로 강요한다." 레비나스가 말하는 무한은 실천량이 아니라 방향입니다. 윤리의 기준선을 끝없이 우리 밖으로 두자는 제안이지, 하루 48시간을 "그렇게 살라"는 명령이 아닙니다. 바로 그래서 그는 제3자, 곧 정의와 법을 통해 분배와 우선순위를 세우자고 말합니다. 지속 가능한 책임이 바로 윤리입니다.

둘째 오해는 "착한 사람만 환대하면 악용되지 않습니까?"라는 질문과 관련됩니다. 레비나스의 환대는 순진한 무경계가 아닙니다. 임박한 해악에는 명확한 제동이 필요합니다. 다만 막연한 불쾌를 이유로 얼굴을 지우는 결정을 하지 말라는 것입니다. 비례성과 최소침해, 이 간명한 원칙이 윤리와 정의를 이어 줍니다.

셋째 오해는 "결국 제도 이야기 아닌가요?" 맞습니다. 레비나스의 윤리는 정치와 제도를 토대로 한 언어가 되어야 합니다. 환대가 규범이 되려면, 통역·접근성·설명권·이의제기·심리적 안전 같은 요소가 정책 설계의 기본값이 되어야 합니다. 법과 행정은 얼굴을 잃지 않기 위한 기술입니다.

레비나스는 우리에게, 철학을 얼굴에서 다시 시작하자고 권합니다. 사물의 세계에서 사람의 세계로, 자기의 논리에서 타자의 목소리로, 알아들임에서 응답함으로 발걸음을 옮기자고 말입니다. 그의 절대 타자론은 우리에게 두 개의 나침반을 줍니다. 하나는 윤리의 나침반 "먼저 책임지라", 다른 하나는 정의의 나침반 "여럿 사이에서 공정하라."입니다. 환대는 이 두 나침반을 동시에 붙드는 살아 있는 기술입니다.

윤리는 '너'의 얼굴에서 시작하고, 환대는 "여기 있습니다"라는 나의 대답에서 시작합니다. 우리 사회의 문턱과 우리의 일상이 이 짧은 문장과 조금 더 닮아가길 바랍니다.

환대의 동양적 사유

국경을 넘어 이동이 일상이 된 시대, 우리는 매일 낯선 타자들과 스치고 협력합니다. 그럴 때 동양의 오래된 지혜는 무엇을 말해 줄까요? 환대는 단지 좋은 마음을 뜻하지 않습니다. 마음을 여는 일, 자리를 비워 주는 기술, 공동체의 규범을 가다듬는 제도가 함께 움직일 때 비로소 작동합니다. 동양의 여러 전통은 이 세 요소를 각기 다른 언어로 길러 왔습니다.

먼저 유교입니다. 유교의 환대는 두 축으로 움직입니다. 하나는 인의 마음(仁), 다른 하나는 예(禮)의 질서입니다. "내가 원치 않는 바를 남에게 베풀지 말라(己所不欲 勿施於人)"는 말은 환대의 정서를 압축합니다.

타인의 처지를 미리 헤아리는 공감이 환대의 출발이라는 뜻입니다. 그러나 유교는 거기서 멈추지 않습니다. 『예기』의 빈례(賓禮), 손님 맞이의 절차는 누가 먼저 인사하고 어디에 앉고 어떤 음식을 어떻게 권할지까지 세심하게 규정합니다. 왜 이렇게까지 할까요? 환대가 마음만으로는 오래가지 않기 때문입니다. 한 사람을 단지 불쑥 끌어안는 것이 아니라, 공간·시간·말투를 통해 "당신을 존중합니다"를 반복 가능하게 만드는 형식이 필요합니다. 이런 맥락에서 유교의 환대는 따뜻함을 질서로 번역하는 훈련이었습니다. 넓게 보면 "사해 안이 모두 형제"라는 이상은 환대의 범위 확장을 가리킵니다. 가정을 찾아온 손님을 잘 대하는 데서 마을의 손님, 나라의 사절, 나아가 이방인으로 환대의 원을 넓혀 가야한다고 봅니다.

도가(道家)에서 노자의 사유는 환대를 '비워 둠'에서 찾습니다. 그 유명한 "방은 벽이 아니라 빈자리가 쓰임을 만든다"는 구절처럼, 도가의 환대는 자리를 내어주는 비움의 기술입니다. 내 의견, 내 규칙, 내 속도로 가득 찬 방에는 누구도 들어올 수 없습니다. 노자는 물(水)을 닮으라고 합니다. 물은 낮은 곳으로 흐르고, 부딪히지 않으면서 모든 그릇의 모양을 허용합니다. 환대는 내가 옳음으로 누군가를 교정하는 일이 아니라, 상대가 자신의 모양으로 머물 수 있게 흐름을 바꾸는 것입니다. 도가는 환대를 겸손과 무위(無爲)의 언어로 가르쳐 왔습니다.

세 번째는 불교입니다. 불교는 연기(緣起)와 공(空)의 사유로 '나-너'의 경계를 느슨하게 만듭니다. 우리가 서로 의존해 생겨난 존재라면, 타자의 고통은 곧 나의 조건을 흔듭니다. 그래서 환대는 선택이 아니라 자비(慈悲)의 실천, 곧 보시(布施)가 됩니다. 흥미로운 것은 불교의 환대가 쌍방의 호응으로 짜인다는 점입니다. 수행자는 탁발로 세속의 문을 두드리고, 집집마다 그릇을 내어 하루의 삶을 잇습니다. 한쪽이 베풀기만 하거나 다른 쪽이 받기만 하지 않습니다. 만남 자체가 서로를 살리는 구조입니다. 동시에 불교는 계율로 경계를 세웁니다. 자비는 감정이 아니라 해악을 줄이기 위한 규율과 함께 갈 때 오래갑니다. 환대는 무제한의 개방이 아니라, 고통을 줄이는 방향으로 열린 문이 되어야 한다는 균형 감각입니다.

동양의 환대는 사상만이 아니라 생활윤리로도 지켜져 왔습니다. 우리나라 전통의 사랑방 문화는 길손에게 차와 잠자리를 내어 주던 공적 사적의 경계 공간이었습니다. 두레·품앗이는 노동을 나누며 낯선 이도 금세 이웃으로 엮는 기술이었습니다. 오늘의 언어로 바꾸면, 사랑방은 커뮤니티 센터, 두레는 상호부조 플랫폼입니다. 환대는 정(情)이라는 정동을 매개로 공동체를 유지하는 실감의 기술이었다고 할 수 있습니다.

시야를 넓혀 남아시아를 보겠습니다. 인도 전통에는 "손님은 곧 신"이라는 말이 있습니다. 이름 그대로 낯선 이를 신처럼 맞는 의례입니다. 시크교의 랑가르(langar), 누구에게나 열린 공동 식사는 종교·계층·성별을 가리지 않고 한 상을 나눕니다. 여기서 환대는 신념이자 체계입니다. 함께 앉아 같은 음식을 나누는 몸의 평등이 마음의 평등을 이끕니다. 동아시아가 예(禮)로, 도가가 비움으로, 불교가 자비·계율로 환대를 길렀다면, 남아시아는 공동 식탁으로 환대를 제도화해 온 셈입니다.

이 전통들을 현대 사회에 대입하면 무엇이 보일까요? 필자는 동양의 환대를 네 가지 문장으로 요약하고자 합니다. 첫째, 인(仁)입니다. 먼저 헤아리는 마음으로 시작하라. 둘째, 예(禮)입니다. 그 마음을 반복 가능한 형식으로 만들라. 셋째, 공(空)입니다. 내가 가득 찬 자리를 비워 타자의 자리를 허용하라. 넷째, 자비와 계율입니다. 감정만이 아니라 해악을 줄이는 규칙으로 오래가게

하라. 여기에 공동 식탁의 상상력을 더해 '함께 먹고 함께 앉는' 물리적 설계를 만들면, 환대는 구호가 아니라 공간과 절차가 됩니다.

물론 다음과 같은 질문이 남습니다. "문을 얼마나 열어야 하는가?" 동양 철학은 여기에 중용(中庸)으로 대답합니다. 무한 개방도 완전 폐쇄도 아닌, 상황과 관계의 한가운데를 잡는 기술입니다. 피해가 임박한 경우에는 비폭력의 원칙으로 단호히 멈추되, 일반적인 불편의 차원에서는 시간·장소·방식을 조정하는 덜 닫힌 대안을 찾는 것이 중용적 의미의 환대입니다. 말하자면 유교의 예가 도가의 비움과 불교의 자비·계율을 비례와 맥락으로 엮어 주는 셈입니다.

동양적 환대를 우리 사회를 위한 정책과 조직에서 바로 쓸 수 있습니다. 민원창구와 병원, 학교와 회사의 첫 접점에 '사랑방 같은 로비'를 만들 수 있습니다. 쉬운 언어의 안내, 통역과 문화중개, 설명권·이의제기 같은 예(禮)의 절차를 기본값으로 삼으십시오. 회의실과 교실, 사무공간에는 무위의 비움을 닮은 유연한 좌석·열린 마루를 설계하십시오. 구호 체계와 사회복지는 가장 취약한 이를 먼저 찾는 자비의 우선순위를 분명히 하십시오. 그리고 무엇보다, 공동 식탁을 만드십시오. 부서 칸막이를 넘어, 종교·세대·고용형태를 넘어 함께 앉아 먹는 시간은 가장 오래가고 가장 저렴한 환대의 제도입니다.

동양의 환대는 한 문장으로 이렇게 말합니다. "마음을 열고, 자리를 비우고, 형식을 갖추라." 마음만 열리면 금세 지칩니다. 자리만 비우면 질서가 무너집니다. 형식만 남으면 냉랭해집니다. 이 셋이 함께 움직일 때, 낯선 이는 이웃이 되고, 이웃은 동료가 되며, 도시의 공기는 한결 부드러워집니다. 오늘부터 우리의 일상과 조직, 정책 속에 한 칸의 비움과 한 잔의 차, 한 줄의 예(禮)를 더해 봅시다. 그것이 동양이 우리에게 남겨 준, 오래가고 아름다운 환대의 기술입니다.

참고문헌

별자리 01. 갈등

김영순(2021). 『시민을 위한 사회문화 리터러시』, 박이정.

노자(2018). 『도덕경』(김학주 역). 명문당. (老子. 道德經.)

맹자(2003). 『맹자』(김형찬 역). 소나무. (孟子. 孟子.)

불교(2006). 『법구경』(각묵 스님 역). 민족사. (佛典. Dhammapada.)

장자(2015). 『장자』(김학주 역). 을유문화사. (莊子. 莊子.)

레비나스, E. (2018). 『전체성과 무한』(문성원·손영창 역). 그린비. (Lévinas, E. (1961). Totalité et infini.)

로크, J. (2022). 『통치론』(강정인·문지영 역). 까치. (Locke, J. (1689). Two Treatises of Government.)

루소, J. (2010). 『사회계약론』(김영욱 역). 후마니타스. (Rousseau, J.-J. (1762). Du contrat social.)

마르크스, K. & 엥겔스, F. (2015). 『공산당 선언』(이진우 역). 책세상. (Marx, K., & Engels, F. (1848). Manifest der Kommunistischen Partei.)

마르크스, K. (2015). 『자본론 1』(김수행 역). 비봉출판사. (Marx, K. (1867). Das Kapital.)

미드, G. H. (2010). 『정신, 자아, 사회』(나은영 역). 한길사. (Mead, G. H. (1934). Mind, Self, and Society.)

베버, M. (1997). 『경제와 사회 1』(박성환 역). 문학과 지성사. (Weber, M. (1922). Wirtschaft und Gesellschaft.)

부버, M. (2020). 『나와 너』(김천배 역). 대한기독교서회. (Buber, M. (1923). Ich und Du.)

아리스토텔레스. (2024). 『정치학』(박문재 역). 현대지성. (Aristotle. (c. 350 BCE). Politika.)

짐멜, G. (2017). 『사회학』(정헌주 역). 간디서원. (Simmel, G. (1908). Soziologie.)

코저, L. (1980). 『갈등의 사회적 기능』(박재환 역). 한길사. (Coser, L. (1956). The Functions of Social Conflict.)

플라톤. (2025). 『국가론』(이환 편역). 돋을새김. (Plato. (c. 380 BCE). Politeia.)

헤겔, G. W. F. (2025). 『정신현상학』(김준수 편역). 아카넷. (Hegel, G. W. F. (1807). Phänomenologie des Geistes.)

홉스, T. (2018). 『리바이어던』(진석용 역). 나남. (Hobbes, T. (1651). Leviathan.)

별자리 02. 책임

아렌트, H. (2006). 『전체주의의 기원』(이진우·박미애 역). 한길사. (Arendt, H. (1951). The Origins of Totalitarianism. New York: Harcourt, Brace.)

아렌트, H. (2019). 『인간의 조건』(이진우 외 역). 한길사. (Arendt, H. (1958). The Human Condition. Chicago: University of Chicago Press.)

아렌트, H. (2006). 『예루살렘의 아이히만: 악의 평범성에 대한 보고서』(김선욱 역). 한길사. (Arendt, H. (1963). Eichmann in Jerusalem: A Report on the Banality of Evil. New York: Viking Press.)

야스퍼스, K. (2014). 『죄의 문제』(이재승 역). 앨피. (Jaspers, K. (1946). Die Schuldfrage. Heidelberg: Lambert Schneider.)

별자리 03. 공감

레비나스, E. & 롱랑, J. (2013). 『신, 죽음 그리고 시간』(김도형 외 역). 그린비. (Levinas, E. & Jacques R.(1993). Dieu, la mort et le temps. Paris: Grasset.)

레비나스, E. (2018). 『전체성과 무한』(문성원·손영창 역). 그린비. (Lévinas, E. (1961). Totalité et infini.)

블룸, P. (2019). 『공감의 배신』(이은진 역). 시공사. (Bloom, P. (2016). Against Empathy: The Case for Rational Compassion. New York: Ecco.)

쇼펜하우어, A. (2013). 『도덕의 기초에 관하여』(김미영 역). 책세상. (Schopenhauer, A. (1840). Über die Grundlage der Moral. Frankfurt am Main: Hermann.)

쇼펜하우어, A. (2016). 『의지와 표상으로서의 세계 1·2』(권기철 역). 동서문화사. (Schopenhauer, A. (1819). Die Welt als Wille und Vorstellung. Leipzig: Brockhaus.)

쉘러, M. (1998). 『윤리학에 있어서 형식주의와 실질적 가치 윤리학』(이을사 외 역). 서광사. (Scheler, M. (1913). Der Formalismus in der Ethik und die materiale Wertethik. Halle: Max Niemeyer Verlag.)

키에르케고르, S. (2020). 『죽음에 이르는 병』(이명곤 역). 서광사. (Kierkegaard, S. (1849). Sygdommen til Døden. København: C.A. Reitzel.)

키에르케고르, S. (2015). 『공포와 전율』(임춘갑 역). 다산글방. (Kierkegaard, S. (1843). Frygt og Bæven. København: C.A. Reitzel.)

호프만, M. L. (2011). 『공감과 도덕 발달』(박재주·박균열 역). 학지사. (Hoffman, M. L. (2000). Empathy and Moral Development: Implications for Caring and Justice. Cambridge: Cambridge University Press.)

후설, E. (2020). 『현상학의 이념』(박지영 역). 필로소픽. (Husserl, E. (1913). Ideen zu einer reinen Phänomenologie und phänomenologischen Philosophie. Halle: Niemeyer.)

별자리 04. 소통

공자(2018). 『논어』(소준섭 역). 현대지성. (孔子. 論語.)

노자(2018). 『도덕경』(김학주 역). 명문당. (老子. 道德經.)

맹자(2003). 『맹자』(김형찬 역). 소나무. (孟子. 孟子.)

불교(2006). 『법구경』(각묵 스님 역). 민족사. (佛典. Dhammapada.)

장자(2015). 『장자』(김학주 역). 을유문화사. (莊子. 莊子.)

레비나스, E. (2018). 『전체성과 무한』(문성원·손영창 역). 그린비. (Lévinas, E. (1961). Totalité et infini.)

리쾨르, P. (2020). 『해석에 대하여』(김동규·박준영 역). 인간사랑. (Ricœur, P. (1976). Interpretation Theory: Discourse and the Surplus of Meaning. Fort Worth: Texas Christian University Press.)

메를로퐁티, M. (2013). 『지각의 현상학』(이남인 역). 한길사. (Merleau-Ponty, M. (1945). Phénoménologie de la perception. Paris: Gallimard.)

미드, G. H. (2010). 『정신, 자아, 사회』(나은영 역). 한길사. (Mead, G. H. (1934). Mind, Self, and Society.)

부버, M. (2020). 『나와 너』(김천배 역). 대한기독교서회. (Buber, M. (1923). Ich und Du.

아리스토텔레스. (2020). 『수사학』(박문재 역). 현대지성. (Aristotle. (c. 350 BCE). Rhetorica.)

칸트, I. (2019). 『실천이성비판』(백종현 역). 아카넷. (Kant, I. (1788). Kritik der praktischen Vernunft. Hamburg: Meiner.)

프레이저, N. & 호네트, A. (2014). 『분배냐, 인정이냐?』(김원식·문성훈 역). 사월의 책. (Fraser, N. (2003). Redistribution or Recognition?. London: Verso.)

플라톤. (2023). 『국가』(박문재 역). 현대지성. (Plato. (c. 380 BCE). Politeia.)

플라톤. (2020). 『향연』(강철웅 역). 아카넷. (Plato. (c. 380 BCE). Symposion.)

플로쉬, J.-M. (1994). 『조형기호학』(박인철 역). 한길사. (Floch, J.-M. (1995). Sémiotique, marketing et communication. Paris: PUF.)

플루써, V. (2019). 『코무니콜로기』(김성재 역). 커뮤니케이션북스. (Flusser, V. (1998). Kommunikologie. Mannheim: Bollmann.)

하버마스, J. (2006). 『의사소통행위이론 1,2』(장춘익 역). 나남. (Habermas, J. (1981). Theorie des kommunikativen Handelns. Frankfurt am Main: Suhrkamp.)

헤겔, G. W. F. (2025). 『정신현상학』(김준수 편역). 아카넷. (Hegel, G. W. F. (1807). Phänomenologie des Geistes.)

별자리 05. 관용

홍세화. (2025). 『나는 빠리의 택시운전사』. 창비.

롤스, J. (2003). 『정의론』(황경식 역). 이학사. (Rawls, J. (1971). A Theory of Justice. Cambridge, MA: Harvard University Press.)

리쾨르, P. (2020). 『해석에 대하여』(김동규·박준영 역). 인간사랑. (Ricœur, P. (1976). Interpretation Theory: Discourse and the Surplus of Meaning. Fort Worth: Texas Christian University Press.)

밀, J. S. (2018). 『자유론』(박문재 역). 현대지성. (Mill, J. S. (1859). OnLiberty. London: Parker.)

볼테르. (2016). 『관용론』(송기형·임미경 역). 한길사. (Voltaire. (1764). Traité sur la tolérance. Paris: Garnier.)

부르디외, P. (2005). 『구별짓기』(최종철 역). 새물결. (Bourdieu, P. (1979). La distinction. Paris: Minuit.)

사르트르, J.-P. (2008). 『실존주의는 휴머니즘이다』(박정태 역). 이학사. (Sartre, J.-P. (1945). L'existentialisme est un humanisme. Paris: Nagel.)

에셀, S. (2011). 『분노하라』(임희근 역). 돌베개. (Hessel, S. (2010). Indignez-vous!. Montpellier: Indigène éditions.)

월저, M. (2007). 『마르스의 두 얼굴 : 정당한 전쟁 부당한 전쟁』(권영근·이석구 역). 연경문화사. (Walzer, M. (1997). On Toleration. New Haven: Yale University Press.)

졸라, E. (2020). 『나는 고발한다』(유기환 역). 책세상. (Zola, E. (1898). J'Accuse…! Paris: L'Aurore.)

칸트, I. (2019). 『실천이성비판』(백종현 역). 아카넷. (Kant, I. (1788). Kritik der praktischen Vernunft. Riga: Hartknoch.)

포퍼, K. (2006). 『열린 사회와 그 적들』(이한구 역). 민음사. (Popper, K. (1945). The Open Society and Its Enemies. London: Routledge.)

별자리 06. 이타

공자(2018). 『논어』(소준섭 역). 현대지성. (Confucius. The Analects.)

김영순(2024). 『타자와 연대: 공생의 모자이크』. 패러다임북.

맹자(2003). 『맹자』(김형찬 역). 소나무. (孟子. 孟子.)

순자(2008). 『순자』(김학주 역). 을유문화사. (Xunzi. (3세기 BCE). Xunzi 荀子.)

불교(2016). 『화엄경』(김지견 역). 민족사. (Avataṃsaka Sūtra 華嚴經. (3-4세기).)

노자(2018). 『도덕경』(김학주 역). 명문당. (老子. 道德經.)

장자(2015). 『장자』(김학주 역). 을유문화사. (莊子. 莊子.)

레비나스, E. (2018). 『전체성과 무한』(문성원·손영창 역). 그린비. (Lévinas, E. (1961). Totalité et infini.)

밀, J. S. (2020). 『공리주의』(이종인 역). 현대지성. (Mill, J. S. (1861). Utilitarianism. London: Parker, Son, and Bourn.)

벤담, J. (2011). 『도덕과 입법의 원리 서설』(고정식 역). 나남. (Bentham, J. (1789). An Introduction to the Principles of Morals and Legislation. London.)

부버, M. (2020). 『나와 너』(김천배 역). 대한기독교서회. (Buber, M. (1923). Ich und Du.)

싱어, P. (2013). 『실천윤리학』(황경식·김성동 역). 연암서가. (Singer, P. (1979). Practical Ethics. Cambridge: Cambridge University Press.)

아리스토텔레스. (2022). 『니코마코스 윤리학』(박문재 역). 현대지성. (Aristoteles. (1894). Nicomachean Ethics. Oxford: Clarendon Press.)

아우구스티누스. (2025). 『고백록』(성염 역). 한길사. (Augustinus, A. (397-400). Confessiones.)

칸트, I. (2019). 『실천이성비판』(백종현 역). 아카넷. (Kant, I. (1788). Kritik der praktischen Vernunft. Riga: Hartknoch.)

플라톤. (2013). 『국가』(조우현 역). 올재. (Plato. (c. 380 BCE). Politeia. Athens.)

하이데거, M. (2025). 『존재와 시간』(이기상 역). 까치. (Heidegger, M. (1927). Sein und Zeit. Tübingen: Niemeyer.)

홉스, T. (2018). 『리바이어던』(진석용 역). 나남. (Hobbes, T. (1651). Leviathan.)

후설, E. (2020). 『현상학의 이념』(박지영 역). 필로소픽. (Husserl, E. (1913). Ideen zu einer reinen Phänomenologie. Halle: Niemeyer.)

흄, D. (1996). 『정념에 관하여』(이준호 역). 서광사. (Hume, D. (1739-1740). A Treatise of Human Nature. London.)

별자리 07. 인정

루소, J.-J. (2018). 『인간 불평등 기원론』(주경복·고봉만 역). 책세상. (Rousseau, J.-J. (1755). Discours sur l'origine et les fondements de l'inégalitéparmi les hommes. Amsterdam.)

버틀러, J. (2013). 『윤리적 폭력 비판』(양효실 역). 인간사랑. (Butler, J. (2005). Giving an Account of Oneself. New York: Fordham University Press.)

영, I. M. (2017). 『차이의 정치와 정의』(김도균·조국 역). 인간사랑. (Young, I. M. (1990). Justice and the Politics of Difference. Princeton: Princeton University Press.)

헤겔, G. W. F. (2025). 『정신현상학』(김준수 편역). 아카넷. (Hegel, G. W. F. (1807). Phanomenologie des Geistes.)

호네트, A. (2011). 『인정투쟁』(문성훈·이현재 역). 사월의책. (Honneth, A. (1992). Kampf um Anerkennung: Zur moralischen Grammatik sozialer Konflikte. Frankfurt a.M.: Suhrkamp.)

홉스, T. (2018). 『리바이어던』(진석용 역). 나남. (Hobbes, T. (1651). Leviathan.)

별자리 08. 돌봄

공자(2018). 『논어』(소준섭 역). 현대지성. (Confucius. The Analects.)

노자(2018). 『도덕경』(김학주 역). 명문당. (老子. 道德經.)

불교(2006). 『법구경』(각묵 스님 역). 민족사. (佛典. Dhammapada.)

왕양명(2019). 『전습록』(김용재 역). 풀빛. (Wang, Y. Chuanxilu.)

장자(2015). 『장자』(김학주 역). 을유문화사. (莊子. 莊子.)

길리건, C. (1997). 『다른 목소리로』(허란주 역). 동녘. (Gilligan, C. (1982). In a Different Voice: Psychological Theory and Women's Development. Cambridge, MA: Harvard University Press.)

네프, K. (2025). 『나를 돌보는 마음 훈련법』(서광·덕산·서승희 역). 학지사. (Neff, K. (2011). Self-Compassion: The Proven Power of Being Kind to Yourself. New York: Harper Collins.)

레비나스, E. (2018). 『전체성과 무한』(문성원·손영창 역). 그린비. (Levinas, E. (1961). Totalite et infini.)

트론토, J. (2024). 『돌봄민주주의』(김희강·나상원 역). 박영사. (Tronto, J. C. (1993). Moral Boundaries: A Political Argument for an Ethic of Care. New York: Routledge.)

푸코, M. (2007). 『주체의 해석학』(심세광 역). 동문선. (Foucault, M. (1982). L'Herméneutique du sujet. Paris: Gallimard.)

하이데거, M. (2025). 『존재와 시간』(이기상 역). 까치. (Heidegger, M. (1927). Sein und Zeit. Tübingen: Niemeyer.)

별자리 09. 정의

공자(2018). 『논어』(소준섭 역). 현대지성. (Confucius. The Analects.)

노자(2018). 『도덕경』(김학주 역). 명문당. (老子. 道德經.)

맹자(2003). 『맹자』(김형찬 역). 소나무. (孟子. 孟子.)

불교(2006). 『법구경』(각묵 스님 역). 민족사. (佛典. Dhammapada.)

장자(2015). 『장자』(김학주 역). 을유문화사. (莊子. 莊子.)

노직, R. (1997). 『아나키에서 유토피아로』(남경희 역). 문학과지성사. (Nozick, R. (1974). Anarchy, State, and Utopia. New York: Basic Books.)

로크, J. (2022). 『통치론』(강정인·문지영 역). 까치. (Locke, J. (1689). Two Treatises of Government.)

롤스, J. (2003). 『정의론』(황경식 역). 이학사. (Rawls, J. (1971). A Theory of Justice. Cambridge, MA: Harvard University Press.)

아리스토텔레스. (2018). 『니코마코스 윤리학』(천병희 역). 숲. (Aristotle. (c. 350 BCE). Ethica Nicomachea. Athens.)

플라톤. (2013). 『국가』(조우현 역). 올재. (Plato. (c. 380 BCE). Politeia. Athens.)

하이트, J. (2014). 『바른 마음』(왕수민 역). 웅진지식하우스. (Haidt, J. (2012). The Righteous Mind: Why Good People Are Divided by Politics and Religion. New York: Pantheon.)

홉스, T. (2018). 『리바이어던』(진석용 역). 나남. (Hobbes, T. (1651). Leviathan.)

별자리 10. 공산

공자(2018). 『논어』(소준섭 역). 현대지성. (Confucius. The Analects.)

김영순(2025). 『공존의 사회학』. 패러다임북.

노자(2018). 『도덕경』(김학주 역). 명문당. (老子. 道德經.)

불교(2006). 『법구경』(각묵 스님 역). 민족사. (佛典. Dhammapada.)

유교문화연구소. (2007). 『대학 중용』. 성균관대학교출판부.(Zhongyong.)

장자(2015). 『장자』(김학주 역). 을유문화사. (莊子. 莊子.)

레비나스, E. (2018). 『전체성과 무한』(문성원·손영창 역). 그린비. (Levinas, E. (1961). Totalite et infini.)

루만, N. (2022). 『사회의 체계이론』(윤재왕 역). 새물결. (Luhmann, N. (1984). Soziale Systeme. Frankfurt a.M.: Suhrkamp.)

부버, M. (2020). 『나와 너』(김천배 역). 대한기독교서회. (Buber, M. (1923). Ich und Du.)

브라운, T. (2019). 『디자인에 집중하라』(고성연 역). 김영사. (Brown, T. (2009). Change by Design. New York: Harper Business.)

센게, P. (2014). 『학습하는 조직』(강혜정 역). 에이지21. (Senge, P. (1990). The Fifth Discipline: The Art and Practice of the Learning Organization. New York: Doubleday.)

젠킨스, H. (2008). 『컨버전스 컬처』(김정희원·김동신 역). 비즈앤비즈. (Jenkins, H. (2006). Convergence Culture: Where Old and New Media Collide. New York: NYU Press.)

하버마스, J. (2006). 『의사소통행위이론 1·2』(장춘익 역). 나남. (Habermas, J. (1981). Theorie des kommunikativen Handelns I·II. Frankfurt a.M.: Suhrkamp.)

하이데거, M. (2025). 『존재와 시간』(이기상 역). 까치. (Heidegger, M. (1927). Sein und Zeit. Tübingen: Niemeyer.)

Margulis, L.(2014). 『공생자 행성』(이한음 역). 사이언스북. (Margulis, L. (1998). Symbiotic planet: a new look at evolution)

별자리 11. 연대

공자(2018). 『논어』(소준섭 역). 현대지성. (Confucius. The Analects.)

노자 (2018). 『도덕경』(김학주 역). 명문당. (老子. 道德經.)

맹자 (2003). 『맹자』(김형찬 역). 소나무. (孟子. 孟子.)

불교 (2006). 『법구경』(각묵 스님 역). 민족사. (佛典. Dhammapada.)

장자 (2015). 『장자』(김학주 역). 명문당. (莊子. 莊子.)

기든스, A. (2010). 『현대성과 자아정체성』(권기돈 역). 새물결. (Giddens, A. (1991). Modernity and Self-Identity. Cambridge: Polity Press.)

누스바움, M. (2015). 『역량의 창조』(한상연 역). 돌베개. (Nussbaum, M. (2011). Creating Capabilities. Cambridge, MA: Harvard University Press.)

뒤르켐, E. (2012). 『사회분업론』(민문홍 역). 아카넷. (Durkheim, E. (1893). De la division du travail social. Paris: Alcan.)

레비나스, E. (2018). 『전체성과 무한』(문성원·손영창 역). 그린비. (Lévinas, E. (1961). Totalité et infini.)

리쾨르, P. (2006). 『타자로서 자기 자신』(김웅권 역). 동문선. (Ricœur, P. (1990). Soi-même comme un autre. Paris: Seuil.)

바우만, Z. (2009). 『액체 근대』(이일수 역). 강. (Bauman, Z. (2000). Liquid Modernity. Cambridge: Polity Press.)

벡, U. (2014). 『위험사회』(홍성태 역). 새물결. (Beck, U. (1986). Risikogesellschaft. Frankfurt a.M.: Suhrkamp.)

센, A. (2021). 『정의의 아이디어』(이규원 역). 지식의날개. (Sen, A. (2009). The Idea of Justice. Cambridge, MA: Belknap Press.)

셸러, M. (1998). 『윤리학에 있어서 형식주의와 실질적 가치 윤리학』(이을사 역). 서광사. (Scheler, M. (1913). Der Formalismus in der Ethik und die materiale Wertethik. Halle: Max Niemeyer Verlag.)

퇴니스, F. (2017). 『공동사회와 이익사회』(곽노완·황기우 역). 라움. (Tönnies, F. (1887). Gemeinschaft und Gesellschaft. Leipzig:

Fues's Verlag.)

하버마스, J. (2006). 『의사소통행위이론 1·2』(장춘익 역). 나남. (Habermas, J. (1981). Theorie des kommunikativen Handelns I·II. Frankfurt a.M.: Suhrkamp.)

호네트, A. (2011). 『인정투쟁』(문성훈·이현재 역). 사월의책. (Honneth, A. (1992). Kampf um Anerkennung: Zur moralischen Grammatik sozialer Konflikte. Frankfurt a.M.: Suhrkamp.)

별자리 12. 환대

공자(2018). 『논어』(소준섭 역). 현대지성. (Confucius. The Analects.)

노자(2018). 『도덕경』(김학주 역). 명문당. (老子. 道德經.)

불교(2006). 『법구경』(각묵 스님 역). 민족사. (佛典. Dhammapada.)

장자(2015). 『장자』(김학주 역). 을유문화사. (莊子. 莊子.)

힌두교(2012). 『우파니샤드』(임근동 역). 을유문화사. (Upanishads.)

데리다, J. (2004). 『환대에 대하여』(이보경 역). 필로소픽. (Derrida, J. (1997). De l'hospitalité. Paris: Calmann-Lévy.)

레비나스, E. (2018). 『전체성과 무한』(문성원·손영창 역). 그린비. (Levinas, E. (1961). Totalite et infini.)

칸트, I. (2008). 『영구평화론: 하나의 철학적 기획』(이한구 역). 서광사. (Kant, I. (1795). Zum ewigen Frieden. Königsberg: Friedrich Nicolovius.)

하이데거, M. (2025). 『존재와 시간』(이기상 역). 까치. (Heidegger, M. (1927). Sein und Zeit. Tübingen: Niemeyer.)

후설, E. (2016). 『유럽학문의 위기와 선험적 현상학』(이종훈 역). 한길사. (Husserl, E. (1936). Die Krisis der europäischen Wissenschaften und die transzendentale Phänomenologie. Belgrade.)